第一夫人宋美龄

陈廷一 著

人民东方出版传媒
東方出版社

图书在版编目（CIP）数据

第一夫人：宋美龄／陈廷一 著. —北京：东方出版社，2017.6
（百年人物）
ISBN 978-7-5060-9812-0

Ⅰ.①第… Ⅱ.①陈… Ⅲ.①宋美龄（1897—2003）—传记 Ⅳ.①K827=7

中国版本图书馆 CIP 数据核字（2017）第 142509 号

第一夫人：宋美龄
（DIYI FUREN：SONGMEILING）

作　　者：陈廷一
责任编辑：李　烨　王晓枫
出　　版：东方出版社
发　　行：人民东方出版传媒有限公司
地　　址：北京市东城区东四十条 113 号
邮　　编：100007
印　　刷：北京京都六环印刷厂
版　　次：2017 年 11 月第 1 版
印　　次：2018 年 1 月第 2 次印刷
开　　本：640 毫米×940 毫米　1/16
印　　张：22
字　　数：247 千字
书　　号：ISBN 978-7-5060-9812-0
定　　价：49.00 元
发行电话：（010）85924663　85924644　85924641

序 言
百年中国，百年梦想

2016年11月12日是伟大的民族英雄、伟大的爱国主义者、中国民主革命的伟大先驱孙中山先生诞辰150周年纪念日。为缅怀孙中山先生为民族独立、社会进步、人民幸福所建立的历史功勋，学习、继承和发扬孙中山先生的爱国思想、革命意志和进取精神，巩固和发展海内外中华儿女的大团结，巩固和发展最广泛的爱国统一战线，维护两岸关系和平发展，共同推进祖国和平统一大业，最大限度地把全民族的力量凝聚起来，致力于实现“两个一百年”奋斗目标和中华民族伟大复兴的中国梦，中国人民政治协商会议第十二届全国委员会常务委员会决定届时举行隆重的纪念活动。人民东方出版集团潘少平先生策划了纪念孙中山诞辰150周年的“百年中国传记丛书”，我看很好，有重大纪念意义。

细看了一下目录，其中不少书目是我在任上的畅销书、获奖书。比如孙中山的传记《共和之路：孙中山传》曾获得首届华侨文学纪实类最佳作品奖，同时亦获新闻出版总署的畅销书奖；还有“宋氏三姊妹”的书，值得一提的是《宋庆龄传》，是当年青岛出版社的名牌看家书，一版再版，最多一年6次重版，社会效益和经济效益都是相当可观的。许世友的书一直占据着畅销书的排行榜，可谓是中国青年出版社的看家书，印数达百万册之多。此书也得到了刘白羽、王愿坚、唐达成老作家，以及李德生、杨成武、王首道、罗应怀老将军的首肯。还有很多书目，我都有印象。大浪淘沙，把好的，或者说闪光的出版物传承下来，变成经典，是时代赋予现代出版的使命。因此我愿意为此丛书作序。尤其是对百年中国要实现百年梦想，是一笔不可忽视的精神财富。中国百年梦想，不仅仅是经济指标，还有精神指标和文化指标等。

再者，这套丛书的作者陈廷一先生，也是我多年的老朋友，他今年已近七旬，仍笔耕不辍，应该说这是他一生的写作精华，抑或心血。他已经出版108部书（含修订重版）。去年9月获得上海基尼斯传记类书最多纪录，用他夫人的话说："一生笔耕苦作乐，留下藏书任评说。"我很欣赏陈廷一的笔耕精神和他惊人的毅力，他正像一头黄牛，马不停蹄地写作，已留下3700多万字的纸质出版物，这是何等的壮观！去年10月26日，13家文化（文学）单位在中国现代文学馆联合举办他的百部书纪念座谈会，也是对他笔耕精神的最大褒扬。今年又出版这套"百年中国传记丛书"，正如他自己所说："这十六书倾注了自己一生心血，紧追时代脚步，紧扣时代主旋，囊括自己写作路上的中国梦、图强梦、复兴梦。"我相信这是他的真心话。他写作梦的实现，也是中华民族复兴梦的雏形，因此这套"百年中国传记丛书"，应该是对伟人孙中山150周年诞辰最好的纪念、最好的礼物、最好的天时。用"机遇给有准备的人"来形容，最为贴切不过了。

是为序。

于友先

2016年2月　北京

目　录

引　言

跨越三个世纪的传奇人生

公元2003年10月23日。

美国东部时间的深夜。

这天傍晚时，天下了一场蒙蒙细雨；当夜幕拉下的时候，天穹格外的高，星星格外的亮。人们在地面一颗一颗地数着星星，冥冥夜空，曾给人多少神秘和遐想；蓦然间，一颗流星从天王星座间滑落，拖出一条长长的发光的红尾巴，在天穹中划了个美丽的“弧形”休止符，消失在远远的天边。恰在这时分，宋美龄——这位被中、美两国人民公认的著名女士，在纽约长岛家中，在睡眠中的深夜，静静地无痛苦感地停止了呼吸，享年106岁，终于走完了她叱咤风云、跨越三个世纪的传奇人生路。

翌日，宋美龄的追思大会在她生前选择的豪华的费尔大教堂中举行。豪华的教堂进行了一番新的布置。宋美龄的遗体停放在万花丛中。被整容的红红面颊，风采依旧。在众基督教徒的赞美诗的朗诵中，在人们的声声祈祷中，她的灵魂升天化吏，还有她那遗体，全都交给她一生信仰的“基督主”。

宋美龄走了，走得悄悄，生怕打扰她周围的人。

宋美龄走了，走得匆匆，连自己的后事都没有时间交代一下。

一周前，宋美龄还在她的案前挥毫作画，那是一幅丹青牡丹画，栩栩如生。她画的不是红牡丹，倒是一幅白牡丹，白得纯真，白得透亮，白得质感，白得可爱。知情人士曾说，蒋夫人宋美龄从不画白牡丹的，可是她在临终时的人生丹青交卷却是幅地地道道的白色牡丹，这也许是天意的安排，或是她对人生的所悟。

有人回忆说，蒋夫人在作白牡丹画时，娘家侄宋仲虎（三弟宋子安的儿子)，带着当年遗族学校的三个子弟给老人家问安时，她说身体很好，没有什么不适。宋仲虎问她有什么事没有？有没有要交代的？也许老人还沉浸于她的爱画中，答非所问地说，人生万事皆为空，画画是我的第一要务。这画我要送一位远方的朋友，你看好不好？仲虎说，姑姑的画像姑姑的人一样，天下第一美。

听了晚辈人的夸奖，宋美龄笑了，仲虎和他的三个朋友也都笑了。

姑姑留给宋仲虎的最后一面是她在作画——一幅白得质感的白牡丹。

宋美龄“大限”的前一天晚上，保健医生还问她今天吃得太少了，是不是哪里不舒服？她却说还好还好。医生劝她早点休息。谁知这一躺下，竟成了她人生的终点。

宋美龄驾鹤西去了，一生不甘寂寞的人终于寂寞了。

宋美龄驾鹤西去了，一生不甘人后的人终于人后了。

106岁，见证三个世纪，令后人不敢望其项背。

一生中，她手无缚鸡之力，却能撬动地球的另一端——美国，影响白宫的对华决策。她的智慧和神秘绝非一般。有人说，说她是中国总统夫人，倒不如说她是中国夫人总统更为贴切、形象。

正如高继民先生所说，美雅的姿仪，娇小的体态，敢于冒险的精神，国际舞台上纵横捭阖的外交天才，政治家的狠毒的心肠却戴着微笑的面具，垂帘听政的“秘书”……这一切，竟那么真实地存在于一个女人身上。这就是前中国第一夫人的多面性格。

作为作者，我认为在以往的年代里，人们对宋庆龄知之较多，而对蒋夫人宋美龄则欣闻其名，未闻其详，宋美龄和她的宋氏家族被笼罩上一层神秘的色彩。揭开面纱，宋美龄向我们款款走来，带着传奇和动人的故事，带着不同凡响的阅历……

宋美龄，一位东方式的美女，少年、青年时代的她，娇艳异常，纯真活泼。美国的文化熏陶，美国式的教育，美国南方的水土，中西文化的背景，都使这位女性出落得与众不同。更由于她那宋氏家族的优雅高贵的血统，使她具备了贵族的风度和教养。后来，在蒋介石的不懈进攻下，经过了曲曲折折，终于是一朵鲜花插到了蒋氏的西服领口上。

宋美龄，一位外交家。凭着她渊博的知识、娴熟得胜过母语的英语和东方女性的魅力，宋美龄身穿别有空军徽章的旗袍，频频游历于南京——华盛顿——开罗之间，为蒋介石的军队募集来大批美金，为抗日的中国赢来国际同情和支援。当然，随着战争性质的改变，宋美龄终于落魄白宫，泪洒太平洋这是后事。

宋美龄，作为一位中国抗日军人，曾领导过威震敌胆的飞虎队，也曾在苏区红军的反“围剿”中差点命赴黄泉。辽沈战役郑洞国全军覆没的前一天，她亲临长春前线，鼓舞士气；西安事变，她怒斥何应钦灭蒋阴谋，勇赴华清池救夫。她勇敢，智谋，处变不惊，堪称“军中女杰”。

也正是这个第一夫人，面对手无寸铁的学生群众，残忍地命令军警开枪，酿成震惊中外的南京血案；在重庆解放前夕，也是她怂恿蒋介石对杨虎城将军灭尸于歌乐山下。

当然，宋美龄毕竟是人之妇、人之女。宋美龄一生没有生育，但她是那样地喜欢孩子，以至于孔二小姐肆意践踏法律；宋美龄也是女人，嫉妒之火烧掉了林园官邸中那双水晶鞋；尽管政治风云变幻，官场尔虞我诈，可她对持不同政见的二姐宋庆龄还是那样一往情深……凡此等等，拂去历史的尘埃，揭开神秘的面纱，让宋美龄重新登上历史舞台，去诠释她那七彩传奇的一生！

第一章

炮火中诞生

朝不保夕的大清王朝，八国联军铁蹄下的上海虹口区，天是灰沉沉的天，地是灰沉沉的地，人是灰沉沉的人。连续几次恐怖性的爆炸，和宋家两条人命大案，催生了小美龄的出世。

——题记

一

公元1897年。

这是大清王朝最为黑暗的年代。

历史像是一个调皮的孩子，有意在嘲弄中国。当年中国人发明的火药和指南针，却装在了洋人的军舰大炮上，轰开了中国的国门。八国联军吞噬中国已成现实。上海滩已成了国人的地狱、洋人的乐园。

洋人们为了跑马圈地，争夺地盘，也展开了刺刀见红，动枪动炮。

阴历二月十二日（公历3月23日），上海市郊的虹口区还沉睡在黎明前的黑暗里。灰暗的天上透出些橘红色，天王星座的星星们也一颗一颗地隐去了，地与远树显得更黑了；夜风也累倦了；草虫停止了低吟，万物俱静地迎接黎明。

“哇哇哇——！哇哇哇——”

蓦然间，一声尖利的新生婴儿的哭叫，打破了黎明前的平静……

那第一声长长的哭啼还没结束，就被接踵而来的猛烈的炸弹声和榴弹炮声所代替。

“这是发生了什么事？这是发生了什么事？”人们揉着惺忪的眼睛，从被窝里爬起来，赶到屋外观看动静，只见一束束拖着尾巴的曳光榴弹像流星一般在上海夜空飞来窜去，有的在空中开花，有的在地面爆炸，虹口市郊的不少房屋起火，火焰映红了半边天。

凄厉的紧急警报声和沿海停泊的轮船拉响的汽笛声，此起彼伏，揪人心弦。

第一章
炮火中诞生

炮声整整持续 18 分钟。

虹口区一片火海。

“轰!”八角楼掀去了顶;“轰!”天井里落进了炮弹;“轰!”又一家人丧了命。

宋家大院，住在西厢房的 7 岁的宋霭龄和 5 岁的宋庆龄，被这远程炮弹的怪叫声惊醒，发现保姆不在，起床跑出去看究竟。她们俩跑到院子里，只见灰蒙蒙的天上，曳光榴弹正在空中升腾开花，像焰火一样，煞是壮观。

她俩并不害怕，反而觉得很新鲜。齐声吟咏着刚刚在教会学校学会了的一首顺口溜:

长长尾巴大炸弹，
越抛越多越好看!
……

她们一遍又一遍地吟咏。

突然间一束怪怪的榴弹，越飞越低，向着她家前墙院中俯冲下来，紧贴着她家的屋脊上方擦了过去，一串黑乎乎的东西，噼里啪啦地落在中院的空地里，燃起了熊熊大火。

“妹妹，危险!”宋霭龄拉过宋庆龄赶紧往屋里跑。刚进了屋，一阵炒豆般地爆响如雷，吓得姐妹俩紧紧捂起了双耳，院中红起一片。

“姐姐，真响!”宋庆龄对姐姐宋霭龄说。

“还响哩，多险呀!”宋霭龄不满地瞪了宋庆龄一眼。

二

大榴弹落下，炮弹响后，满地狼藉的宋家前院又恢复了平静。

姐妹俩有点心跳，想找后院中正在分娩的妈咪，从中得到些慰藉。也正在这时，后院传来了婴儿坠地的“呱呱”声。那声音伴着音乐节奏，悦耳动听，比那刚才的炮声要好听。姐妹俩会心地笑了。

“一定是妈咪生了！”

宋庆龄说：“姐姐，你猜妈妈生了个弟弟还是妹妹？”

宋霭龄侧耳细听。

“我听好像是个弟弟。”

“不，我听好像是妹妹。”

“我猜得对！”

“我猜得对！”

姐妹俩顶起牛来，只好找妈妈见证。于是，她俩箭一般地向后院跑去。她们刚跑了半路，“哎哟！”只见一束该死的榴弹又飞了过来，投向了妈妈的住房上方。“轰隆”一声，房子被掀去了半角……

此时，她俩都意想到了将要发生不可想象的事，齐声呼喊着妈咪，奔跑着，也不怕榴弹再来轰炸。她们把母亲的生命看作高于自己的一切。

“妈咪！妈咪！”她们奔跑着，越过弹坑，跨过一片废墟，跑到了妈妈的住房前，不得不停下了脚步，房门木从上面掉了下来，横在当中，挡住了去路；右角房架，连同墙壁陷了下来；火苗子像蛇的芯子伸吐着，从窗口向房顶上面延伸着……

“妈咪！妈咪！”

姐妹俩千遍万遍地呼喊着屋内的妈妈，可是妈妈没有应声。是不是妈妈被炸死了？一种不祥之兆又一齐升在姐妹俩的心头。她们决定从乱木下爬进去，去寻觅她们的妈咪。

“霭龄，危险，不能爬！”

正当姐妹俩俯下身，向屋内爬时，她家的佣人赵三伯赶到了，挥手制止了她们。

“妈妈在里面！妈妈在里面！”姐妹俩哭喊着。

“知道了！你俩快到一边去。”赵三伯说完，顺手扒开了门前的几根横木，上面还掉着土的时候，他便冲了进去，纵身跃步，只见窄而拐弯的过道里，已被大火封住，窗格木质部分呼呼着火。于是他便绕了一个弯，进了宋夫人的卧室，还好，这间房子还没冒顶。他很快摸到了宋夫人床前。刚分娩后的宋夫人呻吟着，还不知外面发生了什么事儿。新生的婴儿已被接生婆用白纱巾包好，放在了宋夫人头前。也许婴儿对炮声的敏感过度，“哇哇”地哭喊着，那声音透着几分歇斯底里。

婴儿是母亲的希望，救人先救婴。赵三伯首先抱起婴儿跑出了屋；接着又冲进去背出了宋夫人；等赵三伯再次冲进房去救接生婆梅氏时，火已蔓延到整个房间，滚滚浓烟。赵三伯好不容易找到梅氏，并起身背时，只见上面燃烧的房架，“轰隆”一声坍倒下来，一间屋子，连同佣人，顷刻化为了永久的坟墓……

小美龄仍“呱呱”地哭叫着，她的哭声像一首唱给为她而捐躯献身者的挽歌。

小美龄哭了一整天，一直到爸爸宋查理从百里外踏着暮色，闻讯赶回。

三

宋查理自从 1894 年和孙中山相识后，他就成了孙中山的追随者。

据历史记载，他们二人的名字是在从事一项倒满灭清的秘密活动中，被婚姻和神话的纽带永远联结在一起。他们两人都是广东人，同是三合会成员。两人同有在国外受教育的背景，且又都是基督教徒。两人都曾想学医，都有宏大抱负。再加上两人都对清朝不满。他们彼此肯定都能从对方身上看到一个同心同类的自我的形象。所以，他们一见如故。中山无钱，查理有钱。查理甘心做他的革命的“财政部长”。

广州起义惨败后，孙中山一夜之间成了家喻户晓的著名人物，被朝廷通缉逃难海外，成了公认的反满事业的旗手。他的大名也上了官方悬赏缉拿的名单。

日本轰炸虹口区的前一天，宋查理收到了孙中山在海外的来信。信的大意是：要积蓄力量，积蓄财力，以利再战。中山先生在“积蓄财力”四字下面圈了红圈，以示重要。

作为他的支持者，革命的“财政部长”，对这种圈圈，当然心领神会。如何生财？他想起了华美书馆陆续出版的许多世俗和宗教书籍，其中包括由他的老友林乐知博士出主意编印的中国最早的《圣经》之一——《苏州方言圣经书》。

他想，如果把此类书翻译成白话文，降低成本，扩大发行量，那将是一笔相当可观的收入。于是，宋查理打定主意，决心干一番事业，他不得不抛下即将分娩的妻子，驱车来到了老友林乐知住处，商议出版事宜。日本狂轰滥炸那阵儿，他正同林乐知洽谈出版业务。约摸谈了一个小时，家里来了电话。

“什么事，这样着急？”他问。

“虹口区遭到轰炸。”

“我们家怎么样？”

“房子塌了两间半。”

“有事吗？”

“夫人和孩子好好的，只是赵三伯和梅氏遇难。”

查理听到这里一阵心酸，便对他的助手说：“这样吧，我的牛兄，你先回去帮我处理一下，我这签完合同就回。”

“不，夫人叫你现在立即返回!”

“为什么?”

“夫人已经生产了，给你生了个千金。”

查理又由悲转喜:“好，好，我尽快赶回去。”

查理接完电话，面无惊色，又回到先前的谈判桌前，接着先前的话题，侃侃而谈起来，一切如旧，好像什么事也没发生一样。直到他落笔签完合同后，太阳已经落山，他才想起了那个被他抛在脑后的家。他急匆匆和林乐知博士握手告辞，上车。

暮色茫茫，山水树木，都蒙上了一层灰色的纱幔，景色迷茫起来了。查理驱车来到家时，只见厢房和墙垣都已倒塌，烧焦的栋梁呈现一片可怕的黑色，断瓦残垣中间或露出枯黄的破布碎片……此时，他才感到事情的可怕，但他并不为倒塌的房子可惜。他认为破财免灾，钱是人挣的，何况他手中的出版合同已签成，绝不是一位数两位数的问题，而是五位数六位数的收入。面对着这堆废墟，似乎他又有了某种安慰。

他绕过废墟，走向后屋。还没进屋，就听见妻子对他的唠叨声。查理都挺住了，并不还言。他认为可能妻子全是对的。在家务上，查理沿用了封建传统的做法：由妻子主内，饭好张口，衣好伸手，他是位家庭的甩手掌柜。他精于理财，可是却连孩子的出生日期都记不准。他知道家务这副担子有多重，他感谢着妻子。每当他做完事疲倦地回来，总有一个清洁舒适、芳香四溢的环境在等待着他。

按过去说，妻子数叨完，撒完气后，只要他不还言，口气就会好转，就会由阴转晴。可是今儿不同寻常，妻子真的动气了。查理理解妻子，妻子今日为他喜生千金，不是比他手中的万贯合同还重要吗！在家务上，她是功臣；在事业上，他是英雄。他走到妻子床前，抱起那个白胖胖、水灵灵的千金小姐吻了吻，然后把脸转向妻子道：

“我还该做些什么?”

妻子见丈夫这般温柔，可怕的事情过去了，也不便再说什么，便道:

“三伯和梅氏为了我和孩子，全都‘牺牲’了。姐夫已把后事处理完，你快把钱给姐夫送去，并感谢一番。”

“是。夫人之令，在下遵旨!”查理放下千金，打了个不伦不类的官场手势，像个大孩子似的乐哈哈地跑出了屋。妻子望着他那身影，会心地笑了。

当时，为纪念死去的接生婆梅氏和赵三伯，查理给千金起了个名字为“美（梅）龄”。

宋美龄之后，母亲桂珍又生了两个儿子——子良和子安。宋家子女共为三男三女，已经齐全。

和别的中国封建家庭相反，宋家则是重女轻男。宋家三姊妹出生后，传说母亲倪氏都有准确的观天。她说宋霭龄出生时，月亮是圆的，说明她的姻缘是美满的；宋庆龄出生时，月亮是弯的，说她要终身守寡；宋美龄出生时，月亮是昏的，说她有气火盛。迷信虽不可取，可事情的发展确是千真万确，又让人难以解释。

宋夫人在生育最后一个孩子后，更加虔诚地信奉基督教，在虹口宅第主持家务也开始严厉起来。宋查理开始以“妈咪”相称，就像恩人卡尔称呼妻子南妮那样，但是两者间的相似之处仅此而已。在这个家庭里，分工是极其严格的。妻子管家务，丈夫管事业（理财），教育孩子是他们夫妻双方的义务。

第二章

步姐后尘，留学美国

宋美龄说：我在美国受过十年教育，除了我的脸蛋属于东方外，其他的都已西方化了。尤其是受过民主之风的熏陶，它已经成为我生活中的追求之一。不是吗？这种民主之风对于我的国家，十分需要，且又是十分宝贵的。

——题记

四

1912年的秋天，在美就读了三年预科的宋美龄，成了在美注册的威斯里安大学的“大一新生”，终于圆了她当初出国的大学梦。

在学校里，豆蔻年华的宋美龄已显示出她那非凡的领导才能。在班上，她发现有两个同她年纪相当的女孩——艾罗斯·安斯渥夫和喀拉瑞贝尔·马歇尔——是她的跟屁虫、顺从的追随者。那是一个快乐无比的圣诞节，但使她恼火的是，人们不让她和这两个朋友参加大一点儿的女孩可以参加的姐妹会。宋美龄生气了，噘着嘴说有什么了不起的，于是她同三个充当干事的女孩，在圣诞节那天，成立了一个特别组织，自订章程，自订纪律，自行召集会议，甚至邀请一些教师参加进来，扩大其组织的影响。同时还创办了一份报纸，主编当然是宋美龄。每周出五份，内容新鲜，人见人爱。每份五美分，非常畅销，让大一点儿女生刮目相看，再不敢拿她们当小孩了。

在整个大学生活中，她除了学法语和音乐（理论、小提琴和钢琴），还选修了天文学、历史、植物学、英文写作、圣经史和讲演比赛。此外1916年夏天，她在佛蒙特大学选修的教育学，也获得了第二学位。

宋美龄多年远离祖国，在美国度过了性格成型的时期，已经变得美国化了，以至她认为自己不是中国人了。“只有我的脸蛋像个东方人，其他都西方化了。”这是她在威斯里安大学常被人们认为她是美国女孩，而自己辩解嘲讽的口头禅。

若干年后，宋美龄在回忆这段难忘求学生活时挥笔写道：

当时我出国时只有11岁，年龄太小，还不能上大学。

第二章
步姐后尘，留学美国

由于我喜欢初来的皮德蒙特这座小镇，在镇里的小姑娘中又有同我玩耍的伙伴，我姐姐（庆龄）决定把我留下，让我住在我大姐一个同学的母亲莫斯夫人的家里。

我在皮德蒙特上八年级，非常愉快地在那里度过了难忘的预科阶段。跟我一起上八年级的许多同学实际上是小伙子和大姑娘，这使我感到非常有趣。他们来自遥远的山区，许多人为了攒钱到皮德蒙特来念书，曾在小学里教过书。这些人对我都很感兴趣，我对这些人也很佩服。我则开始洞察他们为了维持生计和取得接受基础教育的机会而不得不含辛茹苦地奋斗的生活。我想，我在小姑娘时期同这些人接触，对于后来我对出身贫寒者的命运的关心是有影响的，否则我可能永远不会同情弱者。这使我看到他们的真正价值，因为毕竟他们和他们那样的人正是一个民族的支柱。

正是在皮德蒙特，我初步懂得了分析句子结构的奥秘。当时我到美国刚两年，我的英语知识充其量只能说是略知皮毛。我在词语的表达上有许多可笑的毛病，使我的语法老师大伤脑筋。为了纠正这些毛病，她要我试着从语法上分析句子。她的努力收到一些成效，因为人们现在说我的英语说得比写得更好……镇里人常常把我看成某种稀奇的玩意儿。但是，管它什么玩意儿不玩意儿，反正我能完全同我的伙伴们一样津津有味地大嚼五分钱一块的胶姆糖了。这种糖通常是从亨特老先生的杂货铺里买来的。我记得，那时我们三四个小女孩在一起，谁要是用一个五分镍币去买来乳酪饼干或大棒糖请别人一起吃，我们就大庆一番，认为是难得的乐事了。不是吗？这些糖果就摆在亨特先生的玻璃橱窗里，让人看了馋涎欲滴。尽管那时候玻璃橱窗里除了陈列那些诱人的商品以外，还在同样显眼的位置摆放着满是斑斑点点的粘蝇纸，可我们不大懂得苍蝇和细菌的危害，也不在乎这些东西。然而，我一直活到今天，还是能向你们讲述那段令人难忘的往事。

圣诞节的前几天，弗洛伦斯和海蒂·亨德里克森姐妹两个、弗洛西·阿迪顿和我一致认为，圣诞节的真谛要求我们做件什么事情让某个人感到愉快。当时我们要做的这件乐善好施的义举所体会到的那种激动心情，是我一生中从来没有再体会过的。我们做好事就要做得彻底，所以每人拿出25分钱，总共凑成一块钱，买了土豆、牛奶、牛肉饼、苹果和橘子，送给铁路那边的一家住着茅草屋的穷人。

我们努力做到谦逊不骄，没有把自己的高尚行为告诉任何人。但是我们非常激动，连在店里的亨特先生都听到了我们在喋喋不休地争论买什么食物合适的声音。我记得，我当时最喜欢的是生理课，因而主张买食糖，而且要多买，因为食糖里含有大量碳水化合物，可以使他们家中孱弱的小孩子们获得热量，使母亲有充沛的精力。可是，参加这笔“巨额”投资的另一个心地慈善的伙伴则坚决主张买土豆，因为土豆最经饿，给身体带来的热量最多。亨特先生听着我们的激烈争论感到又好奇又有趣，最后他每样都送给我们一点，才算把问题解决了……我们抱着大包小包的食物，费力地走过高架桥的时候，觉得自己仿佛就像圣女贞德般地要去执行神圣使命一样。我们来到我们所选定的那户人家借以蔽身的摇摇欲坠的简陋茅草小屋，看见那位精疲力竭、面容憔悴的女主人拉扯着一群儿女。小孩子们从母亲的裙子后面探出小脑袋来偷偷地瞧着我们。面对这般情景，我们都愣住了，谁也说不出一句话来。我们把纸包搁下，拔腿就跑，跑了很远很远的一段距离，扑腾乱跳的心才重新安定下来。我们当中的一个伙伴壮着胆子，回头大声喊了一句：“祝圣诞节快乐！”我们又加快速度，一溜烟似的逃了。

应该说我们最喜欢的一种娱乐便是去采榛子……我常常读很多书，特别喜欢坐在我住的那幢房子旁边两棵树之间的一张木凳上读书，清风拂面，感觉好极了。我住在莫斯夫人家里。她是男生宿舍的管理员。我和她住在楼下的一套房子里，住在一起的还有她的女儿罗西娜和鲁比……莫斯夫人想对我表示亲切时，往往都让我去做软饼。但我从来没有做好过一次，看来我生来就不是个当厨师的材料……

我再也没有回过皮德蒙特，但是我对那个环境度过的岁月记忆犹新，一回想起来就感到愉快。

宋美龄的这段珍贵追述文字，足可以看出她在美国求学时的缩影。可以说与姐姐宋庆龄不同的是，她完全西方化了。她的这段追述曾或多或少地写信透露给大洋彼岸的父亲宋查理。可是父亲的召唤，召回了同去美国的姐姐宋庆龄，却对宋美龄失控了，用宋美龄的话说，因为我已美国化了，回国我还怕不习惯呢！

五

宋美龄大学毕业后第三周，这是一个多风的星期天。黄茫茫的天，昏淡淡的地，狂风嘶叫着，漫过摩尔斯大沙滩，卷起黄沙，荡起尘埃，弥漫着皮德蒙特。

因风沙太大，宋美龄没有出去游玩，躲在莫斯夫人的化妆室里看书看报。这书报是她亲爱的父亲宋查理从东方的祖国邮过来的。父亲没有别的用意，女儿快要毕业了，应该让她多了解了解祖国的情况，也即是孙中山先生领导的革命事业在艰难困苦中前进的情况，以便将来让她也像自己一样，献身祖国的这场民主革命。

屋外狂风的嘶鸣声没有影响宋美龄平静用心地看书。蓦然间，一个熟悉又陌生的名字——“孙中山”跳进她的眼帘……

宋美龄看着，联想到爸爸每次来信都几乎提到的孙先生。从他那亲切的口气中，她认为孙先生已是她宋氏家族的成员了，比亲人还要亲几分。

由于父亲的影响，她对这位传奇人物又羡慕又敬佩。但是对于她这个出国十年的姑娘，和孙先生毕竟还没有见过一面哩！她又想到两位姐姐来信，字里句中洋溢着对孙先生的赞叹，因为她信任两位姐姐，更坚信她们的发言权。开始霭龄姐姐为孙先生当秘书。后来，宋庆龄姐姐从美国毕业后，又接替霭龄姐姐，再任他的秘书。

宋美龄看着想着，她把一本刚看完的书放到旁边，接着又换了一份《电讯报》，铺到自己面前。这时，外面走廊里传来了轻轻的脚步声，继而莫斯夫人推门进来了。

“姑娘，你喝点咖啡吗？”莫斯夫人疼爱宋美龄，多年来就这样称呼她。

“伯母，我不用啦，快坐下来吧。”宋美龄也是多年用“伯母”一词表达自己的情爱，接着她便拉出了一条凳子，递给莫斯夫人。莫斯夫人接过凳子，坐下，道：

“今天风沙太大了，害得你无处去玩。等过些日子，我腾出身来，咱们一起回乡下我的娘家——鲁森亚，那可是个风景旖旎的地方，山光湖色，绿的天地，绿的诗画，让你玩个够！”

“伯母，我怕待不到那一天就回中国了，因为父亲催我不止一次，我都搪塞了过去，我真怕他要下死令啊。”

“姑娘，如果你不愿回国的话，我可以去信说服你心爱的爸爸，我想你爸爸会同意你留下的。”

宋美龄叹了一口气，道：“父亲不像别人，他很自信，怕是听不得别人半点意见的！”

“这也不一定。明天我给幼儿园老板说说，你就到那儿去上班，好吗？”

“好的，我听伯母的。”

“只要你听我的，包括你未来的对象伯母我都想包下啦！”莫斯夫人说到这里，自己也憋不住笑了。宋美龄的脸羞红羞红，嗔了伯母一眼，道：

“伯母，你又开玩笑了。说实在的，我真怕回国后父母包办我的婚姻。”宋美龄的这些担心，并不是没有根据。两个姐姐的婚事，如果比较来说，使父母满意的是大姐宋霭龄同孔祥熙的婚姻，而二姐宋庆龄与孙中山先生的自由婚姻，则受到了父母的极力反对。就连孙先生的儿子孙科，以及先生的部下，包括蒋介石一些人也认为是不可能的事。

“好啦，今天我们说到这里，我现在就给你爸爸正式写信去。”莫斯夫人站起了身。她正要往回走，恰好邮递员闯了进来，差点儿和莫斯夫人撞了个满怀。

“小姐，你的信！”邮递员随手把信递给了她，转身走了。

宋美龄立即把信打开：“伯母，父亲来信了。”

“快念念，都说些什么啦？”

宋美龄展读这封故乡来信，道：“伯母，爸爸首先向你问好。”

“下面呢？”

“下面是给我的。爸爸说：‘美龄，我的爱女，你是爸爸的心肝宝贝。爸爸不能没有你，离开你爸爸就少一份情趣。记得你小时候，天资聪颖，逗人喜爱。你也最听爸爸的话，爸爸也最疼爱你。爸爸虽说有三个女儿，你是最小的，爸爸最向着老闺女。你和姐姐吵嘴的时候，爸爸从来没说过你，挨打的总是你的姐姐。我想，这些你是不会忘记的。'”

宋美龄津津有味地读到这里，莫斯夫人插了一言："爸爸对你还是不错的，你应该感谢你的爸爸。"

宋美龄莞尔一笑："这一点我承认，爸爸是说了实话。"接着她又读下去。

"美龄，还记得你六岁的时候，得了中风不语病，不几天你的右腿又起了脓包。可吓坏了爸爸。爸爸从来没落过泪，看到你躺在病榻上的时候，爸爸平生第一次为儿女掉了泪。一直到你离开爸爸出国的时候，如今九年了，爸爸一直为你担心祈祷。前些日子，听你来信说不想回来了，爸爸又是几个不眠之夜。想着送你出国那天，爸爸是带着病送你的，爸爸对你怀着多大的希望。你也含泪对爸爸讲，要珍惜这次学习机会，努力学习，争取回来后给爸爸当个帮手，为我们落后的华夏民族做些贡献。可是眼下你却把这些话全忘了。想到当初，爸爸真后悔不该送你出去。如果你要真是爸爸的骨血，你应该回来，你应该立即回来，爸爸在等着你……"

宋美龄读到这里，已泪水汪汪读不下去了。在一旁的莫斯夫人也被姑娘的眼泪感染了，禁不住用衣襟揩泪，她深深理解父母念儿的心情，说道："姑娘，你应该再读下去。"

"美龄，你的母亲为你的事已经病倒了。她哭了几天，眼都哭肿了。我的劝说对她来说是无济于事了。你要是妈妈的女儿，你就应该回来，应该立即回来……"

宋美龄再也读不下去了，感情的洪涛剧烈地撞击着姑娘的心扉。她似乎看到了一位蓬发病容、身体佝偻的母亲，躺在病床上，唤儿声声……

"美龄，你应该回去。至于起程的船票，伯母帮你买。"

“伯母!”宋美龄一头扑在莫斯夫人的怀里痛哭起来。作为女性，她被这种母爱感化了。

六

从这天起，宋美龄决定启程归国。

由于这事那事的，时间一拖又是一年。

莫斯夫人一家也尽量为宋美龄提前起程做准备工作。

女大十八变，姑娘的心事也多了。宋美龄最最担心害怕的是自己的婚事将由父母为她包办，因为她已有了意中情人。她在离美返国之前，便选中了一位向她主动求爱的中国学生——刘纪文，并答应在某个不确定的时候结婚。这完全可能是一个空口诺言，因为她并没有同他结婚。

宋美龄归国的日期定了——8 月 3 日 9 点 30 分。当莫斯夫人全家把她送上船的时候，她又一次哭了。这一次哭却是她对居住十年之久的第二故乡的依依留恋，包括对莫斯夫人全家……

宋美龄终于从大洋彼岸回到了上海。

“快端起酒，为美龄毕业平安归来干杯!”父亲首先提议，继而端起酒杯，向宋美龄碰杯祝贺。全家也都学着爸爸的样子，一阵狂欢，接着一阵杯响。母亲倪氏不会喝酒，只管往女儿碟中夹菜。在宋氏这个家族中，还从来没有像今天这样热闹过。宋美龄也深深沉浸在大家族团圆的幸福中。

酒过三巡，菜上八道，两瓶威士忌和三瓶女士香槟已尽。宋美龄脸颊微微发红，推说不能再喝，便由母亲陪着回房休息去了。

入夜，宋查理又亲自为女儿宋美龄举行了接风舞会，邀请了一些社会名流，其中包括杜月笙、陈英士等人。大家热热闹闹，度过了一个不眠之夜。

翌日下午，宋查理把女儿宋美龄邀请到自己的办公室谈心。这是一个偌大的办公室，内有豪华设施，地面铺有红羊绒地毯，上面绘有精美图案；长条棕色沙发，配有古香古色的茶桌；洁白的墙壁上挂有世界名画。当宋美龄走进这里时，扫了一眼四周，咯咯笑了，说："爸爸，你的名字名扬海外，怎么这办公室和你的名字不相称呀？"

宋查理对女儿的提问无言对答。女儿又道："和美国家庭比起来，我们太落后了。我们应该有一间现代化的办公室和浴室。如果爸爸同意的话，我愿帮助爸爸设计。"

"好，好。"女儿刚进家门，作为爸爸，他不能直言批评女儿，心里想着：女儿变了、彻底变了！

第三章
非英雄不嫁

男大当婚，女大当嫁。自恃清高，成了老姑娘的宋美龄，不休说爹妈啦，整个上海滩，小家大国之人都为她的婚事着急，而她却唱起了“非英雄不嫁”曲。

——题记

七

1917年宋美龄回到上海的时候，大姐宋霭龄与孔祥熙已经结婚，二姐宋庆龄和孙中山的婚事风波也告平息。和两个姐姐一样，宋美龄也成了当时社会关注的美人。

这时的宋家仍然住在霞飞路，偌大的宅院，内有客厅、舞厅，上海滩社会各界知名贤达人士，有身穿长袍的公子，有身穿旗袍的小姐，经常出入这座别致的高门宅院。作为上海社交界的名流，宋美龄小姐被提名担任一些通常的委员会领导的职务。她的名片上写着全国电影审查委员会委员和基督教女青年会会员的领导职务。

同时上海市参议会邀请她参加童工委员会，这使她不仅成为担任该会委员的第一个中国女子，而且也是第一个中国人。对于这位未见过黑暗生活面的年轻女子来说，这是一项使她感到惊讶而又开眼界的工作。工厂的童工们营养不良，目光呆滞，紧张得体力不支，这种景象使她愤怒，也可能这就是她之所以花很多时间致力于使青年人能过上人的生活的原因。应该说大学毕业后，宋美龄想做的事情很多。在她爸爸的指导下，她决心要掌握流利的汉语，精通祖国的古典文学。当然，她在孩提时就已学会讲汉语。但是，她还要增加中文的词汇，学会读与写。回国后不久，她开始跟一个私塾先生学习。他每天教她，教了好多年。宋美龄翻来覆去地读那些要牢记的章节，学会了像老学究读书时那样有节奏地摇晃着脑袋，拉着腔调吟诵。宋美龄的汉语过关后，上海的好几所学校都请宋美龄前去教英语，但心高的她都予以谢绝了，宁愿把时间花在学习和志愿参加的工作上。

尽管学习和工作在身，宋美龄还是上海那纵情欢乐的社交界中的一员。她长得漂亮，有教养，有钱盛装打扮。因此在外国人和少数西方化了的中国人举办的通宵达旦、挥霍无度的社交聚会上，她就成了一位众星捧月似的人物，逢会必到，到会必作秀。

这种聚会一般是外国人提供资金，由中国人精心安排和布置，使到会的客人得以纵情欢乐。这种聚会有时要持续好几天。有一段时间，宋美龄忙于学习和社会改革，减少了她出席社交聚会的活动，因而更加提高了她出席聚会的身价。在这种聚会上，有很多人不断地向她求婚，但她总是坦率地表示拒绝。

宋美龄回国时，才 20 岁。当时她没有学姐姐的样。首先，她似乎不想匆匆忙忙就结婚。直到她大学毕业又一个十年才提上日程，按当时中国人的看法，她已是临近老处女的年龄了。

男大当婚，女大当嫁。儿女的婚事，最急的人还是父母。一天，宋查理从商务印书馆下班匆匆回来，在单位他听了别人不三不四的议论，回到屋还没洗手就把宋美龄喊到跟前。

“美龄，你也不小了。关于个人的事也应该考虑了，不知你有何打算？”

宋美龄羞赧不语。

“你要不说话就算默契，爸爸可要给你介绍一位朋友。他叫周子清，在卫理公会一个教堂上班。小伙子长得精神，我看蛮配得上你。”宋查理得意地说完，随后一阵长时间的咳嗽。最近两年，也许老了，查理的身体垮得厉害。本来他个头就不高，此时骨瘦如柴，双腿开始瘦得像麻秆一样。一走起路来浑身冒虚汗。胃疼是老毛病了，常常使他在床上打滚。他也预感到怕是在这个世上待不久了。因此他更是担心儿女们的婚姻大事。他认为：儿女成不了家，纵是有万贯家产，也是老子的无能。唉！为了女儿的婚事，他没少发愁。大女儿霭龄的婚事，是他查理慧眼识真玉，经过几番周折而成的，当然是美满的。宋查理看到她这美满的一家经常出入他的家门，曾暗暗为自己的心计成功而感到自豪。可是这无形的自豪又变成了他的过于自信。恰恰是这个问题，使他在二小姐宋庆龄身上翻了车。

查理每当想起二女儿这门婚事，总有无限伤感。如今小女儿宋美龄又不小了。前车之覆，后车之鉴。他必须早动手啊，否则像宋庆龄一样生米做成了熟饭就晚了。宋美龄回国后的前半年，查理一直在给女儿物色朋友。可是很难啊！按照女儿的条件，查理的标准自然也是高的。酒肉朋友为他提供了不少人选，唯有一个在卫理公会工作的小伙子被查理看中了。于是今天他便提前下班回到了家里，向女儿公开了这件事。

宋美龄听了感到突然，她不理解爸爸为什么这样着急？实际上她回国前就担心的问题已经摆在了她的面前。该怎样回答爸爸呢？她想不能像庆龄姐姐那样使爸爸大伤肝火。于是她来了个迂回战术。

“爸爸，你为女儿操心，女儿应该感谢爸爸。不过，女儿在美国学习时，有人已经爱上你的女儿啦！”

“是谁？”

“刘纪文。”

“听说你们吹了？”查理感到吃惊，马上追问。

宋美龄嫣然一笑说：“昨天他又给我来信了。”

查理期待着问：“你答应他了？”

“不——”宋美龄答道。

“你……”查理正要发火。宋美龄立刻劝道：“爸爸，我听您老的，我可以与周子清见面，不过得有一个条件：要允许我二者比较比较。”

狡诡的宋美龄这一席话熄灭了爸爸心中的雷霆之火。

翌日，宋美龄和周子清的会面，宋美龄只是迫于父亲的压力，走走形式而已。

宋美龄回国以前，就担心父母包办她的婚事，她推说在美国已有恋人，总算化险为夷。宋美龄回国后不久，宋查理死于癌症。父亲的死给全家带来的是悲痛，但在她的婚姻这个问题上，却给她带来了自由。眼下偌大的上海大世界，没有她能看得上眼的。用她自己的话说："我是一朵迟开的花。爱我的人我不爱，我爱的人世上没有。"

在偌大的上海滩，宋美龄的婚事真真是遇到了难题。这时的蒋介石已从日本回到了中国。因在上海（起义）杀了人被官方通缉，他已秘密地躲在上海一家小公司中当店员。

八

再说蒋介石 15 岁时便与一村姑结婚，女孩子的名字叫毛福梅，家住奉化岩头村，比他大 5 岁。1910 年生子经国。结婚并没有使他安下心来，他不愿待在偏僻的溪口从事盐业和丝绸生意。结婚后四年，他极力说服母亲，用母亲的一些私蓄去奉化，在一所称为文学馆的俭朴学校里念书。

后来，他离开文学馆，决定投考保定军校。没有路费怎么办？他便写信向家中的母亲索取。母亲回信反对，他无可奈何，心生一计，剪掉自己的清朝辫子寄给母亲，一时轰动了村人。众说纷纭，莫衷一是。有的说，这孩子有宏志，还是去的好；有的说，这孩子不成才，趁早别花钱。作为母亲王采玉，权衡利弊，还是咬了咬牙、狠了狠心，取出了她这个寡妇的血汗钱，寄给了儿子。蒋介石接到了母亲寄来的路费，欣喜若狂，翌日便登上了去投考保定军校的路。

一年工夫，蒋介石没费多大劲，便以优异成绩毕业了，留学日本。在日本，蒋介石参加了孙中山的同盟会，受陈英士的命令又回到了上海滩——暗杀陶成章。

陶成章是上海的革命党人，行踪飘忽，一时使蒋介石难以下手。一天，蒋介石打听到陶成章在法租界广慈医院治病。他一声不响地来到法租界广慈医院，前后左右里里外外打了个转，找到了陶成章的病房，明白了进出路径。

那是1912年的深秋，入夜寒风萧瑟，夜凉如水，广慈医院庭园岑寂，几棵法国梧桐落叶簌簌，灯影黯淡，工友倚墙假寐，护士也在休息，值夜医生尚未到巡房之际，忽有一个黑影，手持钢刀，亮着寒光，闪入院中。幽暗的灯影中，只见来人头戴毡帽，遮住眉毛，穿一件夹大衣，脚步生风，双手入袋，迅速登楼，一把推开陶成章的病房房门，之后便听见一声枪响，全院震惊，等到查出陶成章遭了暗害，凶手早已逃之夭夭了。

暗杀革命领袖之人便是蒋介石。

蒋介石凭着暗杀起家。

杀了人不用偿命，而且还有大把银子支用，蒋介石虽然没有高升，但在物质上，可以大大地满足了。这时的蒋介石尝到了甜头，以功臣自居，趾高气扬，在上海这个花花世界里，内有妻妾，外有“野鸡”，这还有好？不久就染上了“杨梅大疮”，躺在家里养病。那时候不比今天，既没有特效药物，又没有高明的花柳医生，脓血淋漓，举步维艰，少赚了“帽子”钱不算，还给黄绿医生敲走一大笔竹杠。

且说这天早晨，天刚刚放亮，上海便笼罩在大雾中。雾浓得很，十几步之外便看不见人影。

“我受不了了，陪我到医院走一趟吧！”蒋介石对妻子陈洁如道。

“天刚亮，雾也大，怕是这时大夫也不能上班，你再忍耐一会儿，吃了早饭我陪你去。”

早饭后蒋介石看了病，取了药，刚要走出医院门口的时候，正好迎面碰着上海参议会童工委员会的一群人马，前簇后拥地来医院视察。

蒋介石一眼瞅见这群人中有一位美人。她美得不同一般人，有大家闺秀的气派。衣着是淡紫色的，给人以庄重感。敞胸的天鹅绒长袍，镶满威尼斯式的花边。在她秀发中间有一个小小的三色紫罗兰花环，在白色花边之间的黑缎带上也有着同样的花。她那结发的样式并不惹人注目。引人注目的，只是常散在她颈上的鬓边的那小小的执拗的发卷，增添了她的妩媚。在她那美好的结实的颈子上围着一串明晃晃的珍珠，说着一口流利的英文。

这位高雅、孤傲的美人，行走在队伍中间。全队伍中也只有她一位女性，观模样二十出头。此阵势使她成了一位众星捧月式的人物。

这美人不是别人，正是宋家三小姐美龄。她和她的同伴刚刚视察了一家纺织工厂，那里的童工营养不足，目光呆滞，面色苍黄。笨重的体力劳动，使他们体力不支，昏倒后被送进这家医院。宋美龄来这家医院的目的，一来视察，二来是采访一下这些住院的童工们。她想写一篇文章，向全社会呼吁一下，引起人们的注意和重视。宋美龄刚下车走进医院大门时，正好碰见蒋介石。一个往里进，一个往外出，二人打了个照面。若不是蒋介石的眼睛像钉子一样盯住她，恐怕她是看不到蒋介石的。

蒋介石打从在福乐医院见了宋美龄一面后，爱神便悄悄地降落在他心里。后来有些情况的了解，又使蒋先生对宋小姐倍加爱之。人贵有自知之明。他知道宋氏家族门楼的高低，而自己出身低贱。按行话讲，这叫“门户不对”。可是蒋介石决心要缩短这个差距。凡事预则立，不预则废，于是他立即着手制订追求美人的长期策略。

这种长期策略共分三步走：第一步先提高自己身价，让对方追求自己。第二步迈进政界，走出上海赌场。办事要有野心，他信奉

“不想当总统的人永远做不了总统”这句格言。第三步要找一位合适的“月老”，从中撮合。这位“月老”，他选中了孙中山。因为孙是宋美龄的姐夫，这一层关系极其微妙而重要。再者，孙所领导的中国革命，给四万万中国人民带来了胜利的希望。

第四章

总统做媒

政治与爱情，爱情与阴谋，都恰巧表现在总统做媒上。总统成人之美，二姐宋庆龄站出来极力反对说：小妹嫁给谁也不嫁给蒋介石这个政治流氓！

——题记

九

一年后，战乱后的广州，春风化雨，街心公园小草迎春。

黄埔军校按照孙中山的计划准时开学，由孙中山任命的校长蒋介石便走马上任。

当了军校校长，蒋介石平生第一次感到自己有所建树。黄埔军校校长的职衔毕竟不小，关键是正牌的。他从中悟出了一条仕途之道，金光灿灿，正向他招手呢，那顶峰就是总统的宝座。如果身边再有有背景的宋美龄相助，那目标更为现实些。按照他追求宋家小姐的“三步走”计划，应该说已实现了两步，目下还有请月老做媒一步。他想，自己远离家乡来到广州，尤其是战乱中使他与孙大总统的距离拉近，关系非同一般，无话不谈。他认为向宋家小姐求婚之事也应该向总统开口了。再说，跟在身边的陈洁如、姚怡诚如何处理呢？溪口那边还有毛福梅，也吵闹着抱孩子要来广州……蒋介石心事重重，反而睡不安宁了……蒋介石心里一急上了点火，牙也疼，头也昏。军校政治部主任周恩来得知蒋校长身体不佳，劝说：“学校已走上正轨，我看你就休息几天吧！”

蒋介石虽没说可以不可以，反正躲在宿舍不出来了。整整三天，他才把自己乱麻一般的思绪理清。万事之首，他要找孙大总统谈谈。谈什么？如何谈……总之，他把腹稿已经打好。

蒋介石说干就干，赶巧翌日是一个星期天，蒋介石便信步来到孙中山总统宅第。

孙夫人虽不喜欢他，但却热情地接待了他。

“大总统呢？”

“他去隔壁打个电话，马上就回来。”宋庆龄说完，马上摆上茶杯，给他泡上了一杯酽茶，“蒋校长，先喝茶！”

“好，好。”蒋介石接过茶杯，眼珠滴溜溜地转着，道，“国有今天，党有今日，全靠大总统啊！上次跟着总统，在永丰舰上蒙难不死，全靠总统的洪恩啊！大难不死，必有后福啊！”

“你这说到哪儿去了？戡叛战争的胜利，全靠我军全体官兵的共同努力作战。我看单靠他一人，恐怕我们是炮灰一把啦！”

“夫人说得对！夫人说得对！”蒋介石呷了一口酽茶，哈哈笑了起来。

这时，孙中山从隔壁走过来，满面春风道：“你们又讲起我的蒙难史来了？”

“可不是吗！”蒋介石站起身。

“快坐下。”孙中山摆了摆手道，“难中见真情。上次蒙难也多亏老友在难中帮忙。说实在的，原来我对你们江浙人是有看法的，说的多做的少，油头滑脑。自从那次蒙难，我才真正认识了你。干好了，你蒋校长还是前途无量的。”

“哪里哪里！”蒋介石故作谦逊道，“我这个人是属狗的，只要别人对我以诚相见，我能拿心掏给你看。”接着，他把身子向孙中山那里靠了靠，又道：“今天来，不是工作，而是一些隐私事，想同总统谈谈，以便总统能给我做个参谋。”

“什么私事公事，你就只管说吧！凡是我能帮办的，尽量成人之美。”孙中山道。

“总统不是别人，恕我直说了。”蒋介石察言观色后，说道，“国有国父，家有家长。我们这些单身汉还缺老婆啊！总统阁下向来关心部下生活，乃至柴米油盐，这个事也定能帮忙吧。”

孙中山迟疑了一下：“这个问题好说。中国还不像苏联，那里女性缺，中国人口多，怕你这个堂堂有名的大校长，还找不到一个俊老婆！”

孙中山说这番话也是颇有几分真诚。接着，他又问道："听说你溪口老家不是有原配之妻吗？"

"唉！"蒋介石叹了一口气，"总统还不知，因感情不和，早几年间，我们就离了婚。"

"这，这，我还不知道。"孙中山说完，在一旁倒水的孙夫人插言道："那你的美人姚小姐呢？"

"看我刚要说起她，夫人便就提起了她。我猜想是陈英士告诉夫人的吧。她，这个人长得倒是不错，花儿一般，就是不大正经，我已去信跟她脱离了关系。"

"看来蒋校长倒是正经的啦！"宋庆龄反唇相讥，实际上她是知道蒋介石在上海交易所的老底的，这事也是风言风语传到她耳朵里的。但是有关他和陈洁如的婚事，宋庆龄和丈夫并不知晓。蒋介石察言观色，见他们没有相问，也就隐瞒了下来。此时，他只顾笑笑，道：

"关于我的事，还请总统和夫人多关照。有关条件吗，人才容貌且不论，主要是有些文化教养，最好能懂些外文，日后也好给我当助手什么的。"蒋介石的这番话是有所指的，也是他想了几天才想出的。孙中山是明眼人，他马上意识到小妹是合适人选。孙中山可不像花花肠子的蒋介石，他待人忠厚，为人正直，有"大炮"之称。听了蒋介石一番话后，孙中山把头转向宋庆龄，道："夫人，按照蒋校长的条件，我看三妹宋美龄挺合适的。不行，你就给他们俩做个月老红娘吧？"

孙夫人嗔了丈夫一眼："小妹那脾气你又不是不知道，她要看不上啊，你就休想说通她。再说，她那眼光也高着哩！非英雄不嫁。要做红娘，我看还是姐夫的话她听。"

宋庆龄把"皮球"踢了过去，实际上她是一千个一万个的不同意。因为蒋校长在跟前，有些话不好明说罢了。

第四章
总统做媒

“好，我做红娘，找个空闲时间，先给岳母透个话。”孙中山为之一笑。

“总统先生，我告辞了，不过您老要保重身体，您的福寿也是我们党国的福寿啊！”

“谢谢！”孙中山和宋庆龄站起身送客。

蒋介石走后，平时稳重的孙夫人对丈夫好埋怨一场。

“你也不看看蒋介石是个什么人？上海十里洋场混过，谁还不认识他？今天跟这个扯，明个跟那个混，脑袋光秃秃，满身流氓气。”

“人言可畏啊！不能光听那些流言蜚语，也不能光揭人家的短处。最近，我看他对党国还是蛮忠诚的么！广州蒙难足以证明。中国有句俗语：危难之时见忠心。看人就要看关键时刻。这个人有才干，工作有魄力，用好了说不定是位将才哩！”

“什么将才帅才的！我就不同意你的看法。我看他纯属一个政治野心家！甭看现在在你面前装得正经，说不定百年之后还要挖坟鞭尸呢！”

“看你说到哪里去啦！”

宋庆龄气了，站起了身：“我郑重提醒你，蒋介石这个人不可重用。还是先头那句话，他是个野心家。你愿做好事你尽管做去，我家小妹决不嫁这样的男人！”

“如果小妹要是同意呢？”

“我看小妹是不会同意的！”

“话不要说绝了，那可不一定。”

……

两人不欢而散。恰在这时，一只花猫跑了出来，嘴里叼着一只老鼠。孙中山看了，感到又可悲又好笑。

十

羊城的天犹如小孩的脸，说变就变，刚才还朗朗晴日，不知从哪儿卷来一团浓云，躲到羊城的上空，淅淅沥沥地下起了毛毛细雨。

宋美龄刚刚坐车从沪上到达羊城，恰恰赶上这雷阵小雨。她行走在街道上，不禁咒骂这阵小雨故意跟她找麻烦。

宋美龄来羊城是孙中山总统邀请的。孙中山已给蒋介石许了口，要做蒋介石和宋美龄的红娘。自从那天他与蒋谈了话，这个热心人当晚便给住在上海的宋老夫人发了封电报，让宋美龄来一趟羊城，有要事相商。

宋老夫人接到电报，便和女儿宋美龄商量。宋美龄推说工作离不开，不愿来羊城。母亲道："你父亲不在了，很多事还得你姐夫操心，他既发电报请咱，咱也不能失礼。再说，你也有半年没见到你二姐啦，说不定二姐也想你啦。"在母亲的劝说下，哥哥宋子文便送小妹上了火车。宋美龄来到羊城，走出站口不见人接她，心中好丧气，只好自己走了。宋美龄冒雨刚走出几步，一辆吉普车箭一般地驶到了她的面前，戛然停下。

"小妹，让你久等了。"孙中山打开了车门。

"姐夫，刚才我真想骂人！邀我来，还不接我。"宋美龄开玩笑道。"会刚刚散，来迟了一步。"

"我二姐呢？"

"她在家等你。"

"不对。你一定让我二姐生气了吧？"

"还不是为了你。快上车吧，回家说。"

宋美龄跨上了车，风驰电掣一般地向总统府驶去。路两旁的木棉树和桉树，藤蔓缠枝，云遮雾障，莽莽苍苍。细雨中的羊城，宛如一座翡翠城。

使宋美龄奇怪的是，车子到了家，还不见二姐出来接她。姐夫把她让到竹椅上：“小妹，你先歇歇，我去把你二姐请来。”

片刻，宋庆龄走了过来：“小妹，我没能接你，怪姐吗？”

“二姐，”宋美龄扑上去，紧紧抓着宋庆龄的手，“我知道姐夫给你气受了。”

“那还不是为了你。”

“为我？”宋美龄愣住了。

“那就让你姐夫告诉你吧。”宋庆龄说完望了丈夫一眼。

“小妹，是这么回事。”姐夫忙挥手圆场道，“你也老大不小了，我们也该为你操心了，尤其是查理父亲逝世后。最近，姐夫为你选了一位，就是姐夫的部下，黄埔军校校长蒋介石，此人条件不错，虽说有点小毛病，但是金无足赤，人无完人嘛！在这一点上我和你姐有分歧。”

“那二姐的意见一定是不同意了。”宋美龄把目光投向宋庆龄。

“我不同意能顶个啥用，关键是大主意还得你自己拿！”

“这个人我既认识又了解。”宋美龄笑道，“要问我同意不同意，还得容我考虑考虑！等你们消了气后，我会答复你们的。”

“你如果愿意见面的话，我可以随时通知他来。”姐夫又道。

“等等吧，姐夫。”宋美龄点点头，既没有表示反对，也没有表示赞成。

十一

羊城8月，风光旖旎。

宋美龄在流芳的羊城半月，流花湖畔既没有留下她的足迹，白鹅潭中也没有留下她优美的身姿。她把自己关在姐夫的深宅高院中，独自踱步，独自深思。

爱情这个课题，对她这个老姑娘来说并不是陌生的。不过对于在西方生活了十年的她，她的价值观点倾向于西方化了。说实在的，她对中国封闭性的爱情观，加上浓厚的封建意识色彩，是看不惯的。她认为爱情应该像西方人那样是直率的，不应该有丝毫的隐晦。大白天，男女搭肩携臂有什么不好！不过中国人是正人君子，若那样是被人耻笑的。在这一点上，她是不同意姐姐宋庆龄的看法的。对于蒋介石这个人，姐姐说他是玩女人的能手，作风不正，可是她却不把这个问题看得那么重。她认为男人毕竟是男人，人也应该互相理解。她对蒋介石这个人，并没有正式接触，谈不上印象好或印象坏，因此也谈不上同意不同意。

她从美国回来后不久，是从一张油印小报上发现“蒋介石”的名字的。这张小报是在日本的留洋生陈英士主办的。陈英士是孙中山同盟会的会员，应该说是革命的，因此她认为蒋介石也是革命的。对于倾向革命的宋美龄来说，蒋介石在她直觉推算中并不坏。

后来有一件事，又使她对蒋介石这个人发生了质疑。那是她在一张大报上发现的，醒目的标题是“刺客蒋介石”。内容报道了蒋介石如何刺杀陶成章的凶残……

一天清晨，他暗暗跑到陶当时在那里治病的一家上海医院，发现陶身旁没有保镖，便拔出手枪道：

“陶成章，我要送你上西天，你还有什么要说的?”

陶成章面对乌黑的枪口，连连摆手道：“兄弟有话好讲好说，你为什么跟我过不去?”

“没什么好讲的！这里有陈英士的手令!”

“陈英士刚从我这里离开，他不会这样的!”

“那你就上诉上海警察局吧！”蒋介石凶相毕露。

“我，我要上诉警察局……”陶成章没说完，枪响了，倒在了血泊中……

这有声有色的描绘，宋美龄读着读着，不禁泪水潸潸，连声道：“这太残忍了！这太残忍了！”从此，她对蒋介石的认识又来了个一百八十度的大转弯。蒋介石不是革命派，倒是一个青帮分子。

前不久，她又从广州的一份报纸，发现蒋介石与孙中山合影的照片。这张照片背景是永丰舰。孙中山坐在一把椅子上；蒋介石则是侧立其后，面露微笑。下面有段措辞得当的文字：

黄金若粪土，肝胆硬如铁。蒋介石与孙中山蒙难于永丰舰上。他们携同全军将士，万众一心，力挽狂澜，迎得平叛胜利，又见千里识骏马，危难识忠诚。

接着在该报第二版详细报道了孙大总统蒙难的经过和蒋介石的知心相助。宋美龄认真阅读了这篇报道，振人心扉的文字，又一次使她对蒋介石改变了看法。她佩服蒋介石的忠诚为人，她感谢蒋介石对姐夫的难中相助。读着读着，她不禁拍桌叫道：“蒋介石太伟大了！太伟大了！”总之，蒋介石作为一个神秘的人物永驻她的心间。她似乎从他身上看到了什么，她自己也说不清。也许这种说不清的影影绰绰的看法，使她最终成为蒋介石的夫人。也许这就是她所特有的政治敏感和她的权欲心。

……

光阴难驻迹如客。

半个月过去了，宋美龄还是脚踩两只船，犹豫不决。面对着姐夫、姐姐两种迥然不同的意见，何去何从呢？她不知该怎样回答姐姐和姐夫，有心见面怕姐姐翻脸，违心拒绝又怕对不起好心的姐夫。唉！干脆不偏不倚算啦。此时只有不偏不倚才是两全其美。第十五天清晨，在饭桌上，宋美龄向姐姐、姐夫做了辞别说明：

“姐姐、姐夫，你们为我个人的事，操尽了心，这都是为我好，我都领情。不过，我觉得现在谈还不大合时宜，因为我还小呢。我想再推二年吧，也许那时更好，姐姐和姐夫的意见也能趋于一致。”

“这也好。我做兄长的也只能当个参谋，主意是你自己拿。”孙中山首先回答。宋庆龄接着道：“小妹，我看你这样做就对了！”但是最痛苦的还是宋美龄。也就是这天上午，宋美龄启程离开了羊城。羊城留给宋美龄的总体印象是：雾的羊城、羊城的雾。

十二

蒋介石那天从孙中山住宅回来，半月间又去了两次，名义上是汇报军校工作，实则是探听宋美龄的态度及反响。孙中山一再打保票道：“我观小妹是没有什么意见的，只是她姐姐这个参谋没当好。小妹不便当面顶撞姐姐，只好采取中庸之道。”

蒋介石拨拉着自己的如意算盘，对孙中山的话信以为真，他知道自己身后的三个婆娘不好办，都是日后他的绊脚石。他决心先搬掉她们。

说实在的，这三个婆娘都很厉害。但是最厉害的首推陈洁如，次之姚怡诚。陈洁如可不同于别人，她生性怪僻，你若惹了她，她就敢和你扯不清。再说，老蒋在她手中有把柄，弄不好，会叫你蒋介石官做不成不讲，还会身败名裂。

蒋介石思忖半天，决定先给陈洁如写信。然后再给姚怡诚、毛福梅写信，忙忙活活大半夜，三封信写好后，他又觉得这样不妥，或者事与愿违。“唰唰唰”，他又把三封信揉成一团，划根火柴烧了。这时，他想起了上海的青帮兄弟们，他们还是能理解他的，能帮他办事。于是，他便把这件棘手的差事交给杜月笙和张啸林：“替我解决，日后有谢。”

关于毛福梅，不久，杜、张二人回复蒋介石说：“毛氏那方面好办。我们到家后说明来意，她一把鼻涕一把眼泪直哭，我们简直没有说话的余地。留下来一点钱，安慰她，说反正以后你的生活不成问题，即使蒋校长不提出离婚，事实上你们也并没有生活在一起，分居与离婚实质是一样的，你就接受了吧。”

“她怎么说？”蒋介石皱着眉头问道。

“女人家嘛，”杜月笙双手拢在袖管里，拱拱手笑道，“你不必跟她计较。总之，她说话很难听，可是也不能怪她，宰相肚里好撑船，还是按照原定办法行事，把她安顿起来，每个月柴米不缺，也就算了。”

“也好，就按你们说的办。”蒋介石皱眉瞪眼道。

“她，”张啸林插言道，“她说她已有儿子经国，她不能带儿子离开溪口。”

“娘希匹！”蒋介石拍着桌子骂道，“把经国想法给我接来，我准备安排他去苏联留学。这样再赶她离开溪口就没说的了吧！”

“我们也这样说了，人家不干。她说离婚不离家！”

蒋介石怒不可遏。

“别，别这样，”杜月笙劝道，“江湖人讲义气，何况到底是结发夫妻。一日夫妻百日恩。她当然对你不会有什么花样，问题是弄不好叫天下人笑你没有义气。”他拍拍胸脯：“交给我们办好了，同意她离婚不离家，大不了给她找一间房子算了。”

“好好，”蒋介石不耐烦，“就派礼卿负责照护吧！这件事我交给你们了。”他脸孔一板：“怡诚那边怎么样？”

杜月笙同张啸林交换了几下眼色，还是张啸林先开口道：

“她不同于毛氏。当我们说出此事时她只流泪不答言。闹得我们好没有办法。”

“后来怎么办了？”蒋介石一展眉头问道。

“我们抓住一条，她和你没有正式办理结婚手续和举行正式婚礼，属于非法同居，不受法律保护，自然可以不了了之。”

“她没说什么？”

“直到我们走时，她还在一个劲儿地哭。”

说到这里，蒋介石暗暗庆幸：“是，我们那时只顾早点同居，连手续也忘脑后了。让她哭去吧！哭死了才好哩！”接着蒋介石又问，“洁如恐怕不是个省油的灯吧？”

杜月笙道：“关于这个女人，我看你也不必动气……”

蒋介石不耐烦，“我早已知道，娘希匹，这臭婊子在外面抬出我的招牌招摇过市！我恨透她了！”

杜、张二人又交换了一下眼色，杜月笙低声劝道：“你今天已经平步青云，别跟这种人一般见识。上海滩嘛，你当然明白，洁如卖卖野鸡头，凭你三个字抬高了她的身价，她还有一定的势力，像这种事情不能太急……”

蒋介石紧皱眉头，“她还有脸找我？不守妇道，到处招摇，我不理她！”

“不行啊不行！”张啸林劝道：“你可以不理她，她可以不找你，嘿嘿，她当然不敢找你。问题是你如果真的不理她，她今后在外面可就乱来啦，人家便可以说：走！找蒋介石小老婆睡觉去！你脸上还有光彩？”

蒋介石半天不响。这时，杜月笙又凑上前道：“她知道你在上海交易所的底细，她说只要你不要她，她就要上诉上海警察局，查办你！”

“娘希匹，这个女人真狠毒！”蒋介石不禁骂道。

“这个，”杜月笙看出蒋介石的头痛病，马上说道，“打蛇打七寸，这个女人爱财，你想想她不爱财，当初能进窑子？我看我们不如顺水推舟，她要困了给她条枕头。我说给她八万块，准能封住她的舌头！”

“娘希匹，杀了她算了！”蒋介石直蹦起来。

“你不能再生气。”张啸林摆出师父的面孔来，“你不能同她们生意人一般见识。她向你要八万块，我看这笔钱也要用在刀刃上。她总算额角头高，碰到你这么一个客人，如今桥归桥，路归路，嫖堂子都不在乎花个八万块，你又何必肉痛这八万块？你真觉得窝心，我给你垫！”

“我倒不是心痛，”蒋介石连忙转过口气，“娘希匹，这臭婊子拿了钱如果再要抬出我的名字招摇……”

“绝对不会！”杜月笙插嘴道，“那得有合同担保！”

“而且我们已经给她准备了后路，”张啸林咕嘟咕嘟喝完了一杯茶，“要她嫁人！”

“嫁给谁？”蒋介石一怔。

“你不认识。”杜月笙劝他道，“一个医生。你给她八万块，她跟那个医生就结婚，大家桥归桥路归路，以后如果她敢招摇，用不着你开口，我们就会把她报销！”

蒋介石一声不响，他知道这个医生是谁。

那是蒋介石还在上海交易所的时候，以全副精力投注在这个大赌场。豪赌必输，转动如飞的赌盘戛然而止！蒋介石这个大赌棍破了产，债台高筑。蒋介石因掏不出这么多钱，被几个债主围打一顿。

蒋介石双手捧着热辣辣的两个脸颊，失魂落魄回到自己的住处，只见破旧的门口停着一辆半新不旧的黄包车。他心一怔：“我偷偷地搬到这里，难道还有人知道，追上门来讨债吗？”他不敢马上进房，蹑手蹑脚上得楼去，只见房门虚掩，陈洁如在里面嗤嗤地笑道：“别动手动脚，给人瞧见了不成话！”

“哦，”是个生疏的中年人口音，“谁不知道你已经是蒋太太，可是你先生没办法，破了产，还是跟了我吧！”蒋介石一听放了心，原来此人不是为讨债而来。他心灰意懒，也不敢进房去。颤巍巍上得天台，双腿软弱，倚在墙垣上怅然遥望，只见十里洋场，华灯初上，炊烟四起，黄梅季节的郁闷天气，使他呼吸都感到困难。他想敲门，只听室内床板的吱吱声传来。那一对男女还在说话：

“他真的不知道？”男的问。

“我也始终没有跟他说，在我以前的客人之中，有你这么一个人！我说只不过有一个老凤祥的小开。”女的答道。

“现在不用怕了。”还是那个陌生的男子口音，“现在你可以当面告诉他：你破产啦！还借什么小房子？老娘要跟有钱人去了，跟我这个大名鼎鼎的孟医生！”

……

蒋介石回忆到这里，心血上涌，手脚发麻，要发作吗？青红帮弟兄会说他小气，而他的政权是同青红帮分不开的，这些丑闻其他人是不知道的，他只有把恨咽在心底。过了好一会儿，他叹了一口气，道：“好吧！八万就八万。这三个女人我交给你们了，你们看着办吧！日后，只要蒋某做官，也把你们统统请到上宾席，有福同享，有难同当！”

时间不长，陈洁如拿到了八万块钱，同蒋介石结识一场，就像在跑马厅发了一笔横财，也就同那个老相好的孟医生悄悄地躲起来了；姚怡诚早已擦干了眼泪；毛氏的情形就不同，她只有哭。高兴的只有蒋介石一人。此时，他正在孙大总统府里举杯，酝酿着他在爱情上的一场政治阴谋！

第五章

政治姻缘

蒋介石拍胸道：只要我夺得了天下，何愁她一个宋美龄不成！相反得到了宋美龄，就等于得到了宋氏家族，得到了美国的支持，大姐夫是民国银行要员，二姐宋庆龄是总统夫人，大哥子文是财政部长，我还何愁坐不稳天下呢?!

——题记

十三

噩耗，惊人的噩耗！

北平传来了大元帅孙中山逝世的噩耗！

这对于蒋介石来说，无疑是一声晴天霹雳。打击，莫大的打击！

“月老”仙逝了，他追求宋家小姐的意愿也风风火火地告一段落。他不禁失声痛哭……

忆当初，孙中山病危时，他的亲密同事们像候鸟一般地纷纷从广东飞到北平，来到他的身旁。而他最重要的三名副手——右派胡汉民、左派廖仲恺和担任军职的蒋介石——都留在了广州，不是他们不来，而是孙中山不让他们来，因为他们开辟的南国“江山”并不牢固，陈炯明等一伙还在那里虎视眈眈。

当这位伟大的革命者生命垂危时，国民党中央政治委员会面临着两个抉择：孙中山同莫斯科以及中国共产党的联盟是否要保持下去；而最最重要的是，谁将成为中华民国新的大元帅或最高继承人。于是，在广东和北平，一场争夺权力的明争暗斗开始了。

任何人似乎都没有思想准备。同时在莫斯科，列宁已去世，而斯大林和托洛茨基为夺取权力在进行殊死斗争，他们根本顾不了这边。鲍罗廷作为苏联驻中国的首席代表，急需得到莫斯科的指示，但一项也没有来。

在孙中山临终前，围在孙先生病榻旁宋庆龄旁边的，是孙科；还有她的弟弟、少年得志的金融家宋子文；颐指气使的大姐宋霭龄和她的忠实的丈夫孔祥熙；风流倜傥、善于交际的小妹宋美龄。这六位亲属中，只有宋美龄年龄最小，也是作为红娘的孙先生最为牵挂的。

“美龄，你年龄不小啦，关于成婚的事，姐夫帮不了你大忙了。”孙中山颤颤抖抖地说。

“姐夫，莫这样说啦，我谢姐夫了！”宋美龄说完，泪水如断了线的珠子一般，从她那俊美的双颊流了下来。

宋美龄为姐夫病入膏肓而感到痛苦，又为姐夫临终前为自己的担忧而感到不安！使她遗憾的是，自己未能让姐夫看到自己完婚的典礼！她想到了蒋介石，这是姐夫亲口提到的。自从蒋介石闯进姑娘的情海中，宋美龄无时不在细致入微地观察他，哪怕报端有关他的一段豆腐块的文字，她都细细阅读、品味，渐渐地使她嗅到了她与他之间有着一种相同的气味。宋美龄像二姐宋庆龄一样，一直守在孙先生的病榻前，直到寿终正寝。

孙先生在临终前，汪精卫向他宣读了一份由别人起草、需他签字的政治遗嘱，在场的每个人都屏息谛听。最后孙中山吃力地说：“很好，我完全赞同。”汪精卫还念了一份个人遗嘱，意思是把孙中山本人的藏书、文件、个人用品及上海莫里哀路的房子都交给宋庆龄，而这就是他留下的一切。两个文件都在 3 月 11 日签了字。签字时，宋庆龄扶着孙中山颤抖的手。

这个被称为《总理遗嘱》的文件，后来在国民党的每一次政治集会上都要宣读，成了后人对孙逸仙的日益增强的偶像崇拜的课本。由宋子文向孙中山宣读了一封由鲍罗廷和陈友仁用英文写的致苏联遗书。这封遗书后来刊登在苏联的《真理报》上。

3 月 11 日，这天是星期三，无风，孙中山要求把他从那张舒适的床上移到行军床上。3 月 12 日，这是一个晴朗的日子，上午 9 时 30 分，他溘然长逝。

蒋介石在家听到这则噩耗后，他不知是怎样回到自己办公室的，他痛苦的心情无以言表。不管怎样，大树底下好乘凉，他是感恩这棵“大树”的，可以说没有这棵大树，也就没有他蒋介石的今天。

正是这棵大树使他脱颖而出。一日为师，终身为父。他痛哭流涕……

再说，孙先生的去世，又使他追求宋小姐的道路上蒙上了一层灰色的网。蒋介石对漂亮出众而又有教养的宋美龄一见倾心。自从他在上海福乐医院门前看了宋美龄一眼后，他再也不能把她那风姿绰约的印象从心头抹掉。他不光倾心于她的容貌，更使他着迷的是与宋美龄小姐的结合将会给他的前程带来的鸿运。鼻子比别人都嗅灵的蒋介石窥出了天机，这天机不是别的，就是孙中山的死将面临着权力和继承人的分配和竞争。这是一场角逐的机遇。

在当时的大多数旁观者看来，蒋介石作为继承人的可能性并不太大，因为在国民党高层中还有许多比他显赫著名的人物。但是这并不等于没有空子可钻，关键在于两条：手腕和心计。蒋介石心想：只要我夺得了天下，还何愁她一个宋美龄不成。相反得到了宋美龄，就等于得到了宋氏家族，得到了美国的支持，大姐夫是民国银行要员，二姐宋庆龄是总统夫人，大哥子文是财政部长，我何愁坐不稳天下呢……

于是，这种政治婚姻伴随着蒋介石得天下得美人的阴谋同时进行了。蒋介石覆手为云，翻手为雨，而他又深深懂得：劫持了革命并不是劫持了全国。为消灭反对他的人，他还必须寻找靠山，找个有钱的洋爸爸，洋爸爸是日本还是美国？他想尽量争取美国。于是再一次想到了宋氏家族与美国这种根深蒂固的关系，想到了宋美龄小姐……蒋介石心里一阵狂喜。正好一只猫跳了出来，直逼老鼠洞口，两眼珠放着绿光，好像在说，今天我有夜餐了。

十四

古人云：谬论说百遍成“真理”。

上海的青帮们，都是蒋介石的拜把子弟兄，为着蒋介石日后的粉墨登场，也为日后能沾上老蒋的光，他们卖命地为老蒋摇旗呐喊。在上海的大街小巷，经过一阵热闹的游说，使宋家听到的皆是对蒋某的赞扬话，说什么中国唯蒋能得天下，除此没有别人。宋家正是在这种形势下开了一个紧急而重要的“家族会议”。

岳阳路 145 号宋子文豪华的公馆，这是一座法式建筑的别墅，装有檐口的“老虎窗”，窗帘紧闭，谢绝宾客，宋霭龄在丝绒沙发上发表着她的高谈阔论，坐在她旁边的是对她百依百顺的丈夫孔祥熙。

“这事我跟子文商量过不止一次。天要下雨，娘要改嫁。要我看，中国的形势要变，上海更不用说了。庆龄那边的武汉政府迟早要垮台，只是时间问题。这门亲事应当尽快定下来，不然，怕失去了机会，就失去了我们宋家崛起的天下。再说，青帮这伙人是什么事都会干出来的。”

“是的，”孔祥熙始终赞同他太太的看法，在一旁敲着边鼓，“太太说的也是，政府要分裂，形势变化莫测，现在看来，老蒋的命运也是我们的命运。半个月前，老蒋去了日本，我看是要寻找支持。”他深深地叹息。

“问题是日本不可靠，美国又信不过他。”宋子文微笑道，“前些日子美国对他这位总司令是采取不信任不合作态度的。所以他此行日本，是为了给美国施加压力。说实在的，美国表面上对此事不露声色，但在暗中活动得可厉害哩，也怕老蒋真的投靠了日本。总之，形势可复杂哩。”他放下雪茄，“谁不知我们宋家同美国的关系，美国对我们不错，我们也不能错待了人家！”

“我看透了，不知你们想到没想到老蒋也在靠近我们？”宋霭龄插嘴问道。

“是啊！”宋子文说，“现在我们不是在想办法嘛！依我看，蒋介石这个人不是不想投靠美国。最近，他和我说了几句话，泄露了天机。”

“他说什么来啦？”宋霭龄、孔祥熙都伸过头来。

“他说，青工会童工会不是美龄干的活，他想给美龄安排工作。”

“什么工作？”宋霭龄嘴快。

“秘书。”

“秘书，”宋霭龄眼珠一亮，两手一拍道，“有了！把美龄嫁给他。我想改天他一上台，就不会把我们宋家搁在脑后。”

“妙哉，妙哉！”孔祥熙再次赞同，“他想睡，我们给他一个枕头，日后，他不会不感谢我们的。”

宋子文一言不发。

“你是不赞成？”宋霭龄瞪着一对黑眼珠说，“美龄当了他的秘书、夫人，有利于他打通美国的关系，这不仅对姓蒋的有利，对我们宋家也有利呀！这是一本万利的生意，我的财政部长。”宋霭龄说着说着站起来，对子文说，“你打着灯笼都难找到这样的好事！”

“不不，”宋子文忙不迭地揉揉鼻孔，答道，“不是不赞成，问题是美龄肯不肯答应？”

“是的。”孔祥熙反而又是显得不偏不倚地道，“这是个问题。不用说美龄，就是庆龄她也是反对的。”

“她们不赞成，”宋霭龄气愤愤地说，“庆龄根本不能算是我们宋家的人，她早已背叛了父母，管她干吗？至于美龄，她不赞成也得赞成，她这次的婚事实在太重要了！”

“老蒋今年多大了？”孔祥熙问道。

“40。”宋子文扑哧一笑：“你倒真像做媒似的。”

“小妹今年多大？”孔祥熙问他太太。

“你管她多大！”宋霭龄嗔一眼胖头圆脑的丈夫，“今年18，你说怎么样？”

“说正经话嘛!”

“她今年着实年龄是30。30对40，也不能算太离谱。”

“我不是这个意思,”孔祥熙说,“小妹已有情人刘纪文。恐怕刘纪文也不干!”

“干不干还不得听美龄的!”宋霭龄淡淡地说,“只要老蒋给刘纪文安排个好工作，他会乐不颠地愿意!”

“老蒋那边的太太呢?”

“没有关系，只要姓蒋的明白他同小妹结婚以后有些什么好处，他就是有十八个太太也得离婚拜拜。”

“谁做媒人呢?”孔祥熙又问。

“这还不好办!”宋霭龄十分有把握地说,“在上海滩这个地盘，找个合适的媒人怕是不难吧，张静江、杜月笙……”她一连气说出八九个。

“噢，原来大姐早有谱啦!”宋子文挪了挪身子，惊奇地说。

“不是大姐有谱，是因为父亲在世的时候，早已把小妹的事叮嘱过我。”宋霭龄说到这里，追问:“大弟，你以为如何?”

“我怕小妹不高兴。”宋子文答道,“小妹在美国的时候，就同刘纪文打得火热，而且,”他放低声音,“他俩又快要结婚，怎么一下子又变卦了?怕是小妹一时转不过弯来。再说姓蒋的绝对比不上刘纪文，蒋是流氓出身，刘是个出国留学生;蒋其貌不扬，刘英俊洒脱，你说说哪个女孩子不爱漂亮的小伙子?”

“我说她肯!”宋霭龄力排众议,“不信我同你打赌!哪一个女孩子不喜欢老公做大官，何况姓蒋的，同他结婚，她是今后中国的第一夫人!”

“你把庆龄往哪儿放?”宋子文问。

“她是现在的中国第一夫人，小妹是将来的中国第一夫人。”她瞅一眼孔祥熙,“就是我这个大姐，永远也做不到第一夫人啦。”

孔祥熙装作没听见，只管大口大口地吃水晶红苹果。

“先问问小妹再说！”宋子文抬腕看看表，“你的意见我赞成。小妹同纪文出去看电影，也该回来了。”

正说着，一辆汽车在门外戛然而止，从车上走下来一位跛脚的青帮头子张静江。

“稀客，稀客！”宋蔼龄首先站起身来迎接他。宋子文也迎了出来：“静老，你来得正好，大姐正要找你哩！”

“好哇！那么说我这次来对了。”张静江哈哈笑道，露出一口金牙。

张静江这个头面人物进出宋家大院是有次数的。过去三年没有来过一次，最近一个月便有两次，今天这是第三次。张静江来这里目的不是别的，他是奉蒋介石之命而来这里“牵线”做月老的。他知道宋蔼龄是这个家庭的主事人，因此他对子文、祥熙道：“我知道你们都是忙人，今儿我想找大姐扯扯，你俩该忙都忙去吧。”

“好、好，有事你就跟大姐谈吧！”子文和祥熙客气一番，便各干各的事去了。宋蔼龄把张静江让到客厅里坐下，又倒上一杯浓茶，开口道：

“静老，这是哪股风把你吹来的？”

“哦，我也是随便走走。过去因为忙，欠债太多啦，该走的都没走到。”张静江呷下一口茶，吐出一片茶叶又道，“今天我来，也顺便关心关心你家小妹。”

“你是想给我家小妹提媒是吗？”宋蔼龄露出几分窃喜。

“有这么个意思。”张静江紧紧注视着宋蔼龄表情的变化。

“那你先说说是个什么人家？说实在的，我小妹眼光可高着哩！”宋蔼龄道。

“那么，也说说你小妹眼光有多高？我包她满意就是。”

“我小妹条件有三！”

“哪三条?”

“一是要求门当户对;二是要相貌超群;三是要才能出众,要有相当于领袖或统帅的能力和权力。按小妹的话说,非英雄不嫁。”宋霭龄说完自己也先笑了,“恐怕难找吧!”

“不!”张静江摆了摆手,道,“霭龄,依我看,你是已经有目标啦。”

“没有。这只是条件。静老今天来要提的是哪家呢?”宋霭龄反问道。

张静江想了想道:“这三个条件起码我包你有两条满意,行不行?”

“哪两条?”

“你说的第一条、第三条。”

“好哇!你就说说吧,反正这里也没有外人。”

“要我说我就说,”张静江放下手中的杯子靠了靠,“最近听老蒋放出风声,想找位如意夫人,我看你家小妹合适。蒋、宋、孔、陈这四家都是大家族,可以说门当户对。再说蒋介石也是未来的中国政治新星,这是其二。至于这人英俊不英俊,我看无大碍,情人眼里出西施,全在美龄看啦。你说是不是?”说完一阵笑声。

“这是件大事,我怕是小妹不会同意。”宋霭龄故意拿一把。

“那你当大姐的可以帮拿个主意嘛!”

“是啊!”宋霭龄淡淡一笑,“静老既然来了,我可以拿个主意。等我和小妹通个气,然后再给你回个话,可以吗?”

“那好!那好!”张静江连连答道,“我这头儿就等你的话啦。”

接着,他们又唠叨了一会儿家常话,张静江告辞,驱车离开了宋家,直赴蒋介石的下榻处。

十五

蒋介石住在英租界。门前有一片竹林，翠绿翠绿，给人以清新感。张静江的车子掠过那片竹林，箭一般地驶进了官邸大门，然后向东打了个弯儿，越过一栋平房，再行百米，便来到了蒋介石的卧室前，戛然停下，卷起地上几片落叶。

昨天蒋介石刚从日本归来，晚上，青帮兄弟们在青宛大酒家设宴为他接风。蒋总司令显然多喝了点儿酒，一直睡到今天的10点钟。此时，他刚刚起来，吃了点早点，正要看报，张静江便风风火火闯进了屋里。

“蒋总，昨晚是不是喝得多了点?”

“哎！都怪你。要不是你那最后一杯，我倒是没事的。可是喝了你的那杯，我就觉得受不了，头也胀了，脑也昏大了。”蒋介石放下报纸，“到哪里逛去啦?”

“还不是为你的事!”张静江答非所问。

“我的什么事?”

“没有姑娘搂，晚上睡不安啊!”

“静老，看你说到哪里去了!”

“我说的都是实话嘛!”张静江取出了一支三星牌雪茄，点着，深抽了一口道，“早晨，我到了宋公馆。”

“噢，你到宋公馆去了!”蒋总司令瞪大了眼睛。“见了宋小姐吗?”

“没见到宋小姐，倒见了宋大姐。我把你的事给她摊牌讲啦。”

“她都说些什么啦?”蒋介石向张静江靠了靠，道，“快说给我听听。”

“她说蒋总司令的事她可以帮忙。”

“她还说了什么?”

“小妹美龄的工作由她包做。”

“那你说这事有门啦?”

“我看八九不离十，你就准备喜酒吧。大华酒家，我们要好好地热闹一场!”

“这个没问题。休说大华，就是鸳鸯楼……上海有名的地方我让你吃个够!”

“一言为定!”张静江说到这里，话题一转，“这次你去日本又找了几位艺妓小姐啊?”

“哎!我们不谈这些，谈谈别的吧!”蒋介石道，“川野长成那里，我已遵嘱代静老问候过了。我们谈得挺投机。”

“你这次访日有成果哇!”张静江称赞道。

“哪里哪里!反正我一到东京，一上码头，便结结实实地放了一炮。全日本的报纸在第二天的显著位置都刊登了这个有利于日本的消息。”接着，他介绍了他受到头山满的热烈欢迎，当晚为他接风洗尘云云。

蒋介石向张静江描述到这里，张静江赞不绝口:“后生可畏!后生可畏!你真行，干了我们想干而没有干成的大事!非英雄不嫁的宋美龄小姐应该是你的!从今往后，你把国事治理好，我把你的家事包起来!”

“静老，”蒋介石三句不离宋美龄，“过几天，你再到蔼龄家看看情况，一有动静，赶快告诉我，我们国事、家事要一起抓起来!”

“蒋总，”张静江语气肯定，“这个你就放心吧，争取年底完婚喝喜酒!”

“哈哈哈……”蒋与张相视一下，情不自禁地大笑起来。一阵笑声过后，张静江抬腕看了看表:“哟!早过开饭时间了!”

第六章

大姐百般开导

面对宋氏家族内部如此强大的反对势力，宋霭龄不改初衷。她经过一番权衡利弊，缜密思考后，终于定下促成蒋宋联姻的一套锦囊妙计……

——题记

十六

也就在张静江从蒋介石下榻处回家吃晚饭的时间里。“天乐”电影院正好散场，宋美龄和刘纪文挽着臂，顺着人流走下电影院大门的台阶。

宋美龄身穿粉红色的中国旗袍，手戴金镯，颈戴项链，英国式棕色高跟皮鞋，走起步来稍带“嚓嚓”声，此时她显得姿容贵雅，楚楚动人。和她挽臂的刘纪文，是位高大俊美的青年，相貌漂亮而又端正。他的身材酷似体育运动员，证明当地人送给他的“排球健将”的雅号当之无愧。他的乌黑头发梳得那么平贴，使他那白色的面庞充满了青春的活力。他风度潇洒，脚步从容，态度温和。

他俩依偎着跨上马路向前走去。从表情上看来，他们还沉浸在刚才电影的激动的情节里。

“泰尔和玛丽是多么幸福的一对，我们结婚吧？美龄。”纪文道。

“亲爱的，我们应该结婚，不过我还得同母亲、大姐商量一下。”宋美龄莞尔一笑，笑靥越发迷人了。

说实在的，宋美龄自从美国归来，在爱情的海中，她一直脚踏两只船。一是刘纪文，二是蒋介石。为此，她拒绝了多少富门纨绔子弟。她爱刘纪文，爱得深沉，在异国的国土上，他们就相识，以至于谁也离不开谁了。但是，随着时间的推延，随着阅历的广阔，“当第一夫人”的愿望占了上风，她又渐渐认为刘纪文并不像是她理想中的白马王子，以至于她把目光推向另一个人——蒋介石。因此，刘纪文几次提出与她结婚，她都婉言谢绝了。但是，感情这个怪物又使她与刘纪文分不开，分开了她便感到空虚、寂寞。今天，刘纪文邀她看电影，尽管大姐要找她去一趟，可她还是陪着刘纪文看电影来了。他们从电影院出来时，太阳已经沉入了地平线。大街两旁的华灯已亮，行人越来越少。地上好像下了一场小雨，柏油路面反射着灯光，给人一种神秘。

他们正好路过宋霭龄家的门口，宋美龄道：“纪文，陪我到大姐家去一趟吧？大姐今天早上就让外甥女喊我。”

“我不去了。我不想看你大姐那张严肃的脸。”刘纪文答道。

“大姐就是那样的脾气，实际她心眼善良着哩！亲爱的，陪我去一趟吧。”

刘纪文经不住宋美龄的几句好话，便说：“好吧，陪你去，下不为例。”

他们沿街一直往前走，片刻便来到大姐的家门口。

这是一所豪华的住宅。整座楼房雕刻着古老的龙纹，古色古香。它那下面的两根大柱子，它那尖尖的瓦屋顶和顶楼的像鸟嘴似的突出部分，这一切使这所宅子看起来像一只蜷曲着要起飞的大鸟。

他们俩刚进大门口，宋霭龄便从屋里迎过来。

“什么时候啦？你们俩怎么没把影院子背到家里来呀！”大姐埋怨道，“我想找美龄有点事，纪文你先到客厅休息去吧，他们有人在那里打牌。”

“好！”刘纪文嗔了宋美龄一眼道，很快地走开了。

宋霭龄把宋美龄领进了自己的屋里，坐下。宋霭龄端出糖盒，取出一颗美国巧克力，塞到宋美龄的嘴里。然后道：“小妹，今天大姐找你有一件事商量。”

“什么事让大姐这么着急上心，早晨就让人喊我。”宋美龄嚼着糖问道。

“好事呗！”

“什么好事？”

“你猜猜吧？”宋霭龄笑了笑，打开了留声机，一阵德国爵士音乐便放了出来。

“猜不着。”宋美龄摇了摇头。

“那我就告诉你啦！”宋霭龄道，“有人给你提媒啦！”

“提的哪一位公子？”宋美龄调皮地问。

“不是公子，是一位司令，他叫蒋介石。”宋霭龄说完观察着小妹的脸色。

说实在的，她是想过蒋介石，没想到大姐又提了出来，确实使她心里很矛盾。唉！感情这怪物！

“大姐，”宋美龄诉说道，“你是我的大姐，你能看着我跟他 40 岁的人结婚？我才 30 岁呀！谁都知道姓蒋的作风不正，害杨梅疮弄得发脱齿落，我我……”她说着说着抹眼泪了。

“你真是不懂事！”宋霭龄摆出大姐的架子，“就因为我是你的大姐，我不能让你同纪文结婚！纪文有什么好？你说他是留学生？留学生的地位也不能跟姓蒋的比！你说他长得漂亮？漂亮管什么屁用！能当钱花还是能当饭吃？姓蒋的乱找女人，那是过去的事了，只要他以后不乱来就行了。你别看刘纪文有钱，今后姓蒋的钱比呼吸空气还容易！何况你今后是中国的第一夫人！无论名誉、地位、财产……你真傻！肥肉到嘴你还推开？换成我，告诉你吧！要不是我已经同你姐夫结婚，我非抓住这个姓蒋的不可！”

宋美龄思索着，眼睛眨了眨。

“小妹，”宋霭龄拉住她一只胳膊，“你别傻啦！你想，你同姓蒋的结了婚，你就是总司令夫人，以后就是总统夫人。一人之下，万人之上啊！傻丫头，想一想吧！刘纪文能满足你这些吗？”

宋美龄虽然已经心动，但还坚持道：“大姐你想，姓蒋的满身杨梅疮，会不会传染……”

“笑话！”宋霭龄笑道，“万一你生了病，我陪你到纽约找医生，怕什么？姓蒋的不会要儿子，不必担心生儿子会有先天梅毒，这个问题怕什么！”

“姓蒋的已经有了三个老婆，而且到处玩女人，”宋美龄撇撇嘴，“我再嫁给他，不……”

“又是笑话！”宋霭龄苦笑着说，“他的家庭问题你不要管，他已经同三个老婆脱离了关系。别说他有三个老婆，即使有三十个，她们都不敢出面吵吵闹闹，那不是同自己的性命开玩笑的吗？”

“我的生活习惯同他合不来，”宋美龄皱眉头，“他常莫名其妙地同青帮勾勾搭搭，他连拿刀叉都不懂，真像个一窍不通的阿木林……”

“不许你这样说！”宋霭龄生气道，“你要放明白点，今天不是你同蒋介石结婚，是同统治中国的皇帝结婚！你懂吗？看你聪明一世，糊涂一时，连这点问题都想不通，还埋怨我做姐姐的，气死我了！气死我了！”她边说边躺在沙发里直揉心口。

“大姐，”宋美龄挨着她坐下，“我不是不懂，是怕……”

“怕？”宋霭龄扑哧一笑，“有什么可怕的？”

“怕他干涉我的行动。”

“傻丫头！”宋霭龄纵声大笑，“你以为这个人多可怕？你错啦！你说姓蒋的莫名其妙，一窍不通，那真是一点不错，现在他靠着美国的势力要上台啦，谁不知道宋家同美国的关系？现在我们宋家的人嫁给他，那等于替他统治中国。就像爸爸当年做买卖一样，美国商人有买卖，他在中间转一个手，买卖成交，钞票赚到。”她叹叹气：“什么国家大事？据我看来同做买卖完全一样，不过写字间改做国民政府，总经理改名总司令，将来业务扩大，改做大总统而已！所以我说姓蒋的一点都不可怕！当然了，中国人是怕他的，他的部下会怕他的，我们怕他干吗？一不是普通的中国人，二不是他的部下，姓蒋的今后里里外外离不了我们宋家，怕我们的不折不扣倒是他！”

宋美龄思索着。宋霭龄看她已经动摇，也不去打扰她，慢慢呷一口茶，准备答复她所有的问题。

“大姐，”宋美龄边剪指甲边问，“纪文怎么办呢？他要是知道我变了心，他会自杀的！”

“哈哈！”宋霭龄几乎笑痛肚皮，“你以为纪文真会自杀？你以为这种男人对爱情真是忠贞不二的吗？”

“纪文跟我说过的，”宋美龄躲避着大姐锋利的眼光，“他对我说：‘我诚心诚意地爱你，如果你跟旁人结婚，我就死在你面前不可！’”

“一对傻家伙！”宋霭龄叹息道，“两个傻东西！”她抚摸着宋美龄的肩膀：“小妹，你现在决定了吧？”

“要我嫁给姓蒋的？”宋美龄起立，“让我再考虑考虑。”

“你要找纪文商量吗？”宋霭龄警告道，“你就说，如果他敢不放弃你，小心姓蒋的剥掉他的皮！”

……

十七

宋美龄从大姐宋霭龄屋里出来时，星斗满天了。刘纪文在客厅里等得发急，早憋了一肚子火。

“看你姐俩有完没完，早知道这样，当初我就不来了！”纪文埋怨地说。

“你这个人就爱耍小脾气，”宋小姐的脸色也不像初来时有说有笑，“说实在的，我真不喜欢你这点小脾气。”

……

两个人一路无语。

第六章
大姐百般开导

他们再往前走，马路上升起了白色的雾。白色的雾气笼罩着一切，装饰上一层白霜，树枝和电线都显得毛茸茸的，马路两旁的夜灯也显得昏暗多了。

人生啊，也像这夜雾一样！

此时，刘纪文感到宋美龄有些态度反常，他不理解此时的宋美龄就像不理解眼前的夜雾一样；宋美龄也感到自己心中有团雾，她想不到姐姐会说出那样一番诱人心灵的话，以至于使她坠入眼前的十里雾中……

越往前走，夜雾越发大了、浓了。他们俩是不知道怎样走到刘的家中的。就像这夜雾一样，两颗心被这夜雾隔绝了。

“美龄，我觉得你今天态度有些反常，大姐和你谈了些什么？你能如实告诉我吗？”刘纪文拉开台灯，终于憋不住了。

“没有什么！”宋美龄竭力掩饰自己。确实她心里也乱麻一团，她不知怎样开口说出那件使他们双方都不愉快的事。

“不，不说清，谁也别想关灯睡觉！”刘纪文说。

“就是没什么嘛。”宋美龄把头低了下去。

“快讲吧！”

“……”宋美龄无语。片刻她抽泣起来。

“哭什么？”刘纪文上前说道，“反正你不说出来，我也猜个八九不离十，大不了来个分道扬镳！你走你的阳关道，我走我的独木桥。我虽是爱你，也不像有些男人离了女人不能过。是不是大姐又给你介绍了一个40岁的老头子？”

“纪文，那你知道？”宋美龄一下瞪圆了泪眼。

“世上没有不透风的墙！早几天，蒋介石还在日本时，就有人放出风。我只不过听了没当回事。我也相信你不是那种无情的人！”刘纪文侃侃而答。

“纪文，你没猜错，大姐找我谈的正是这个事。”

“那你答应她啦?”

“不不!”宋美龄又抽泣起来。

“那我们提前结婚，来个先斩后奏，既成事实，看她怎么办!”

“不不!”宋美龄哭着说，“若是那样，目无尊长，大姐是不认我这个亲妹妹的。”

“你呀你，真是个女人!我的主意不行，你又拿不出个主意来对付。”

“你不知道，是老蒋那方求的婚。”

“老蒋追求你，难道不兴我追求你!”刘纪文打抱不平。

“你说，他那个老头子，我能喜欢他吗!再说他是有妇之夫，可是我怕……”

“你怕什么?”刘纪文追问。

“我要依了你，那老蒋心狠手辣，他会整死你的!你还不知道，今后这天下是他姓蒋的天下。胳膊拧不过大腿啊!”宋美龄说到这里又哭了。

“那你屈服他啦?”

“你说不屈服能行吗?”

刘纪文没有答话，心想宋美龄也是为自己好，在权势面前，她是哑巴吃黄连——有苦难言。但是，他又舍不得放弃宋美龄，他也是有苦难言啊!他也知道蒋介石和他的青帮兄弟们在上海的厉害，多少人被他们暗杀!多少人家破人亡!是啊，未来的天下是他姓蒋的天下，他也不能不想到这一步，不能不防啊!

“纪文，你是哑巴啦，你说话呀?”宋美龄追问道。

沉默，又是一阵沉默!刘纪文心里有莫大的痛苦!

“如想到后果不堪设想，那我们就分手吧!”良久，刘纪文才答道，实际他也潸然泪下了。

“你同意分手?”宋美龄简直不相信自己的耳朵。

“对！好合好散，为了你也不痛苦。”刘纪文语气肯定。

“纪文，说心里话，我也是为了你好。即使我名义上成了蒋的人，我们也不能忘记恩爱一场，你有什么要求就说吧，比如要他给你更高的职位？要我俩私下保持关系？你要什么，我都能通过蒋的口满足你、答应你。不然我不和他结婚！”

“美龄，你考虑得很周到，凡是你所说的我都同意！”刘纪文擦了一把泪。

“纪文，如果我答应了你而办不到，我起誓不姓宋。”

……

夜是深沉的，他们是在泪水中熬过了这一夜。

十八

第三天的傍晚，宋霭龄一直在耐心地等着宋美龄归来，院子里一阵风掠过，宋美龄像小燕子似的悄悄飞回了家里。

“小妹回来了！”宋霭龄喜出望外，只见她容光焕发，精神抖擞，与三天前那种不安的样子大不相同。宋霭龄心头雪亮，把她一把拉进房里，笑着问道：

“死丫头，这几天你同纪文难分难舍啦！怎么样？你俩想通了吧？”

“想通了。只不过他还有些要求！”

“有些什么要求？”宋霭龄把她按在沙发里，“那是一定的，说，你们对老蒋有些什么交换条件！”

“第一，”宋美龄当真开口道，“纪文说他现在已经是中央委员，这份差使没赚头，他要求蒋任命他做南京市长；第二，给他100万现金，作为赔偿费；第三，”宋美龄顿了一顿，“我同他可能还有些来往，蒋介石不得干涉！”

“还有吗？”

“没有了。”

“好！”宋霭龄笑道，“我马上找他们去，我想他们一定会答应的。”

……

宋霭龄立刻把这个喜讯报给张静江。张静江又连夜飞报到蒋总司令。蒋介石一听，大腿一拍道：

“好啊！我和宋小姐喜结良缘，这真是，苍天有眼，大地相助啊。静江，给你这个‘同志’记上一功！你马上告诉宋霭龄，这三个条件我全答应，叫他们放心！”

“是！蒋总，我马上回话告诉他们！”张静江应道。

“慢着！”张静江正要往外走，蒋介石又叫住了他，道，“你快与霭龄确定个喜日，我们热闹一场！”

“好，一切由我张静江安排！”张静江笑了，蒋介石也由衷地笑了。

第七章

花好月圆

蒋介石、宋美龄在牧师的指挥下走上了结婚的红地毯，进行着各项仪式，直至家族婚礼告一段落，伴郎伴娘才簇拥着蒋、宋二人走出了严肃的基督教堂，被转移到市中心的大华饭店，举行公开的邀请来宾参加的隆重婚礼。有报纸披露，这是至今20世纪最豪华、奢侈的婚礼。

——题记

十九

1927年9月17日《纽约时报》于头版头条的位置刊登一则令人吃惊的消息："蒋总司令即将与宋美龄女士结婚"，并在左上角刊载了蒋介石与宋美龄的近日俪影。

该报驻上海记者米塞尔维茨发回的这篇报道说：

> 这场在中国空前隆重的婚礼正在紧锣密鼓地进行着，据说蒋已请来了一位英国著名裁缝正在为他赶做礼服、礼帽，宋家正在为其小妹赶制嫁妆，据说这份嫁妆价值三万五千美元，是中国姑娘中绝无仅有的。据说蒋总司令已同结发之妻毛福梅离婚，采取的是中国最传统的做法——休妻制，宣布她再也不是他的老婆了。除了原配夫人外，蒋似乎还送走了另外两个"老婆"；另外宋美龄也同她的情人、当年赴美留学生刘纪文分手。

米塞尔维茨的报道还说：

> 种种迹象表明：即将举行的这场婚礼没有因为这些形形色色的蒋夫人的存在而推迟，他们之间的婚姻完全是以双方的爱情为基础的。蒋同宋家的罗曼史将使蒋身价倍增，成为中国第一人……

米塞尔维茨最后说，向他提供这一重要新闻消息的，既不是蒋介石本人，也不是宋美龄小姐，而是赫赫有名的孔夫人——宋霭龄。整个事情都是孔夫人一手操办的。她于9月16日在西爱威斯路的寓所举行了记者招待会。她把蒋介石和小妹宋美龄"介绍"给一群记者，宣布：“将军要同我的小妹结婚。”然后，大家都到正规的庭院给这潇洒漂亮的一对拍照。全世界的报纸和杂志都预先刊登了这些照片。当时谁也没有想一想婚姻掮客宋霭龄究竟起到什么作用？谁也不想问一问1921年已与蒋结婚的蒋夫人怎么办？所有这些更具有新闻价值的东西，往往被一些记者忘记了。

婚前，新郎拜见岳母是中国的传统。

1927年9月28日，在日本的镰仓。秋雨打着人们的脸，一团团饱含雨水的乌云，在低空慢慢移动。在镰仓的宋老夫人倪桂珍接见了未来的女婿蒋介石。

宋老夫人来镰仓已有半年多了。宋查理死后，她遇到了一些感到失望的事。尤其是女儿们的婚事，更使她头痛。她作为基督教徒，希望女儿的婚礼都应在宋查理的教堂举行，由本教堂牧师主持。宋霭龄是在日本结婚的，未能这样做；宋庆龄私自出走，也不可能这样做。三个女婿，最投她心意的还是宋霭龄的男人孔祥熙。对于孙中山和蒋介石，说心里话，她是不中意的，或者说是反对。开始蒋介石来电要来镰仓看她，被她拒绝了；后来宋霭龄和宋美龄来信劝说，她才勉强答应下来，时间就在今天。

往日不大看重打扮的蒋介石，今天却破例穿戴一新。他脱下了军服，少了点威武。考究的衣服色彩使他精干了些，也显得年轻10岁；他的脸擦了油，红光发亮；下巴上的胡须，是他40岁年龄的象征，不过他今天刮得铁青。他手中的盒装礼品，是宋霭龄深知母亲的口味，特意提醒蒋买的。

“妈咪，我来看您老来了……”蒋介石一进门便说。

“漂洋过海，这么老远，你还何必再跑一趟。”宋老夫人并不是十分热情。

“这是我给您老买的礼品，权作我的祝寿！”蒋介石说完把那盒礼品献给宋老夫人。

“这里什么也不缺，你又何必破费呢。”宋老夫人道，“坐下喝茶吧。”

蒋介石在宋老夫人的指点下，坐了下来。他善于察言观色，从老太太的脸上看，似乎对他不大感兴趣。既来之则安之，蒋介石压着心中的火。

“妈咪，临来时美龄让我给您老问好。”蒋介石没话找话道。

“好好。”宋老夫人理了理腮边的头发问道，“听说，你要和美龄结婚？”

“对，妈咪，我这次来正是向您老求亲的。”

“听说你不是还有原配妻子吗？”宋老夫人提出了疑问。

“我们已经离婚了。”蒋介石把早已准备好了的离婚证明取了出来，“妈咪，请看我们的离婚证明。”

宋老夫人接了过来，认真看了起来。不错，是份离婚证明。接着，宋老夫人又问：

“你也是知道的，我们宋家是一个基督教徒之家，你既愿意同我的女儿结婚，你愿意成为一个基督教徒吗？”

“妈咪，我愿意。我要试一试学习《圣经》，并且尽力去做。”蒋介石事先有准备地讲，“如果妈咪同意我与美龄的婚事的话，我们的婚礼愿在父亲的教堂里举行。”

“好的！”宋老夫人脸上第一次露出了喜色，显然对方的回答使她感到满意。她对蒋的偏见看法从中也得到了抵消。幸运的蒋介石，深感为这几句事先有准备的话而感到庆幸。

“你既愿入教，就得受教规约束，这不是儿戏的！”宋老夫人叮嘱道，“你要和美龄每周到西摩路的私邸，一起祈祷一次。”

“儿子明白！”蒋介石面目庄重。

“再者作为一位丈夫，要有责任感。不能儿戏！”

“是，儿子记住了。”

“那你就回去吧。”宋老夫人下了逐客令。

蒋总司令乘飞机回到了中国。不久，他们的婚期就确定宣布了，喜日选在12月1日。美国的《纽约时报》抢先发布了消息。陆续全世界21家报纸杂志都做了宣传报道。

舆论宣传无疑助长了人们对这场政治姻缘的重视。同时，也给这场即将举行的隆重婚礼涂上了一层神秘的色彩，它像广告牌一样，招揽着全世界的观众，翘首盼望着这一天。

二十

1927年12月1日。

蒋介石期待多年的婚礼在上海举行。婚礼分两次举行：一次是在宋家教堂，这是安静的并且合乎基督教的习俗，时间较短；另一次是在豪华的大华饭店，带有外交礼仪性质，有些中国传统的味道，婚礼时间很长，持续到当晚12点钟。

清晨，当慕尔教堂的沉闷的大钟撞响的时候，宋家的亲戚好友已经聚集到西摩路的私邸。他们是宋霭龄、孔祥熙、宋子文、宋子良、宋子安等51名基督教徒和至亲好友。明眼人会注意到，这里没有宋庆龄。这场婚礼本来已向宋庆龄发了请帖。1927年9月30日，宋庆龄接到了请帖，回到上海她和孙中山曾一起住过的家。但是，她在上海没待多久，便匆匆离开了上海，她同一位名叫雷娜·普罗梅的美国朋友，去了莫斯科。说实在的，她是痛苦的，她力求说服小妹，但是生米做成了熟饭，为时已晚。

当教堂钟声再次响起的时候，人们聚集在耶稣的像前，一对新人——蒋介石和宋美龄站在最前排。第二排是宋氏家族的人，其次是宋氏家族的亲朋。宋老夫人头发已经花白，但神态很好，神采奕奕，她对今天的一切安排很满意。可以说对第三个女儿的婚礼，她是最满意的。她闭目祈祷几句后，主持婚礼的牧师从后门步入教堂，他不是别人，正是南方卫理公会及阿伦纪念教堂的余日章。此人是黄仁霖的岳父，办事干练，在江浙一带小有名气。本来教堂是沉静的，他干咳一声后，教堂更加寂静无声。

在余日章牧师的主持下，婚礼进行得很顺利。

接着是一阵朗朗可闻的《圣经》祷告声漫过这阴森寂静的教堂。这声音像一部合唱的歌曲一样悦耳动听。

蒋介石、宋美龄在牧师的指挥下走上红地毯，进行着各项仪式，直至婚礼告一段落，伴郎伴娘才簇拥着蒋、宋二位新人走出了严肃宽敞的教堂，转移到戈登路的大华饭店舞厅，举行邀请来宾参加的婚礼。

如果说教堂过于严肃的话，那么大华饭店则是异常的热闹。偌大的大华舞厅，在沪上是一流的出名。一条黄绿相间的琉璃屋檐，把个巍峨的大华饭店和舞厅从蔚蓝的天空中勾画出来，那壮丽的柱廊，淡雅的色调，以及四周层次繁多的建筑，组成了一幅庄肃绚丽的图画；屋内豪华装饰的天花板上，吊着金黄流苏的五彩宫灯，宫灯四周又有小彩灯相配，犹如众星捧月一般。辉煌的大厅布置得光彩夺目，刘易斯育婴堂用彩带和白色鲜花组成巨大的婚礼之钟。在临时搭起的台子上有一幅孙中山的大幅画像，画像两边是国民党党旗和国旗。台上摆着各色鲜花，一个双“喜”字占了显赫的位置。在另一个台上坐着白俄的管弦乐队，他们个个穿着白衣白裤，可谓浑然一体；在管弦乐队的旁边，来自世界各地 30 余家报刊的新闻记者，他们手提照相机正在焦急地等待这场婚礼的进行；大厅里早已坐满了 1300 多名被邀的来宾，他们怀着兴奋的心情耐心地等待着；遗憾的是在这 1300 多名来宾中张静江这个月老没能到来，他是昨天被送进医院的；舞厅外面还有 1000 多名看热闹的人被门卫堵在门外；大华饭店六层楼的房顶上垂下16行花花绿绿的鞭炮，一直到地面。看热闹的人围观着，谈笑着。只要那鞭炮点燃，便是这隆重婚礼的开始。

下午4点一刻，爆竹点燃，乐队开始奏乐，煞是热闹。“噼噼啪啪”的鞭炮声把沉寂多日的大华饭店震醒，把人们的兴致推向高潮。如果说外面热闹，那舞厅里更是非凡。当婚礼主持人、前北京大学校长蔡元培先生身穿燕尾西服，精神抖擞地登上礼台、立在孙中山遗像下的时候，台下爆发出经久不息的掌声，那掌声震耳欲聋。蔡元培先生，是一位当代中国最有影响的人物，是南京政府的教育部长。本来这场婚礼应由张静江主持，因他有病，临时改为蔡元培先生。此时，蔡先生目扫一周，只见来宾中有英国、美国、日本、挪威、法国以及其他一些国家的领事。陪同这些贵客的是国民党众位元老，以及上海各界的头面人物，他们分别落座前三排的位置。“杜大耳朵”（杜月笙）也夹在中间，剃光的脑袋闪闪发光……

蔡先生用英、汉两种语言向来宾致意。台下又是一阵热烈的掌声。

“女士们，先生们，今天是大喜的日子，客盈满厅，让我把各位来宾介绍一下。”舞厅里顿时鸦雀无声。

蔡先生将众来宾向观众一一介绍，足足持续了半个多小时。最后，他宣布：

“欢迎新娘、新郎入场，向众位宾客致谢致礼！”

同时，蔡先生也指挥舞女们跳起来，白俄的乐队奏起来。

蒋介石穿着高雅的欧式燕尾礼服，在孔祥熙和作为男傧相的首席秘书的陪同下出场，舞厅里热闹迭起。但见他穿的是条斜纹裤子、鞋罩、燕尾服、银色领带，像花生形古怪的脑袋剃得光亮。他满面挂笑，向来宾们挥手致意。人们热烈鼓掌欢迎这位军事领袖。摄影师把镜头对着他不停地转动、拍照。

又一次掌声迭起，后面的人们再次登上椅子，伸长了脖子。伴随着《新娘来了》的古老名曲，新娘挽着他的哥哥、财政部长宋子文先生的臂膀从廊子后面走进舞厅。廊子上铺着大红地毯，两边摆着各色各式的鲜花，宋美龄穿着白色长裙礼服，披着银色乔其纱，披纱用一枝香橙花别着，稍稍偏向一边。饰以银丝的白软缎长裙长长地拖在身后，像一只出水的白天鹅，透过纱裙可以看到她那银色的皮鞋。她的乌发藏在白色尚蒂利桃花的罩纱里，罩纱垂到肩上，形成第二层披纱。她手里捧着一束用银白色缎带系着的淡红色的“康乃馨”。

有四位女傧相伴随着宋美龄，她们是郭小姐、王小姐、孔小姐（罗莎蒙黛）和倪小姐。前两人穿的是桃红色软缎衣，上面镶着钻石和桃红色的珠子。软缎袖子长仅齐肘，在肘部用浓淡相宜的桃红色乔其纱做成宽大的袖口。另外两位年纪较小的女傧相，穿着同样的衣服，但是颈上装饰着带褶的乔其纱，袖口也带褶。女傧相后面，跟着撒花的小女孩周小姐和陈小姐。她们身穿撑开来的桃红色塔夫绸衣裙，手持装满花瓣的小花篮。最后是两位小侍从孔珍妮小姐和孔路易少爷，他们身穿黑色丝绒衣和缎子背心。

这是一次高雅文明的婚礼，与基督教的习惯相反，新郎、牧师或其他人都没有拥抱或亲吻新娘。

新娘款款走到新郎身边停下，镁光灯闪烁着，拍下了一张张动人的场面和瞬间……

“向国父孙中山三鞠躬！”蔡先生指挥道。

“向宋老夫人鞠躬！”

“向来宾来客鞠躬！”

“夫妻对拜鞠躬！”

新郎、新娘按照主婚人的指挥，一丝不苟地做了。他们知道，不认真做，观众的眼睛是雪亮的，通不过要重做的。

接着，蔡元培先生宣读结婚证词。宣读完毕，一个大印盖在结婚证书上，一式两份，新郎、新娘每人一份。在接受证书的时候，一对新人向主婚人蔡元培先生躬身施了礼。然后他们又向证婚人蒋介卿施礼，向周围观众施礼。

“向新郎、新娘献花！”在蔡先生口令下，只见两个十一二岁的小姑娘，头扎红头绳，手捧鲜花，跑上台前向新郎、新娘献了花。

在乐队的伴奏下，美国男高音歌手霍尔唱起了《哦，答应我！》，洪亮的歌声，伴着人们有节奏的掌声，弥漫于大厅。

“女士们，先生们！为新郎、新娘祝福！为祖国的统一祝福！唱吧！跳吧！”顿时，舞厅活跃起来，对对舞伴结伴走出，挽臂搭肩，跳了起来，轻歌曼舞。

……

舞会一直持续到晚上 7 点钟，接着，大华饭店又为来宾举行了盛大的喜宴。宴会中，新郎、新娘又举杯为 1000 多名来客碰杯、致谢……午夜 12 点钟时，蔡先生宣布晚宴结束。在雷鸣般的掌声中，委员长和新娘快步穿过廊子，走到由鲜花组成的大钟下面的椅子边。缎带拉开了，数百数千的玫瑰花瓣从花钟里落下来，撒在新郎、新娘的身上。

宋美龄退席了。她悄悄从后门出去，乘车到西摩路私邸换装。晚上，她和蒋带着 200 名卫兵上了专列，去莫干山青帮占据的一个寺院。在那里开始了新婚蜜月的生活。

《纽约时报》第二天在头版头条的位置报道了婚礼的盛况：这是近年来的一次辉煌盛举，也是中国人的一个显赫的结婚典礼……国民党将在星期六召开全体会议。该报说：“如果会议开得圆满，蒋将再次成为中国的实权人物。”蒋发表了一项声明，说他准备重新掌握指挥权：“我们结婚以后，革命工作无疑将取得更大进步，因为我今后能安心地担负起革命的重任！从现在起，我们两人决心为中国革命事业做出最大的贡献。”

旁观者没有忽略参加婚礼的整个外交团。人们注意到布里斯托尔上将参加了在西摩路举行的家庭婚礼仪式和在大华饭店公开举行的婚礼，他手下的人同他一起参加了大华饭店的婚礼。宋氏家庭的新成员得到国际认可：美国感到满意。

1927 年 12 月 10 日，即婚后第九天，蒋介石恢复了总司令的职务，后来又被选为中央执行委员会主席，即委员长。

在 1928 年 10 月 10 日庆祝 1911 年武昌起义的“双十节”时，蒋介石的南京政府成了国民政府，宋美龄也成了第一夫人，从而实现了她那“非英雄不嫁”的誓言。

第八章

美龄从军

宋美龄爱权始于“从军”。在从军途中，一发不长眼的重型炮弹，不知从哪儿飞过来，带着哨响，落在右旁不远的栅栏里爆炸。杨永泰见势不好，迅速跑过来，用自己身体掩护了蒋介石的生命，而他自己负了重伤。宋美龄被气浪冲倒，一片炮弹皮击中她的小腿部，鲜血直流……

——题记

二十一

婚后，宋美龄一直致力于当好蒋介石的贤内助。频繁的军阀混战、变幻莫测的国际形势和突如其来的种种变故，使中华民国政府乱得简直像是一所疯人院，国民政府不得不跟28个分散的地方行省打交道，其中还包括一些难以对付的大土司和大军阀，以巩固作为中央政府的地位。然而，也正是由于这一切，在当初的13个年头里，使宋美龄变成了一位高明的调停能手。这一点连蒋介石也是不得不承认的。

最初，宋美龄并不具有外交家的天赋，她早年虽然毕业于美国威斯里安女子学院，但回国以后的生活圈子总还是比较狭小的。就是在当上第一夫人之后，她也不明白究竟要做些什么，才能与自己现在的身份相称。但是，不管怎么说，宋美龄是拿过刀叉吃饭、见过西洋世面的人，加上跟蒋介石结婚后，有机会接触了更多的中外人士，心有灵犀的她，自然知道蒋介石在各地设立的行营或官邸应该准备两套客厅摆设，一套中式，一套西式；要为随时来访的中外贵宾建一个容易找到的盥洗室，并设一间带酒吧的舞厅。她清楚地知道，外国人的追求，并不是像中国人追求的仅是政治层面；遇上记者提出挑衅性的问题时，最好不要耍脾气，而是要设法转移话题；地方军阀、“地头蛇”来晋谒蒋介石时，千万不要摆架子，而要给他们创造一个宽松和谐的谈话气氛；尽管她脾气不好，她竭力掩饰自己，不管对何种人总是“微笑外交”，以给对方一个好的印象。这些年也使宋美龄渐渐地成熟起来了。

她要把一切都弄得既妥帖又舒适，把每处行营官邸都布置得十分雅致和整洁。她懂得名画古玩珍贵，自己也常来作画写生，她把自己收藏来的名画古董，摆设在客厅，不为装门面，也为自己欣赏，提高自己第一夫人的品位。有时，宋美龄为了搞到一张名画，特别是一帧原作时，飞机的汽油不知耗费了多少。心事重重的宋美龄总是吃得很少，蒋介石以为她是为宗教信仰节食，所以每次共同进餐时，都把好菜往她碗里夹，并劝她不要学那苦行的修士修女，宋美龄听了只是嫣然一笑。

跟蒋介石一起，宋美龄也经历了多次忧患。1927 年下半年，因蒋介石大开杀戒，受到二姐宋庆龄的谴责，被国民党中央开除出党。结婚就是在蒋介石下野后，也即是他的低潮时期，因此蒋介石对宋美龄倍加尊重，难时见赤心嘛！此后岁月蹉跎，蒋介石再度出山，大权独揽，宋美龄跟着蒋介石四处奔波，风光一时。这个时候有一段经历，不仅留在宋美龄的心里，也留在人们的记忆中。应该说那是一次悲剧。在江西南昌城，她和她的侍从几乎丧命。

江西赣南是中共五大红色根据地之一。共产党的希望在江西，国民党的心患也在江西。于是一场血与火的战争和较量就在江西提前打响了。

这是 1930 年 10 月，蒋介石准备得很久、蛮有信心的“剿共”战事，经不起五天的战斗，五个师全遭击溃。前敌总指挥十八师连师长在内，9000 人被俘，片甲未归。一战失利，吓得谭师向东龙跑，许师向头陂跑，惊魂落魄之中又给消灭了一半。第一次“围剿”就这样鸣金“搜”兵般地结束了。这下可气坏了蒋介石，他急得抓耳挠腮，哇哇直叫。宋美龄走了过来，她理解丈夫的心情，安慰道：

“亲爱的，胜败乃兵家常事。我们这一次是没有得到胜利，但中国绝大部分土地还在我们手里，我们不怕！红军的确厉害，但他们龟缩在一个小地方，终有一天会给我们消灭！我主张趁红军立足未稳，立刻发动第二次‘围剿’！”

“我同意夫人的主意！”美国军事顾问立马支持，“江西是个腹地省份，是华中与华南的交通枢纽，江西如果给红军控制，无异将中国的南北两部割裂，长此以往，实在不妥。我们应该趁它羽毛未丰，再来个迎头痛击！”

“夫人，你快想办法把何应钦给我叫来！我要当面谈！”蒋介石来回踱了几步，停下来道，“我打算让他出任第二次‘围剿’总司令！”

“好！”宋美龄应了一声走出了屋。

片刻，侍卫报道：“军政部长何应钦求见。”蒋介石连忙下令，“快，请他进来。”

何应钦穿着厚呢大衣，全副武装，行过礼，坐下道：“总座，找我有事？”

蒋介石扫了何应钦一眼道：“上一次发动10万人的战争，我们是失败了；这一次要出动20万，加了一倍，而且由你任军政部长，亲自出马，希望你替我挽回一点面子，别让人家笑话我们是饭桶一个！”

“一定一定！”何应钦蛮有信心地说，“这一次我们要铭记上一次的教训，遵照您的意思，采用步步为营、稳扎稳打、重重包围的战术。而且这个时候正是春耕，我一定要达到破坏春耕、抢光种粮种、放马吃秧、放干水田、拆烧房屋，以达到斩草除根，杀尽‘共匪’的目的！”

二十二

日子过得飞快，何应钦率领的部队已经进入苏区一个多月，除了拆毁民房、奸淫妇女、宰掉耕牛、拿走种子、放马吃秧、弄干水田之外，根本找不到红军的主力在什么地方。各军将领急了，间或到南昌城去找这个坐镇指挥的总司令老蒋诉苦：“搜索一个月了，还无法找到对方主力。‘共匪’采取的是闪避战术，极力避免作战，一直退到不容易到达的深山里，间或化整为零，先行分散，然后再在我附近集合，进行突袭，伤透了脑筋！”

何应钦从未见过这种打法，一脸的无奈，他只能告诉三军将领：“找不到主力，围住他！饿死他！”

且说这时的红军不但没有被围死、饿死，都藏在大山里，化整为零地猫在老百姓家里，等待着反击的号角吹响。5 月 16 日的凌晨，号角终于吹响，共军开始了反击。这一个攻势好生了得！第一仗打富田区王金钰、公秉藩等 11 个团，一下子便打了个落花流水。接着打垮东固的郭华定，东韶的孙连仲，建宁的刘和鼎、朱绍良，缴枪 2 万多支，俘虏 3 万余人，二次“围剿”就这样地又完了。

从 5 月 16 日到 5 月 30 日，15 天中红军行走 700 里，有人说红军是在钻牛角尖，但终于钻通了，简直是天下奇迹！郭师败后，郝梦龄率师星夜逃回永丰，得免于难。由于对苏区情形不熟，内部又无法统一，士兵也不肯卖命，何应钦浩浩荡荡带 20 万人上江西，落得个凄凄凉凉回去，好不悲伤！消息报到南昌，正在坐镇的蒋介石怒火万丈！

再说宋美龄得知这个消息，和侍从官连夜驱车从南京赶到南昌。

美式吉普车临近南昌城时，也许是司机过度疲劳的缘故，车在山垭口转弯的时候，打迟了方向盘，飞驰的吉普车直向山涧箭一般地冲去，等司机明白过来，为时已晚，美式吉普车已腾入山沟，“啪”一声撞到大树，接着又撞上了山崖，车在山沟里打了几个滚，方才停了下来。

宋美龄被甩到车外，只擦点儿皮，倒没有伤着，而她的侍从官的腿被摔掉一只，肋骨被摔断三根，住进了南昌陆军医院。

行辕中，蒋介石正在火冒三丈、跳脚骂娘的时候，这边又传来了夫人车祸的消息。这一仗，蒋介石真是赔了夫人又折兵！

蒋介石在陆军医院见了宋美龄，好生批评宋美龄，道：

“你不在南京好好待着，到南昌来干什么？”

“陪陪你嘛！”宋美龄说得轻松。

“多危险呀！”蒋介石面目阴沉，“苍天有眼无珠，我是赔了夫人又折兵啊！”

“我是上帝保佑，命大造化大！阎王爷还没把通行证留给我！”宋美龄淡淡一笑道，“这次不是为你而来，我是诚心从军来的。美国朋友劝我换换生活环境，多走动走动，这样身体不会变胖，而且纽约的报纸已经同我订下合同，报道你在前线打共产党的真实情况，稿费从优，而且也可以通过我的报道，让美国朋友知道：我的丈夫蒋某人多辛苦啊，春夏秋冬一年四季在替他们打共产党，他们给你的援助，不是可以更多吗？”

“你呀你……”蒋介石一阵怜香惜玉，“从军，从军，再从军就没命了！战争是我们男人的事，与你们女人无关！”

二十三

8月的南昌城。

长日刚过，微醺的天气，使人倦极。鸟声和着隐隐的松涛声，也好似催眠的歌，有时便会蒙眬睡着。城外的虫声一阵阵地传到城内来，昏黄的电灯也放出了银样的光辉。

蒋介石在南昌陆军医院看望宋美龄不久，也即是半个月后，宋美龄便在医院躺不下去了，经常失眠，并且又患了荨麻疹，那是一种神经一紧张就会反复发作的皮肤过敏症。孙士英院长劝她再住些日子，可是她却固执己见，非要出院不可。孙院长无奈，便通知大夫办了出院手续，开了一些常用药物，让她回去休养。

宋美龄在南昌从军没几天，就感到住腻了，吵着要上庐山换换空气。蒋介石说："你是来从军的，如今前方快要发动攻势，反而你要逃跑，要到庐山去，那要给人笑话的，怎么可以呢?""好，我不走了。"宋美龄便改变主意，建议开舞会，请外国顾问玩一阵。蒋介石给缠得没办法："好好好，你要怎么办，就怎么办。不过也得考虑一下影响，我们是'剿共'来的。"

宋美龄不服气地道："'剿共'有什么了不起？谁不知道我们有30万人，红军只有我们的十分之一？有什么可怕的，你说就要发动攻势，我跟你一起上前方去！"

听说宋美龄也要上前方，美国顾问们也翘起了拇指说："夫人好样的！"这可使宋美龄乐不可支，她要他们多照几张"战地留影"，同她的《从军记》一起寄到美国去。可是蒋介石就没有这样乐观，他心中嘀咕着红军的突袭，嘴上也不便表示拒绝，同陈诚半开玩笑半作真地说了声："辞修，夫人也想上前方，士气大概可以提高不少。不过夫人也该知道，"他叹口气，"同红军作战，简直是一种终身的刑罚，可以说这是没有希望的无期徒刑，而她觉得很美。"

"别这样说。"宋美龄瞅一眼外国顾问。

"没有关系，"蒋介石笑道，"你把我跟辞修讲的话记在你的《从军记》中好了，让美国朋友明白，我是这样辛苦地在为他们打共产党！"

……

9月初，浩大的攻势开始了。

在蒋军的部队中，到处传颂着蒋夫人从军的新闻。虽说大多部队当作笑料，但有的部队也当真……

"说不定宋美龄还会到我们军营呢！"

“有可能。”

“等打胜了，我们也和第一夫人照张合影，露露脸！”

“美死你啦！一身臭汗，早把夫人熏跑了！”

“我和她是同乡，烟酒不分家，到时递根烟，认认老乡，说不定她会改变主意同意哩！”

“别做梦娶媳妇尽想好事！快睡吧，明天还不一定打得赢！”

……

殊不知，就在蒋军爆炒宋美龄从军这件新闻时，毛泽东同志领导的中国工农红军已经绕道千里，挥师回到了赣南根据地西部，集中在兴国地区，严阵以待。但蒋介石30万大军已经分路直通兴国。红军当时的战略是由兴国经万安突破一点，然后由西而东，向对方后方路线上横扫过去，让对方主力深入赣南根据地置于无用武之地，这是作战的第一阶段。等对方回头向北，必甚疲劳，红军便乘隙打其可打者，为其第二阶段。这个方针中心是避开蒋介石的主力打其弱点，但红军向富田开进之际，蒋介石发觉了。蒋介石一发觉，立刻调派陈诚、罗卓英两师星夜迎将上去，满以为可以一鼓作气而歼之，不料红军一个大转身，队伍又回到了兴国西部的高兴墟，那个地方只有这么一个墟场及其附近几十平方里可以集中。蒋介石心想瓮中捉鳖，这下子你可跑不掉了！宋美龄也催着不要失掉时机！

夫妻一唱一和。

蒋介石立刻下令大包围。但24小时后，情况突变，红军已向东面兴国县东部之莲池、永丰县南部之良村、宁都县北部之黄陂方向突进。蒋介石、宋美龄以及一批外国顾问们正在较后方的上官云相军中静待佳讯时，不料蒋鼎文、蒋光鼐、蔡廷锴、韩德勤几路兵马并未扼住红军退路。相反，红军却乘夜通过了那蒋军几路人马中间的20公里空隙地带，转到莲塘。第二天便同上官云相、郝梦龄两个师发生了激烈的前哨战。

第八章
美龄从军

这天清晨，雾大得很。

白雾缠在山腰，一团一团举手可摘。在上官云相军中写《从军记》的宋美龄，刚刚在打字机旁工作了两个小时，她便拉开窗帘，凝视着远山间的浓雾，接着她慢慢走出了屋，活动活动身骨，抽支烟，把这迷人的山景写进她的恢宏的著作中，像许多女作家一样，宋美龄的感情是丰富细腻的、思路是敏捷开阔的、文笔是优美流畅的，她想用散文的笔调打动大洋彼岸的美国人，尤其是那位罗斯福总统。说不定那位总统大人大笔一挥，一笔巨款将会记在她宋美龄的名下，可谓名利双收，拿笔杆的说不定比拿枪杆的还强……

宋美龄异想天开。

异想天开中她觉得头脑发胀，烟瘾上来。她掏出一支福利乐雪茄，点上火，美美地抽上一口，吐出一个烟圈。正在这时，炮声轰隆隆地从不远处传来。宋美龄为之一振，赶忙跑出打字间。

谁知情况突如其来，红军已追了上来，后方起了火。上官云相那个师挨了轰炸，接着郝梦龄师也遭了袭。此情此景，蒋介石、宋美龄心惊肉跳，不知所措。宋美龄的《从军记》第七章“红的日记”刚开一个头，便写不下去了，双手发疟疾似的哆嗦着，别说打字，连拿筷子都拿不住了。她厮守着蒋介石，眼见炮弹雨点似的落在指挥所周围，耳听杀声震野，鬼哭狼嚎，欲退不行，欲进不可。

“怎么，还听不到我们的炮声？”宋美龄问。

正在此时，一发不长眼的重型炮弹，不知从哪儿飞过来，带着哨响，落在右旁不远的栅栏里爆炸。杨永泰见势不好，迅速跑过来，用自己身体掩护了蒋介石的生命，而他自己负了重伤。宋美龄被气浪冲倒，一片炮弹皮击中她的小腿部，鲜血直流……

宋美龄的《从军记》随着负伤而告结束。

第九章

姊妹之间

宋美龄和蒋介石结婚时，宋庆龄正在莫斯科红场伫立着，默默地为妹妹祝福着，那是一种痛苦的祝福。宋美龄同情二姐宋庆龄的不幸遭遇、恨二姐不应该站到丈夫的对立面，但她又不同意大姐宋霭龄造谣中伤二姐。

——题记

二十四

6 月的南京。

温度极高，坐着就浑身冒汗，难怪人们把南京列为中国的四大火炉之一。宋美龄回到南京第一天，下了一场雨，温度还稍微低了一点。秘书已把一叠文件呈送到她的面前。文件是权势的象征。作为爱权势的宋美龄就像吃饭一样，每天当然少不了看文件。不过前一阶段在南昌陆军医院和从军的日子，她确实憋坏了，既看不到机密文件又听不到当日广播。可是回到南京，文件一来一大堆。于是，她埋在文件堆里，翻阅起来。她从这个方格字里，品味出中国局势的微妙变化，就像她在美国时品味槟榔糖一样……一份、两份、三份……她认真地翻阅着。

倏然一份标有“机密”字样的文件跳到了她眼帘。这是近日南京政府翻印中共的一份文件。标题为：“国民党已不再是一个政治力量”，签名人为二姐“宋庆龄”。

文中写道：

当作一个政治力量来说，国民党已经不复存在了。这是一件无法掩盖的事实，谁也否认不了。促使国民党灭亡的，并不是党外的反对者，而是党内自己的领袖。1925 年孙中山病逝北京，国民革命突然失去了领导，以致中辍。幸而当时在广州的党内同志严格遵守他的遗教，以群众为革命的基础，使北伐能于短期内在长江流域取得胜利。但是不久之后，蒋介石的个人独裁与军阀和政客之间的相互争吵，造成了宁汉分裂，使党和人民之间的鸿沟日益加深。

近来宁、汉两派发生分裂，形成两个对峙的力量，双

> 方各自指责对方的缺点，明争暗斗，他们用虚伪的政治口号，作为欺骗中国人民的武器……由于日本公然侵入我国东北、广州和南京，这两个集团由于国难当前和舆论的谴责，都不得不暂时停止公开的战争，而召开所谓“和平统一会议”。阴谋围绕着会议进行了三个月之久，争议的中心问题不外乎党中央委员会和政府中职位的分配！关于构成全国绝大多数的农民、工人的苦难和急需，在这个会议上没有一个字提到……

宋美龄看不下去了，把文件合上，闭目沉思。她的心剧烈地跳动着，久久不能平静。显然，她为一奶同胞的二姐站到共产党的那边而不安。应该说，三姐妹中，她对二姐感情最深。在美国求学时，她年纪还小，是二姐一手照顾，因此她从心底里感谢二姐。自己和蒋介石要结婚时，二姐公开了自己的态度，是不同意的。在宋美龄结婚的前半个月，宋庆龄已离开了上海，和她的好友雷娜结伴乘船去了莫斯科。在政见的斗争中，她同情二姐宋庆龄的不幸遭遇，她又不同意大姐那样恶言恶语地攻击她，以至于没有了姐妹之情。

那是宋美龄回南京不几天，大姐宋蔼龄来家看她，宋美龄是很感激她的，所以姊妹俩一说起话儿就长。

“唉，政治把我们姊妹分开了！大姐来看我我高兴，二姐要是再来看我该多好哇！”宋美龄不胜感怀。

“她，她算个老几，她已是陈友仁的人了，我们宋家权当是没有了她！她要现在来，我抬脚就走！”前面宋美龄的一句情感的话燃起了宋霭龄心中的一团火。

“大姐，你不能这样，我不管什么政治不政治，手心手背都是肉啊！”宋美龄不同意大姐这样对待一奶同胞的二姐。

……

二十五

确切说宋美龄和宋霭龄为宋庆龄的事吵得不可开交时，宋庆龄正在莫斯科红场伫立着，默默地为小妹祝福着，那是一种痛苦的祝福。

宋庆龄已寡居两年多。

她才30岁出头，风姿不减当年，本可以再嫁，母亲也多次劝过她，但是她不。她不仅深切地怀念孙中山，而且，像她所阐明的那样，致力于使他的主义和理想永存下去。然而，这对女性来说，是一个困难的角色，但她以尊严、勇敢和忠诚扮演了这个角色，连她的对手也对此表示钦佩和尊敬。

一天，她在《纽约时报》上看到一条吃惊的消息，说她即将与陈友仁结婚，克里姆林宫准备给他们度蜜月。她顿时愣住了！这个无事生非的消息对她是个不小的打击，她几乎昏过去。她在医院里躺了三个星期，身体几乎垮了下来，然而她又坚强不屈地活了下来。

然而散布这一消息的不是别人，恰恰正是她的姐姐、听风就是雨的宋霭龄。可是宋庆龄并不知道，她还被蒙在鼓里。宋霭龄散布这一消息的目的，是想贬低宋家的一桩婚姻提高宋家另一桩婚姻的重要性。让世界上的人可以忘记孙中山的遗孀，因为她已做了另一个人的妻子。中国革命新的女性领袖将是南京委员长的夫人——宋美龄，可是宋美龄对此并不领情。

不久，消息传到宋美龄耳朵里，当宋美龄知道这是大姐散布的谣言时，她气得哭了。她真不理解大姐为何这样做？这样太损伤二姐的自尊心啦！这天，宋霭龄来莫干山寺院看她时，她便当面问姐姐：

“大姐，听说二姐病了，病得很厉害!”

“我也听说了，不知得了什么病?”宋霭龄回答得漫不经心。

“我倒听说了。她是看了《纽约时报》的那篇有关她的谣言气病的。”宋美龄又道。

“一篇小稿，就那么计较，还是第一夫人哩，倒不如说是个小肚鸡肠!”宋霭龄轻蔑地说。

“也不知是哪个人，这么缺德，无中生有，恶意伤人!”宋美龄说完直看大姐的反应。

“话也不能那样说，谁让她自作自受呢!改嫁多好，可是她不。世界上没见过这样不开通的女人!”宋霭龄佯作不知。

“大姐，我倒听说是你传的呀?”宋美龄认真起来。

“我!”宋霭龄大吃一惊，马上她又平静了下来，“说了又怎么样?她要不改，我以后还要说，起码比这还狠!”

“大姐，一奶同胞，你不能那样做!”宋美龄不高兴地说。

姊妹俩不欢而散。

在宋氏三姊妹中，宋美龄具有超凡的能量和强烈地支配人的欲望。说穿了，她具有一般女性所不具备的特点，那就是权欲心。宋美龄在政治上极右。她不像二姐宋庆龄那样浪漫，一切寄托于理想和对于穷人的怜悯；她也不像大姐宋霭龄那样过分爱钱，养成一种贪婪性，以至于发展到嫉妒人，包括姊妹之间。

二十六

如果说是蒋介石聪明的话，当时他是利用了全国人民对于国父孙中山的信任。中山陵规模宏大，气势雄伟，堪称是我国建筑史上的一大奇迹。

6月1日，南京政府举行奉安大典。蒋介石本以为宋庆龄能通过这次亡夫葬礼后，感恩戴德，回心转意，没想到却发表了反对他的措辞激烈的电文，使蒋介石大为恼火。宋美龄也无能为力，只是在旁边骂人:“这个朽木不可雕的二姐!”

杜月笙又名杜大耳朵，看到这篇电文时，他做出了比委员长甚至更为过火的反应。不过，这是宋家人，得请示蒋介石。于是他操起了电话，接通了蒋宅的秘密电话。

“电文看到了吗?”杜问。

“看到了。”蒋答。

“这人敬酒不吃吃罚酒，我看不如先下手为强!”

“干掉她?”蒋介石犹豫片刻,“老兄，且慢，容我三思。”

“好，那我就等你的话了!”杜大耳朵放下了电话。

时隔不久，宋庆龄在莫里哀路的公寓门窗被砸，共产党已在派人关注宋庆龄的安全。

可是，事隔不久，宋庆龄又连连发表反蒋檄文，蒋介石火冒三丈:

“我说夫人，你不要再护她了，我要干掉她!”

“你说什么?”宋美龄头脑一轰，她知道蒋介石手狠心黑，什么事都会干出来的。“我这不是给她写信嘛！让她回心转意，仁至义尽方君子嘛!”

“不，我已经仁至义尽!”

“那你那宝贝公子现在还在骂你哩，你为什么不斩草除根?”宋美龄据理力争。在宋美龄眼里，她把宋庆龄看作是她丈夫的主要敌人，但这并没有减少她对二姐的关心和钟爱。她始终爱她的嫡亲二姐，但她完全不能宽恕她的政见。“你说呀，你为什么不说话呀?”

蒋介石气急败坏:“你莫讲啦!”说罢便拨通了杜大耳朵的电话，“喂，杜兄吗?”

“对，是我！”

“你给我放下！”宋美龄知道不好，抢前一步，夺去了蒋介石手中的话筒，断了线。

蒋介石怒吼：“你要干什么？”

“不许你给杜大耳朵打电话，难道我吃他的苦头还少吗？”

“好好好，今天我听你的好不好？”蒋介石妥协了。宋美龄知道他并非是真正的妥协，因此二姐宋庆龄的安全也成了宋美龄的一块心病。

一奶同胞的宋美龄，她的心情好复杂啊！她懂得了什么是政治，什么时候是亲情。

二十七

确实是杜大耳朵早有暗杀宋庆龄之意，不过没征得南京方面的同意，昨天，委员长刚给挂上电话，还没讲话，线断了，不知委员长有何要事？他想再挂，怎么也拨不通了，使他与南京失去了联系。他心急火燎，第二天一大早，便登程亲自来到了南京。

杜大耳朵直奔军机办公室而来，不料他扑了个空，原来蒋介石刚刚在这里开了一个会，乘车离去。迎面他碰到了宋子良。

“杜先生，你找谁？”宋子良上前搭讪。

“子良，看到委员长了吗？”

“他刚刚驱车离去。”

“是回家？”

“不，”宋子良眼睛一眨道，“听他说，他要到警备司令部。”

殊不知宋子良是知道蒋介石已经回家，他不能照直说，因为他的三姐宋美龄已经给他打过招呼：要对杜大耳朵有所警惕。他不能不防啊！

宋子良把杜大耳朵支开后，径向三姐宋美龄家走去。

“小弟，有事吗？”宋美龄问道。

“杜大耳朵来啦，我把他支走了。说不定一会儿他还会来。”宋子良答道。

“还有其他事吗？”

“没有啦，三姐。”

“那你回去吧，一切由我应付。”

宋子良走后不大一会儿，杜大耳朵真的来了，径往蒋介石的公寓闯来。

“什么事让杜先生这么火烧屁股？”宋美龄不冷不热地说。

“委员长呢？”

“他从一大早就出去啦，一直也没有回来。”

“刚才听子良说他到警备司令部去了。我到那去了，人家说根本没来。你们是不是把他给藏了起来？”杜月笙带着火说。

“看你说到哪里去了，他这么个大活人，我怎么能藏得住他呢！”

“那我进去看看再说。”杜月笙有些不大信任。

“慢着！”宋美龄看到对方无礼，也不大客气地说，“要知道，这里是南京，而不是上海。”

“你，你？”

“我，宋美龄。”宋美龄也毫不示弱地道，“也不是八年前的宋美龄。”宋美龄说罢一抬手道：“卫兵们，快送客！”

杜大耳朵找了个无趣，被卫兵们轰出了门。这件事实际上也是宋美龄八年前被杜月笙软禁的一种本能报复。她早就寻找时机，以雪心头之恨，可是一直没有遇到机会。

杜月笙出了公寓门，愤愤不已。他像吃了一只绿头苍蝇一样，心里不是滋味儿。他决心要加快对宋家姊妹的报复。这个上海滩的大流氓，他会不择手段的。可是宋美龄哪里知道，她这次的得机报复，竟是弄巧成拙，为杜大耳朵暗杀宋庆龄加了一把火、投了一块炭。

当晚，蒋介石进卧室休息时，宋美龄在枕头旁悄悄地对他说："今天中午杜痞来找你，我把他给支走了。"

"你怎能这么处理事？"蒋介石埋怨道。

"你在休息，我不许他打扰你！"宋美龄道，"我看他夜猫子进宅院——没有好事。"

蒋介石无语。

宋美龄翻过身子，用红指盖的手指点着老蒋的脑门道："我要警告你，二姐若有个长短，我可要找你算账！"

蒋介石道："快睡觉吧！"

"那你得有个保证。"宋美龄道。

"好好好，我保证按夫人的指示办！"蒋介石把身子侧了过去。

二十八

翌日晨，蒋介石刚起了床，杜月笙便堵上了门。蒋介石把杜大耳朵让进客厅，久日不见，二人寒暄一番，杜大耳朵便诉起昨日苦来：

"你那第一夫人太厉害了，昨天让我吃了闭门羹。"

"夫人不恭，待我去批评她！女人家怎能这样干！"蒋介石劝慰道。

"前天，委员长给我亲自打电话，刚说了一句，线就断了，不知委员长有何指示？我等不及，昨天便乘车来了。"

"噢，是这么回事。"蒋介石埋在沙发里，叹了口气，他想起了昨天夫人对他的警告，马上转了话题，“前天的电话，我是想询问一下上海共产党的动态。”

“上海吗，很平静，”杜大耳朵呷了一口酽茶道，“有我们青帮弟兄在，共产党就不敢猖獗。最近，我们暗杀了一批。枪打出头鸟，其他也就老实多了。”

“干得好！”蒋介石一拍茶几道，“就是得让他们尝尝我们的厉害！”

“最近，我们发现一份传单，又是宋庆龄的署名文章。这个人我想干掉她，以绝后患！”杜大耳朵说完，望着蒋介石的脸色。

“按我的意愿，早就要除掉她！”蒋介石说到这里，杜大耳朵满脸喜色。不过当蒋介石说出下半句的时候，他的脸又像秋后霜打的茄子。“你要知道，除掉她如同宰一只鸡那样容易。可是她是孙先生的夫人，影响非同一般，小不忍则乱大谋，懂吗？”

“这点我懂，”杜大耳朵又不同意蒋介石的意见，“委员长是不是太过于小心啦？”

“莫急。”蒋介石道，“半个月后答复你。”

杜大耳朵见蒋介石固执己见，心想，我不如来个先斩后奏，看你还说什么。于是他便回答道：“请你尽快给我回个话。”

“好好，我力争。”

“今天没有别的事，你工作忙，我要告辞。”

蒋介石起身把杜月笙送出了门外。

一周后，上海传来消息，孙夫人遭遇车祸，重伤住院，蒋介石为之一怔，马上打电话去找杜月笙，杜大耳朵矢口否认：不是我啊。

一团迷人的雾！

二十九

宋美龄闻知这事，并不比杜大耳朵火气小。蒋介石正在开会，忙于“剿共”。宋美龄也顾不得这些了，一头闯进了军机室，叫出了正在主持紧急会议的蒋介石。

“二姐的事，你知道吗？”宋美龄怒气冲冲。

“知道一些，并不详细。”蒋介石见夫人来势汹汹，慢慢解释道，“我已经给杜月笙挂了电话，问起此事，他矢口否认。”

“你们俩合伙整我，把我当小孩，你以为我还不知。”宋美龄说这话的时候，眼珠喷火。

“谁告诉你的，还是你自己猜的？”蒋介石也认真起来。

“那我问你，上次杜大耳朵找你干什么？”宋美龄像放连珠炮似的问，“他回到上海不到一周，为什么就出了此事。不是你指使的还是谁干的！”

“夫人，我本来不晓得此事。真是天大的冤枉！让我跳进黄河也洗不清啊！”蒋介石向宋美龄摊开了双手，“夫人，请你先回去，这事我们回家再谈，我先开会。”

“不说清楚，你别想开会！”宋美龄抢先一步拦住门口。

“我的达令，这样你就不好啦。等我开完会，一切都会给你查得一清二楚的，请你相信我。”蒋介石道。

这时，孔祥熙也走过来劝说，宋美龄才算饶了蒋介石，放他进了会议室。

第十章

航空“司令”

宋美龄影响了二十世纪的中国，是动乱时代里一位极不寻常的女性。

——美国前国务卿　基辛格

三十

在蒋氏家族中，宋美龄可谓是位大忙人。如果说蒋介石是盘磨，那么宋美龄则是磨道里奔跑的小驴子。自从宋美龄迈进蒋家门坎，她随着战火的纷飞，忙里忙外、忙东忙西。她精力充沛，但是单凭她自己能取得的成就是有限的，蒋介石给她提供了权力，有权便能控制局势、控制人。而美龄则认为，权力是发挥影响的工具。夫唱妻随，蒋介石手中的权力使她有机会参予历史性改革，根据她的意愿改变中国人的生活方式。当时，街上流行红裙子就是美龄的意志体现，一个时期“新生活运动”搞得轰轰烈烈。美龄认为自己是能改变命运的梅迪奇。正如威斯理安大学里的女管家所讲的，美龄除了活泼之外，最明显的特点就是绝对服从权威。也许权威是改变命运的关键吧。

宋美龄向权威靠拢，蒋委员长也给夫人以权力——中国航空委员会秘书长，不少人背后叫她“航空司令”。

这个事可追溯到“九一八”事变前后，蒋委员长看到第一夫人不同寻常的外事活动天赋，就开始考虑此事了。

1931 年，金秋时节，日本帝国主义，中国人通常称的“小日本”，为转嫁国内的经济危机，缓解国内人民的不满和反抗，便加紧了对中国的侵略。当时精明的小日本，看到英美等国正忙于对付国内的经济危机，无暇与他争夺中国；看到蒋介石政府正忙于无休止的内战，对外实行卖国投降政策，便决定首先出兵侵略中国的东北，以实现其吞并中国的狂妄计划。

9 月 18 日，日本驻在中国东北的“关东军”，开始袭击沈阳，次日占领了沈阳城。这时，驻沈阳及各地的东北军，在蒋介石“绝对不抵抗”的命令下，撤退到山海关以南。1932年1月2日，日本侵占锦州。在短短三个月的时间内，日军占领了整个东北三省，使3000万同胞沦为亡国奴，过着家破人亡、妻离子散的悲惨生活。

“九一八”事变后，上海、南京、北平、天津、武汉、长沙、杭州、西安、广州等地的学生、工人、市民，纷纷罢课、罢工，游行示威，要求国民党政府抗日。各地人民还组织各种抗日救亡团体，展开抗日活动，各城市的学生组织请愿团前往南京，要求国民党政府出兵抗日，收复失地。1932年12月中旬，北平、上海、南京等地学生三万多人，汇集南京，向国民党中央党部和国民党政府请愿示威。要求抗日的标语、传单撒满了大街，雄壮的爱国呼声震撼了全城。国民党政府拒绝接受群众的正义要求，出动大批军警进行镇压，枪杀了不少爱国学生。国民党政府的血腥屠杀，更加激起了人民的愤怒……特别是1934年秋天蒋介石夫妇的西北与华北之行，都使蒋氏夫妇感到掌握制空力量的重要性。蒋介石处于内外交困的地步，开始着手成立航空委员会，加强年轻的航空部队的建设。选谁出任这一要职呢？蒋介石开始注视他的“贤内助”了。

“要建航空部队，那当然好！不光威风，更重要的是加速剿共的步伐！”孔祥熙、宋子文、宋霭龄、宋美龄等频频催促。

宋子文对蒋的态度始终是不大客气的：“你要知道，自从‘九一八’以后，国民党的政治威望大打折扣，这是日本向我们亲美英政权的挑战。要我说，不光要成立航空部队，还得成立一套特务机构哩！”

“对！”蒋介石肯定道。早在数年之前，蒋介石除了研究《曾文正公全集》之外，对德、意的特务机构兴趣更大，他命令手下几员大将研究古今中外的特务组织，希望组成一个更有效率的机构，来巩固他的政权。“那好，今天这两个事一起谈，讨论出个初步意见来。”蒋介石说到这里，把目光转向子文，“你先拿个意见吧！”

“关于航空部队的成立，我没考虑成熟。”宋子文也不客气道。

"关于特务机构的名字暂且不说，我看这个机构的宗旨是：强化政权，平抑新的革命情绪：在军事上继续剿匪，在组织上肃清异己，在政治上进行CC社的秘密活动，在经济上进行统制经济，在军中进行复兴活动，可以完全是一个严密的军事政治经济体系。"

宋霭龄一笑："听美龄说你深更半夜还同德国顾问研究，是不是什么蓝衣社？"

蒋介石点点头："蓝衣社这个名称是非正式的，刘健群提出过，说希特勒有黑衫党，墨索里尼有褐衫党，我们也应该来一个蓝衣社，临时采用蓝衣社这名字。"

"到底叫什么名字呢？"宋美龄也不大感兴趣，"总要响亮点。"

"但是，"孔祥熙插嘴，"总要有个中心。"

"中心是法西斯！"蒋介石瞪着眼睛，"说了半天，难道你还没有弄清楚？子文刚才说过，国民党的声望低落了，我个人的名誉也打了折扣，那就得想办法挽回！想什么办法呢？跟希特勒学！跟墨索里尼学！谁都知道德国同意大利，完全是依赖独裁政治而完成'革命'的，所以我们的口号与目的是，"蒋介石一字一顿，"借法西斯之尸，还国民党之魂！"

"你有把握吗？"宋子文抽着雪茄，躺在沙发里冷冷地问他。

"当然有！"蒋介石有点反感，"一方面，我派了大批人马到德、意两国去留学。一方面，我自己也在学，刚才大姐说美龄告诉她我深更半夜还在同德国顾问谈天，那是不错的，"他摇晃着大腿，"最近我学到很多东西。"他笑得有点得意洋洋，"我决定把纬国送到德国和意大利去，让他多见见世面。"

"别提你的宝贝儿子，"美龄撇撇嘴，"你瞧你把那个大宝贝送到苏联，他要'大义灭亲'革你的命哩！你不怕你那个小宝贝将来从德国回来，也要来这一手么？"

"你不要这样说。"蒋介石对她太太始终畏惧三分，平时在她面前不但不提经国、纬国的名字，而且也不让他们见面。今天大谈法西斯聊得高兴，说顺了嘴便提到了小儿子，果然惹起了宋美龄的反感，但当着这么多人，蒋介石不得不顶几句：“经国是环境使然，他‘大义灭亲’那一套，说实在话，过后想来我反而很高兴，因为这是他跟托洛茨基这批前辈往来得多了，也学到了这一手功夫，我可以同你打赌，他将来回国不反对共产党才怪！”他瞪瞪眼：“至于纬国，他年纪还小，什么时候出发去德国我还没有决定，不过去是去定了。德、意两国不同于苏联，也绝不会再来一个‘大义灭亲’的，你放心。”

“时间不早了，”宋子文看了看手腕上的表道，“那就再谈航空部队的成立一事。”

“关于建立航空部队一事，想法很久喽！”蒋介石以委员长的口气道：“它是显示国威军威的象征，当然也是壮我们国军的门面！子文啊，这个事还须你掏钱包，我想向美国购买100架作战飞机，怎么样？”

“只要壮我们国军的门面，我掏钱；不过得找一位干事精明的人。不然，我是舍不得掏的。”宋子文道。

“这个人已物色好了，保你满意！”蒋介石目光炯炯。

“是谁？”

“美龄！”蒋介石语气肯定。

“我看可以！”霭龄嘴快。

“我同意霭龄意见。”孔祥熙也随着道，“小妹对美国情况很熟，在当今中国找不到第二个比她合适的人选。”

“那就这样定了！”宋子文道，“小妹办事我放心。”接着他把头转向美龄，“小妹，大家都相信你，你说呢？”

“我，”宋美龄权欲熏心，她早想从政参政，显示自己卓越的领导才能，一直没有机会。听到蒋介石的提议和大家都赞成的话，心里很高兴，“让我干我非干出样儿让大家看看！不过让我干，我还有个条件。”

“什么条件？”蒋介石道。

“委员长，我要权，凡是我应有的权力都给我。我不愿当那个有职无权的哈巴官。”宋美龄道。

“我任命你为航空委员会秘书长，可以了吧，大权实握！”

“咱们一言为定！”宋美龄扬言道，“我要对共匪采取措施，设法把空军变成克敌制胜的有效武器，而非一种政治筹码。”

“是啊，第一夫人就应该有第一夫人的风度！”孔祥熙逗她道。

“说正经的。”宋霭龄嗔了胖丈夫一眼。

“祥熙说得好！”蒋介石补充道，“我想从黄埔军校六期学生中挑选一批人在南京成立航空班，并在军政部下面设立航空署。然后再成立几个航校，培养一批精干的飞行员。”

“哪几个航校？”宋美龄问。

“南京、洛阳、南昌。”蒋介石回答。

“好，我都统管起来！”美龄好大的胃口。

“我再给你请位懂行的顾问，给你担任主任，好不好？”

“你说是谁？”

“周至柔。”蒋介石答道，“人很好，既有魄力又有经验。具体工作我还可以过问。”

“那好。”宋美龄虽然想揽权，但觉得自己是外行，也只好同意了。

三十一

据美国传记作家汉娜·帕库拉的史料考证，宋美龄出任航委会秘书长，应该是1934年的秋天，那时虽说在航空委员会注册的各种杂牌飞机有500架，其实可供作战用的仅有91架，许多飞机是孙中山时期留下来的，都未从注册簿上注销。此外，中国空军原拥有的美制霍克式飞机已经陈旧不堪，新组装的意大利菲亚特式飞机质量又非常差，有的初次试飞就摔了下来，被飞行员称之为“空中活棺材”。

回顾历史，20世纪二三十年代，中国空军格局被几个军阀控制。

中国筹办空军始于辛亥革命，孙中山、黎元洪等人都做过尝试。但随之而来的军阀割据，使中国空军发展一度陷入歧途——各地自建空军，没有统一规划，互不统属，自消自散。

在这些地方军阀空军中，以东北张作霖的规模尤大。

1920年，张作霖帮助曹锟在直皖战争中战胜段祺瑞，从皖系手中获得4架大维梅运输机、4架小维梅教练机，以及一批飞行员。以此为基础，在此后十年时间里，张作霖、张学良父子一面向英、法等国购买先进飞机300架，一面设立航空学校、派遣留学生，培养了大批飞行人才。在对西北军、晋军、石友三的几次战役中，东北航空队或抛掷炸弹、传单，或对敌军侦查，显示了很大威力。但“九一八事变”时，东北航空队奉命不予还击，导致沈阳东塔机场被日军轻易占领，奉军150余架飞机与刚从捷克购进的数十套机件，都为日军所得。战后统计，日军在东北各地总共缴获飞机260余架。东北空军既已瓦解，张学良遂将关内剩下的12架飞机，全部交予国民政府。

广东空军次之。

在陈济棠的大力发展下，全省有机场20多个，拥有飞机150多架，飞行人员300多名。陈济棠“把这支空军看作是手中的王牌，经常招待贵宾参观空军表演，洋洋得意。”1936年，陈济棠发动名为抗日，实为反蒋的两广事变，其空军被蒋介石命人重金策反，改编入中央空军。陈济棠建立的两个飞机厂、机械人员养成所、空中摄影所、空军医院、各地航空站、警卫部队、航校、空军坟场等一系列空军设施，都归附中央。

其他军阀区区事少，不值一谈。

全国空军达十余支，直至抗战爆发后国民政府才获得统一指挥权，而国民政府建立初期，仅有飞机24架。1920年，国民党政府就此建立了空军。此后不断与军阀作战，国民政府才逐步收编了广东、广西等地方空军。抗战爆发后，国民政府又借有利形势，下令将全国飞机、飞行人员划归中央航空委员会。这样加上从美国、意大利等国购买的飞机，编为9个大队和1个暂编大队。各地自行发展空军的局面至此结束。

1933年国军便制定了空军军官制，但当时飞机不多，更没有实践经验，远称不上一支有组织有效的空军。它的主要作用只是载着蒋介石、宋美龄到全国各省去视察。蒋介石、宋美龄当年几乎走遍全中国，包括西南和西北的边远省份，加强了对全国的政治控制，这主要就是借助于飞机这种交通工具。宋美龄在《航空与统一》一文中夸张地说："一切促进中国统一的新发明，或许要推飞机的功绩最为伟大。"有一次她和弟弟在空中旅行，姐弟二人乘坐一驾小型飞机在天空中飞翔，却迷失了方向。后来因为天黑了，他们不得已降落在"四周全是匪类"的稻田中。这次历险，使宋美龄深深感到中国航空事业技术力量的薄弱，引起了宋美龄对空军的高度重视，四处筹措资金收购飞机和人才。此后，她经常宣扬要加强空军，使其走向现代化。

崇尚实干的宋美龄确实有其过人之处。她为了更好地做好秘书长的工作，全力投身于航空理论飞机设计的研究，花了不少时间，对各种品牌的飞机性能作深入的研究工作，对有关航空理论、飞机设计、飞机零件等等，都作过广泛的了解和接触。大量阅读关于飞机设计的杂志，并且对各种机型做了大量的比较，最后还凭借其良好的口才联系了大批飞机制造商，成功订购了2000万美元的飞机，这种高效率让人称赞。

虽然宋美龄之前对飞机对空军都完全不了解，且还有晕机症，但她和孔祥熙宋子文都没有大的矛盾，并且多年留学美国的生活使她谙熟美国国情文化等多方面的事物，还有她高超的英语能力，这个新兴的外来兵种亟需像宋美龄这样拥有杰出外语能力，能够和外国专家购买飞机时沟通有关技术。

1936年农历九月十五日是蒋介石的五十岁生日，这是个大喜的日子。而这天，在南京的献机仪式和飞行祝寿则显示了宋美龄在短期内取得的成果。夫唱妻随。由于蒋介石当时不在南京，10月31号何应钦代表他接受了来自全国各地捐赠的105架飞机。祝寿仪式上，空军出动了50架飞机在天空以喷气烟云排出“中正”、“五十”的字形，在南京引起一时的轰动，彰显了宋美龄活动的天赋和人脉，成一时神话。

三十二

尽管中国空军远居劣势，但飞行员的素质和爱国心却是一流的。这是宋美龄对空军的首要要求。

宋美龄出任航委会秘书长前，国民党空军是由意大利提供飞机与训练，然一无成就，事故频出，不是机械，就是人为。面对这一堆破铜烂铁，这让宋美龄大为头痛：中国的航空修理技术还很落后，迫切需要一批“航空医生”。

蒋委员长问怎么办？

“我去请！”宋美龄一口应承了下来。

“到哪请？”周至柔问。

“美国。”

“美国是你的第二故乡，我赞成。”

“我不光请‘医生’，我还要几架新式飞机哩！当然这一切都要靠面子啦！”宋美龄说完淡淡一笑，她做任何事都觉得很轻巧、很容易。同时，她也认为这也是施展她外交天才的良机。

宋美龄跟美国朋友写亲笔信，很快请来了前美国陆军航空队飞行员霍布鲁克当她的顾问。

霍布鲁克走马上任后不到三个月，宋美龄问霍布鲁克，什么人可以在短时期内把中国空军改造成像样的军种？霍布鲁克马上想到了一个老飞行员——陈纳德。1937 年初春，陈纳德收到了宋美龄的一封信，问他是否愿意到中国当空军顾问，月薪 1000 美元，此外还有额外津贴、专用司机、轿车和译员，并有权驾驶中国空军的任何飞机。因病离开军职的陈纳德立刻答应，4 月 1 日即由旧金山搭乘“加菲尔总统号”邮轮经日本赴华，护照上面写的是到中国“考察农业”。从此，陈纳德开始了自己的中国生涯，成为家喻户晓的“飞虎将军”。

接下来，美龄的外交活动终于打动了罗斯福总统的心，他发布了一道命令，允许美国军事人员辞职，同波利的中央飞机制造公司签订合同，跟陈纳德一道去中国与日本军作战一年，此后他们还可以重新回到他们原来在美国军队的岗位上去。他们还签订合同，答应给每个应征军人每月 750 美元的薪饷，外加旅行津贴、住房和每年 30 天薪饷照发的假期。陈纳德任这个志愿大队的队长。于是这批美国驾驶员出现在中国的战场上。

1937 年 4 月，陈纳德抵达上海，时年 44 岁，血气方刚。

陈纳德上校是个有争议的人物，几乎认识他的人对他不是恨之入骨、就是爱戴有加。他的粗犷使得大战期间某次高峰会议遇见他的英国首相丘吉尔印象深刻。丘吉尔喃喃自语：“天啊，你瞧那张脸。感谢上帝，他和我们是同一边的。”陈纳德在第一次世界大战期间学会飞行，不过他并未被派到前线作战；一战后，他留在陆军担任飞行教官，以战术优异享有盛名。1934 年，陈纳德督导主办陆军航空大展（Flying Trapeze Army Air Show）。据原本是张学良座机驾驶、后投效蒋介石夫妇的伦纳德说，这是“军、民航空史上最壮观的一场飞行大展”。飞行大展过后三年，陈纳德退役。官方的理由是他耳朵聋了，但大部分观察家认为他是言论贾祸。他写了一本书，提倡发展各种类型的飞机，特别是战斗机，此一战略观点不符合华盛顿主张发展轰炸机的将领之胃口；这些人认为派出一波又一波的轰炸机进攻，就足可保护自己。退役不久，陈纳德接到美国陆军航空队郝尔布鲁克中校的电报，请他到中国以三个月的时间替蒋夫人秘密评估中国的空军。

此前，美龄的大哥宋子文曾经组建中国第一支空军，安排一个美国代表团以美国方式成立飞行学校。1932 年，大约二十名美国陆军航空队备役军官在杭州成立飞行学校。但是，两年后“闽变”发生，叛军退入一座深沟高垒的古城，此时分明只有空中力量才能逼他们出降，可是美国人却拒绝协助委员长戡乱。国民政府好不容易借助几架破旧飞机才在古城墙上打穿几个洞，使步兵得以进城扫荡叛军。此时，蒋介石才觉悟到中国必须发展空军。

中国气恼美国拒绝协助镇压“闽变”，转向意大利求助。意大利派了 40 名飞行员、一百名机械师来亚洲；前者教飞行技术，后者设立工厂组装意大利飞机。陈纳德 1937 年 4 月抵达中国时，意大利人“已经完全控制了中国空军，也垄断了中国的航空市场”。

据陈纳德的说法，意大利人派出这个代表团赚了经济和战略的好处，但其实没帮上中国人的忙。美国人只肯授予合格的学员飞行员证书，意大利人却是一切从宽，只要进入飞行学校受训，不问优劣，一律毕业。陈纳德解释说：“可是委员长喜欢意大利人的方法。”因为能进飞行学校受训的学员大多来自社会上层阶级家庭，如果他们毕不了业，必定得罪这些名门巨室。陈纳德说：“意大利人的做法解决了这个问题，可是空军也毁了。”陈纳德也责怪意大利人有个坏习惯，明明一架飞机已经撞毁、拆解为零件了，还列册登录，以至于记录上说中国空军有五百架飞机，实际只有九十一架可以飞。用陈纳德的话说是“弄虚作假”。

陈纳德第一次见到美龄时对她说：“我相信你我可以相处良好，建设你的空军。”她也以地道的乔治亚腔英语回答：“我也相信如此，上校。”但是，陈纳德才开始着手评估中国空军，日本人已在1937年7月进攻卢沟桥。他立刻向宋美龄自动请缨，美龄派他到南昌训练战斗机飞行员。陈纳德说：“在南昌进行的作战训练是我一辈子忘不掉的梦魇。”除了少数几个美国出生的广东籍飞行员，以及美国教官教出来的学员之外，其他由意大利人培训出来的学员，在陈纳德嘴里，成了“飞行安全的威胁”。

陈纳德在中国政府里从来没有正式官衔，大家都称他是航空委员会秘书长的文职顾问。可是，他是中国空军实际的总司令，也是陆军战术顾问。蒋夫人付给他相当高的薪酬。他称为“公主”的蒋夫人，花55000美元给他买了一架专用飞机（号称老鹰专机），又把自己用的一辆派卡德轿车送给他当座车。即使是指挥中国空军作战任务，陈纳德从来不下达命令，只“建议”该做什么。这些建议通常伴随着委员长的签字，要求属下恪实遵守，“不得有误”。陈纳德说，后来他才晓得，“委员长批示的‘不得有误’，一旦真的‘有误’，结果就是拉出去枪毙。”因此，用陈的一句时髦话说——蒋夫人美龄是“我的王”。

三十三

卢沟桥事变后，上千架日机云集中国上空，狂轰滥炸使我国蒙受重大损失，大批军事基地遭毁。于是，蒋介石不得不动用弱小的空军。尽管实力悬殊，但是中国飞行员不畏强敌敢于牺牲的精神鼓舞了士气，也在一定程度打击了敌人。

那是 1937 年 8 月 14 日，中国空军出其不意的空袭轰炸了日本起卸物资的上海汇山码头和陆战队司令部、纺织厂，还炸毁了日本第三舰队“出云号”旗舰。下午的空战中大队长高志航率领中国空军第四大队的 27 架飞机在河南省周家口飞往杭州时与第三空袭队鹿屋队的 18 架 96 式轰炸机相遇，高志航命四大队向日机开战，当场击落日机六架。而据日方的广播，18 架飞机之中，13 架失去联络。这是中国空军的第一次空战，非但无一受损，且战果辉煌，宋美龄大喜，建议将 8 月 14 日定为“中国空军节”，大庆特庆，通宵达旦。

且说宋美龄甚至还换上军装，一连几天奔走观战，甚至亲临前线督战，记日记，并且为优秀的飞行员颁奖。她还取出私房钱 20 万元加上 5 万美金全部用于奖励作战有功的飞行员。她经常看望飞行员，在他们出征时帮他们打气，为牺牲的烈士如沈崇海等发放勋章和抚恤金。她还在南京战役时发动难民修筑飞机起跑道。在宋美龄的投入下，空军军饷也是所有兵种中发得最多最及时的。宋美龄的种种行动，更使空军坚定了献身祖国的决心，为空军提供了强大的精神鼓励。

日军在地面部队抵达南京之前，就派出轰炸机空袭；10 月 12 日，美龄发表一篇文章，描述日军对首都空袭和“她的空军的表现”状况：

> 空袭警报在十五分钟前响起……我照常走到外头……下午两点四十二分……三架日本重型轰炸机从云堆的裂缝穿出……接着又有三架出现。防空炮在头三架旁边炸出黑烟。现在又在第二批三架飞机旁冒烟。呦，又来了三架，总共是九架敌机。从云端之上，我听见我军飞机追击……

> 机关枪声在我头上、在云端上响起，飞行员正在作战。九架日军轰炸机以稳定的队形飞越首都上空……下午两点四十六分。好大一团火；黑烟冒起，灰尘升起。它们投掷几颗炸弹。然后，它们分散开……下午两点五十分。西北边敌我飞机追逐作战……战斗员在云中钻进钻出……下午两点五十六分……远处的西边也有一场追逐战。城市上空另一场接触战也在众人眼前上演。一架中国鹰式飞机追着一架日本单翼飞机。它们绕圈子、转身、陡降——立刻又攀升……日机似乎停在半空中，它被打中了。鹰式机掉头再进攻。日机稍稍停顿一下，旋即倒栽葱般往下猛坠；机尾已拉出一道火，它往城里一处人口稠密区域俯冲……鹰式机绕了一圈，注视敌机坠毁……下午三点二十分。现在上空已无声音。空袭持续约四十分钟。我该走了，要去检查伤害状况及敌我战绩得失……老百姓又走上街头，仿佛并未发生特殊状况。

美国传记作家罗比·尤恩森说：“宋美龄独揽空军大权，不容他人染指，并成为严格执行空军纪律的人。她规定，凡在这支精英部队中行窃者，将被处以极刑。直到必须撤离南京时，她还常在新闻稿上提到‘我的空军’。”在20世纪国民党政府的许多重要活动中人们常可以看到，宋美龄考究的旗袍上佩戴着一枚空军飞行徽章。她始终对空军的人事、采购甚至训练和作战都掌握大权，亦因此被当时的国民党称为“中国空军之母”。

三十四

七七事变中日战争全面爆发。

第十章
航空“司令”

这时的陈纳德接受宋美龄的建议，在昆明市郊组建航校，以美军标准训练中国空军。他还积极协助中国空军对日作战，并且亲自驾机投入战斗。当时因美国还未参战，迫于日本外交压力，陈纳德的活动逐渐转为非公开。1940年受蒋介石、宋美龄的购买百架飞机的委托，陈纳德昼夜兼程又飞到美国宣传中国抗战，并且取得罗斯福总统的暗中支持。在1940年年底至1941年通过租借法案为中国购入近一百架寇缔斯P-40战斗机，又获批准让美国退役及备役军人到中国作战。陈纳德在美国一共招募约100名飞行员，当中40名来自陆军航空军、60名来自海军及海军陆战队，多数为后备役军官；另外亦招募了约200名地勤人员。飞行员名义上为“中国中央飞机制造厂”雇员，飞行员月薪600美元，小队长月薪650美元，中队长月薪700美元。另外击落每架日机有500美元奖金。队员多半是勇敢、渴望冒险、性格不拘的美国年轻人，他们以“中国空军美国志愿援华航空队”名义参战，亦称“飞虎队”。因为他们形式上并非正规军，战术研究和空中训练反而得以自由挥洒。飞行员学习以P-40与日机作战的技巧，包括以团队作战攻击日机不久，他们在昆明初试身手，首战便对日本战机予以痛击，此后连创击落日机的佳绩。

飞虎队首次作战是在1941年12月20日，阳光明媚，天蓝地绿。日本的10架轰炸机由越南起飞进袭昆明，当这批机头上画着狰狞鲨鱼头、清一色P-40战斗机的部队，出现在久未在空中看到敌人的日本飞行员面前时让他们惊呆了。空袭昆明的10架日机，在愣神的瞬间被当场打下6架，逃跑的3架也在途中坠毁，只有一架侥幸地逃回了河内。

初战告捷，宋美龄亲自祝贺，大大鼓舞了飞虎队的士气。在其后的31次空战中，陈纳德的志愿飞虎队员以5到20架可用的P-40型战斗机共击毁敌机217架，自己仅损失了14架，5名飞行员牺牲，1名被俘。一时，“中国空军美国志愿援华航空队”插翅飞虎队徽和鲨鱼头战机机首名闻天下，其“飞虎队”的绰号家喻户晓。国内外一片叫好！也鼓舞了中国军队与日军相持阶段的士气，更好的调动了抗战情绪。

1942年飞虎队第三中队则在日本对英、美宣战后，保卫缅甸仰光。之后至1942年3月，各中队轮流驻守仰光，直至仰光陷落后撤回中国。

当飞虎队第一中队撤离仰光，并分批撤离缅甸的时候，回到昆明的飞虎队成员受到蒋介石和宋美龄赴宴、授勋的款待。那是1942年2月28日，时在昆明的蒋介石和夫人宋美龄举行晚会，飞虎将军陈纳德和在昆明的飞虎队员们荣幸地作为委员长及其夫人的客人出席了晚会。飞虎队员们因为受到这样高的礼遇而激动不已。那天，工作人员用各种盆景和中美两国的国旗，将宾馆的正门装饰得花团锦簇、气氛热烈。楼下的门厅里也到处挂着彩旗，二楼上的礼堂则吊着各色皱纹纸的彩条，张灯结彩。

为参加这隆重而庄严的晚会，陈纳德事前穿着笔挺的西装，站在镜子前左顾右盼。他让随从为他拉拉领带，又扯扯上衣，直到衣服上基本看不到折痕，他才满意地前往。如果不考虑年龄的话，陈纳德可以说是飞虎队标准的飞行员。

这一天，飞虎队员每个人也都穿着笔挺干净的军装，皆举止得体。为了保证晚会的顺利进行，整个晚上都不对外开放。可是当晚会开始时，礼堂里仍有两张椅子空着。陈纳德事先宣布过：“如此重要的一个晚会，飞虎队员不许出一点差错。”看来，又有人开小差了。当两名中国女歌唱家正在唱歌时，缺席的飞行员出现了，他们突然醉醺醺地鼓起掌来，一时间打断了歌声。这也难怪宋美龄在晚会开始时批评说，飞虎队需要加强纪律。看来，宋美龄的这些话并非无的放矢。

宋美龄的原话是：

> “孩子们：没有纪律，我们将一事无成。我和你们尊贵的指挥官一样，也将对你们絮絮不休地谈论纪律，我指的是我们在内的自觉的纪律。然而，我并不是要求你们装成泥塑木雕的小圣贤。我自认也有人情味，不喜欢刻板的人，但我的确希望你们这些孩子记住一件事，全国都在关心着你们，我要求你们的行为举止配得上由你们建立起来的那些伟大的传统。我要求你们给我的人民留下一个美好印象，一个美国人的真实形象的印象……”

宋美玲的这番话，今天读来，仍让人心生感动。看她这段对美军的“训话”，即充满了西方的人性美，又充满了东方的温情。宋美龄不愧为女界佼佼者，在当时的中国政界，实在无法说得出，还有谁可以和她媲美。她直接把美军飞虎队里的队员看作孩子，孩子嘛，就不免会多出些错。说明宋美龄原谅了这些孩子们的过错。但又要求这些来自美国的孩子“给我的人民留下一个印象，一个美国人的真实形象的印象”。这话听上去很柔，深思后又会觉得很重。言外之意是，你们的不良行为不是美国的真实形象。也就是说，道德上，只有保持良好的军人作风，才是美国的真实形象。相信在场的飞虎队员，个个为如此优美而不失技巧的语言所感动。当然，感动过头就容易出事。

蒋介石和宋美龄的昆明之行给飞虎队留下了美好的印象。为了报答宋美龄的“知遇之恩”，飞虎队的小伙子们要悄悄表现一下，给蒋介石夫妇一个惊喜。事情安排在蒋介石夫妇离开的那一刻。蒋介石夫妇所乘的飞机起飞前十分钟，飞虎队的值日官决定由飞行员们来一场空中表演，而且要飞得漂亮。此时，蒋介石的随行官员们正在跑道上同送行的人们鞠躬握手。飞虎队的小伙子们驾驶 P-40 型飞机升空后立即开始俯冲，他们犹如一只只欢快的小鸟，排成一列纵队飞向机场的尽头，表演翻滚动作。如果不是感到这场表演来得太突然，如果不是因此被吓着，可以肯定地说，在场的人应该是感觉得到飞虎队员们的快乐心情的，而这一心情的来源，则是宋美龄对他们那番母亲般的爱恨交织之情——爱这些孩子的勇敢与帅气，恨他们的调皮与捣蛋。

且说飞虎队的小伙子们在蓝天上尽情地表演着，他们的最终表演效果要达到让蒋介石夫妇及其随员们都高兴，也就是添个乐吧。怎样才能达到这样的效果呢？那就是自上而下俯冲、翻滚，然后使每架飞机呼啸着飞过那些大人物的头顶。再后，机背朝下，钻入空中。这是刺激的，也是冒险的。就在战机飞向地面大人物们的头顶并翻滚至机背朝下升空时，有两架飞机由于飞得过低，吓得所有的人纷纷趴在地上。蒋介石夫妇尽管有随员保护着，亦吃惊不小。而这时蒋夫人身边的陪同陈纳德则吓出了一身冷汗。他并没有做此安排，因而面对眼前的惊险一幕，显得尤为手足无措。他无力回天，因为他眼前的天空正由飞虎队的小伙子们“掌控”着。但同时他也立刻知道是怎么回事了，最了解飞虎队员的，莫过于陈纳德。事情总算是有惊无险，蒋介石夫妇及其随员安然离开，陈纳德则气得几乎要发疯，他决定第二天就给飞虎队员们上课，专门上一堂纪律课。

在此后不到一年的时间内，飞虎队奋勇作战，利用灵活而出神入化的战术，歼灭敌机 200 多架。1942 年 7 月，美国处于战略考虑将飞虎队被正式编入美国陆军第十航空队。1943 年，志愿航空队改为第十四航空队，除了协助组建中国空军，对日作战外，还协助飞越喜马拉雅山，从印度接运战略物资到中国，以突破日本的封锁，人称“驼峰航线”。航线从印度阿萨姆邦汀江，经缅甸到中国昆明、重庆。运输机飞越青藏高原、云贵高原的山峰时，达不到必需高度，只能在峡谷中穿行，飞行路线起伏，有如驼峰，驼峰航线由此得名。飞机飞行时常有强烈的气流变化，遇到意外时，难以找到可以迫降的平地。飞行员即使跳伞，也会落入荒无人烟的丛林难以生还，日军飞机的空中拦截也给运输队造成巨大威胁。在这条航线上，中美双方 3 年多共向中国战场运送了 80 万吨急需物资，人员 33477 人。航空队共损失 563 架飞机，牺牲 1500 多人。第十四航空队还有力地配合了中国军队的战斗，至抗日战争结束，第十四航空队共击落日敌机 2600 架，击沉或重创 223 万吨敌商船、44 艘军舰、打死打伤日军无数，为中国抗战作出了巨大贡献。日本驻华中部队司令官高桥中将说日本在中国面临的有效反击的 60% 至 70% 是陈纳德的第十四航空队发动的。如果没有第十四航空队，日本军队可以为所欲为地推进到中国任何地方。”

陈纳德和他所带领的飞虎队在中国抗日战场立下功劳，尽管由于人事纷争陈纳德无缘见证最终胜利的荣耀，但是，他在中国却收获了一段唯美的跨国忘年之恋，在妻子陈香梅的陪伴下走过人生最后的时光。

但不管怎么说，宋美龄仍然给抗战中的中国空军给中国抗战带来了希望，做出了很大的贡献。她对中国空军的精神投入令人佩服，她也是中国历史上第一位担任空军司令的女性，为中国女性树立了榜样。她在国民政府中的地位为空军的发展提供了更好的条件和保障。时势造英雄，蒋介石的专制和连年的战争成就了她，成就了她在政治上的辉煌，也成就了她与空军的这段佳话。

埃德加·斯诺这样描写宋美龄：“蒋介石之所以在世界领袖中地位独特，有一个原因即是他妻子所发挥的影响力……蒋夫人有时候是位决定性的人物，或许仅次于她先生。”

美龄辞去她在空军的职位，表面理由是她在上海到南京途中出车祸受伤，亟待休养。可是，真正的原因是经查发现，在采购飞机及航空器材时有弊端——这个丑闻涉及代理商帕特森（A. L. Palterson）、一名中国将领以及她大姐霭龄。根据美国驻华大使约翰逊和手下一名幕僚谈话的备忘录，“联队长马雷……确信帕特森以两倍、甚至三倍于美国报价，出售飞机给中国政府……这么做……是要让处理采购的中国官员有大笔‘好处’。帕特森……甚至还在中国另印型录，显示高标价，伪称它们即是美国的原始型录。马雷说，蒋夫人请他建议方法以制止中饱之弊。”帕特森有一次“卖给航空委员会一两百具无线电收报器，不仅售价……抬高四倍，这些收报器根本不适合中国军机使用，因为它无法……调整波长。”

根据这份备忘录：

> 赵将军的名字几度被提到，说是代表孔祥熙夫人收取购机好处的代理人。我问起来……蒋介石夫人是孔夫人的妹妹，怎么可能采取追究到底就会暴露孔夫人涉及交易弊案的行动呢？他（马雷）说，蒋夫人已下令彻查到底，而购机案涉弊是两姐妹权力斗争已有一阵子的主题。马雷联队长似乎不认为孔祥熙博士涉及这些贪渎，甚至有可能根本不知情。

据李台珊的说法，中国空军的采购一向经由中央信托局处理，它受到孔夫人的控制，也不肯把订单交给任何非由帕特森代表的公司。美龄想要清理贪渎，却被蒋介石制止，因为他担心彻查到底会“重伤”空军。李台珊说：“他不愿让丑闻曝光，美龄无疑也是，因为一旦曝光，会令她难堪，也会对中国在抗日作战迫切需要的外援投下阴影”。美龄接受端纳建议，“突如其来”辞职，使得整个空军军官“大为意外，士气消沉”。应该说这是后话。

第十一章

救夫抗日

西安兵变，举国震惊。蒋介石生死攸关，国家命运生死攸关，街头谣言四起，南京，一座瘫痪的城！危急方显英雄本色。宋美龄力挽狂澜，三闯议会室，一边与何应钦斗法，制止轰炸西安的图谋，一边在剑拔弩张的时刻，临危不惧地出现在西安的街头……

——题记

三十五

1936年12月4日。

偌大的洛阳机场。蒋介石在结束“洛阳五十祝寿”后起飞到西安。到机场送行的有党政要员，还有一直陪伴他的夫人宋美龄。

这天，刚降过一场大雪，北风一刮，新扫过的机场上结着厚厚的冰凌。机场周围的树木缀满银花，建筑物像琼楼玉宇似的闪着耀眼的银辉。宋美龄身披藕荷色的大氅，内有鸭绒马夹，敞领中衬着乳白色美国绸纱巾，别着一枚硕大的红宝石胸针。乌黑发亮的长长的卷发，在脑后盘成一个隆起的高髻，与众不同，别有风韵。这几天她身体不适，脸色不大好，伴有低烧。本来陪同团里没有她，她执意要陪丈夫到西安，蒋介石不允，让她回南京看病，因此她也变成了送行者。

蒋介石此行西安的目的，是要同负责指挥西安国民党军队的军官，其中包括已故军阀张作霖的儿子张学良进行商议。蒋介石认为，西安的地理位置，在战略上有利于对共产党的根据地发动最后一次“围剿”。他想让少帅张学良的军队担任主攻。

宋美龄和其他官员一一与蒋介石握手告别，目送着丈夫登机，然后飞机启动、滑翔、升空，一直消失在云天之外……

就在蒋介石离开洛阳的两小时后，宋美龄也带着自己的侍从官员、端纳顾问及陈布雷等一大批人，乘机离开了洛阳，抵达南京，尔后到达上海。

一周后，宋美龄在上海得到消息，蒋介石因不抗日，在西安被部下所扣，生死不明。此消息犹如晴天霹雳，令宋美龄始料不及，大为吃惊。政府内，有人哭有人笑，一种暗隐的反蒋势力突然抬头，各种矛盾交织一起。再加上街头谣言四起。南京，一座瘫痪的城！

三十六

西安消息传来的当天。

中央委员齐集何应钦官邸，决定召集中央临时常委会。

大家议论纷纷，莫衷一是。

孙科道："不要紧，不要紧，还有冯副委员长在这里，应当负起责任。"

何应钦瞅一眼冯玉祥摇头道："这个事关重大，应当仔细商量再说。我看我们应该派飞机去炸西安，这才是上策！"正说着，忽地宋美龄呼天喊地大哭大叫着，闯了进来。

原来宋美龄在洛阳送走蒋介石后，回到南京，有人劝她不如到上海看病，南京条件不如上海，那里有洋大夫。她刚在上海住院不几天，今天突然听到丈夫被绑架于西安的消息，当下就昏了过去。

"夫人，您醒醒！"侍卫人员好一阵呼唤，宋美龄才苏醒过来。

"南京情况怎么样？"宋美龄醒过来的第一句话便问。的确，南京政府中有些人使她不放心，尤其是军政部长何应钦。

"南京政府中很乱，以何应钦为首的一部分人坚决主张派飞机轰炸西安，以冯玉祥为首的一部分将领持反对意见。两派斗争得不可开交！"侍卫官把刚了解到的近情汇报给宋美龄。

"快安排车辆，我要回南京！"宋美龄毫不犹豫，马上收拾行装出院。她要回南京制止何应钦"剿逆"和轰炸西安。心想这样一整，等于火上浇油，不是提早要结束老蒋的命吗？

何应钦为何主张"剿逆"、轰炸西安？这里有个历史原因，宋美龄也最清楚。原来蒋介石最大的政治资本是黄埔系，所以他第一位重视的势力是军事，这是他的独立王国。而一般所说的黄埔系，又可分为黄埔教官和学生两大部分。具有战略眼光的蒋介石把着眼点偏重于学生的扶植，寄希望于他们，使他们逐步取得实权。而何应钦是黄埔教官，他不但是教官，而且是教官中德高望重者。此人是黄埔军校的教育长，其地位仅次于蒋介石。第一次东征时任学生队军团长，之后一帆风顺，从第一军副军长、军长、东路军总指挥、浙江省主席、第一路军总指挥，成为蒋介石手下第一员大将。当宁汉合作蒋介石下野时，何应钦也是促成蒋下野的人之一。当时很多人顾虑到蒋下台后，其嫡系部队无法统率，会出乱子，何应钦则表示有把握，对蒋的态度由拥蒋而变为挤蒋，使蒋不得不怏怏下野。蒋介石对何应钦这口恶气不用提了。于是1928年春蒋介石重返政坛执政时，第一刀便砍掉了第一路军总指挥部，成立第一集团军。蒋自兼第一集团军总司令，下设三个纵队。何应钦则被削去军权，调任为“国民革命军总司令部参谋长”。谁不知这是个有职无权的空架子？以后何应钦历任训练总监、军政部长，始终没有掌握军权。这条冷板凳一直坐了多年，“西安事变”爆发，他脑袋里的算盘打得震天响：如果因他积极主张讨伐而把蒋救了出来，那他是“救蒋第一功”；如果因讨伐使蒋葬身于西安古城，他又是“继蒋第一人”。总而言之，“讨伐”、“轰炸”是桩好买卖，于是他积极行动起来。同时，他这个行动又得到日本方面的支持和合作。于是他便匆忙召集这个紧急会议，以便实现他不可告人的野心。会上，他提出轰炸西安的主张，不料却遭到了冯玉祥的极力反对。

会场中顿时乱哄哄起来，七嘴八舌，剑拔弩张。

冯玉祥态度坚决，义正词严。何应钦终于不能不让步，说空军只炸西安城外，不得在城内投弹。再者他决定把自己“讨伐军总司令”的头衔分给旁人，任命刘峙为“讨逆军东路军总司令”、顾祝同为“讨逆军西路军总司令”。总数20个师，星夜开到河南、陕西边境待命。同时派出飞机前往轰炸。何应钦正准备下达总攻命令时，宋美龄气急败坏地来了。

宋美龄先是哭了一阵，想用眼泪先换取大家的同情。继而便止住泪说："何总司令，"她铁板着面孔问道，"一切的事情我都知道了！现在我是来问你，你这样做是何用意？你假使发动战争，你能善得其后吗？你能救出委员长的命吗？我现在老实告诉你，你这样做简直是想谋杀他！"

"此话怎讲？"何应钦一听，脸色大变。

宋美龄干脆指手画脚站着讲："幸亏是你在领导这批饭桶，要是旁人，我一定当他是异党分子看待！何总司令，这可不是闹着玩的事，委员长在这个时候如果有个三长两短，哼！到时候兵荒马乱，连你也跑不了！"

何应钦一个劲儿地搓手，赔笑道："那照夫人的意思，应该，应该……"

"应该停止军事行动！"宋美龄斩钉截铁，"你非给我停止讨伐不可！你非给我用尽一切办法把他救出来不可！你非要把他活着救出不可！你非要立刻去做不可！"

夫人一连说出四个不可。

"夫人，"何应钦做为难状，同时也撇开自己的责任，"这是会上通过的，不是一两个人的意思。"

"Damn！"宋美龄连英语的骂人话也说出来了，"要不，你就要重新召开会议，我也出席！"她弦外有音："免得让你为难。"

"不不不，"何应钦一脸堆笑，"夫人不必劳驾，救出领袖，才是我们大家的责任。"他试探道："已经有20个师出发了！"

"200个师也得调回来！"宋美龄冷冷地说道，"何总司令，你以为武力讨伐真有把握吗？你未免太乐观了！好多外国朋友告诉我，为这件事一旦发动大规模的战争，西北方面并不是孤立无援的。广东、广西、云南、湖南、四川、山东、河北、察哈尔、山西、绥远、宁夏的各地军事政治负责人，都会乘机而动，并且可以确定，他们没有一个人愿意花气力帮助你发动战争，甚至有几个人，也许他们全会走到张、杨的方面去!”

“这个,”何应钦讪讪答道,“这个问题我们也曾研究过，戴笠那边可以派人前往各地设法收买……”

“收买?”宋美龄冷笑道,“别做梦了！现在他们每个人都想在这次冲突中扩充势力，谁给你收买?”

“是的，夫人。”何应钦不由得软了下来,“那么，照夫人的意思，现在我们应该先做些什么?”

“派人到西安去!”

“这怎么可以?”何应钦假装吃惊,“那不太危险了吗?而且西安附近已经开始轰炸。”

“我说我要你停止一切战争措施!”宋美龄拍拍桌子,“我明天便派端纳到洛阳，转赴西安。子文也快回来了，他们也会去，我也要亲自去!”

“夫人,”何应钦劝道,“夫人不必去了，冯玉祥愿意代替委员长做人质，就让他去一趟好了。”

“不！谁也代替不了我，我要亲自去!”宋美龄说一不二。

“实在太危险，你的安全……”何应钦还没讲完，宋美龄道:“告辞了!”说完，望了何一眼，匆匆穿上皮大衣，戴上白手套，抓起皮手袋扭头就走。会议至此不欢而散。

三十七

何应钦把宋美龄的话转告日本密使，但把自己如何委屈一点略去不提。那个密使听说宋美龄如此这般，皱皱眉道：“何将军，你要知道，这是个千载难逢的时机，机不可失，时不再来。我看不能错过……”

何应钦经过日本密使的再次唆使，不由得心痒难熬，欲干不能，欲罢不甘。他送走日本密使后偷偷地给前方将领发了道命令：进攻！

前方 20 万部队是否已经把西安围得水泄不通，何应钦不得而知。谁知当夜他还没睡下的时候，宋美龄气呼呼地又找上门来。

“何总司令，你怎么又下令进攻了？你真的存心要谋杀他吗？”

何应钦正好一肚子气没处撒，见她三番五次责问，也拉下脸发起火来。他把桌上文件一推，跳起脚来道：“你妇道人家懂得什么国家大事！你不要再搅和了！”

宋美龄吃了一惊，一时倒没有了主意。退后一步，冷笑道：“好！我搅和，咱们走着瞧！”她眉头一抬，“我实话告诉你吧，老蒋并没有给共产党杀死！张学良刚还给我发一份电报，欢迎端纳到西安去！怎么样？他没有死，何先生失望吗？嘿！”说罢一扭头就走。只听见“嘚嘚嘚”的皮鞋声，何应钦怔住了！立刻，何应钦一个箭步抢出去，正好赶上宋美龄钻进汽车。何应钦强颜欢笑，挥挥手道：“夫人，不送了，领袖很安全，这是个好消息。”话犹未完，车子绝尘而驰。

宋美龄回到官邸，端纳已在门前等候。宋美龄进了屋，把皮手套一摔，自有侍卫上前帮她脱下大衣。只见她并不往沙发里躺，却走到写字台边，提起“三 A”美式钢笔急三火四地写了一封信。然后挨着端纳坐下，问道：“这是我给他的信，你以为把这封信放在身上不会有危险吧？”端纳点点头：“绝对不会。我是张学良在东北时候的顾问，私人关系不错。不过请你告诉我，你是怎样写的？”

宋美龄点点头，念道：“……汉卿等要求抗日，而我夫予以当面拒绝，确属不该，现在果然闹出事来，希望能圆满解决，端纳先生到后，请与他多多面谈，他还是有真知灼见的，我及子文等不日也将离京飞秦，但应以端纳先生此行结果如何而定。至于南京，南京是戏中有戏……”

“嗯嗯。”端纳点头道，“写得很好，对于我一点危险都没有，而事实上你已经说了不少话，相信委员长一定会同我长谈的。”端纳伸出手同宋美龄握着：“我明天一早就走。从西安这两天的情形看来，委员长的安全无大问题，夫人不必听信谣言。”

宋美龄道：“这个我倒很放心，如果他们已经杀死了他，绝对不会要你这个外国人去的，这个我明白。我现在不过是担心飞机乱炸误事，担心军队开进去出事！我一直有这个顾虑，顾虑他的生命倒不是结束在红军或者张、杨的手下，而是结束在——”她一顿，“你明白！”

“是的，夫人。”端纳吻着她的额角，“我明白，你放心！只要我一去，这事情就好办。我早已看清楚了，红军根本没有参加这次事变，问题远较南京的谣言简单，我去了！”

宋美龄点点头，伸出手去。端纳又吻着她的手背：“我去了，这是一件微妙的差使。”他像位基督教徒一样，指指自己的心口，“这是对我而言。”

宋美龄笑了。她在长窗边扶着绒窗帘目送端纳钻进汽车，却见陈布雷拢着双手，缩着脖子在长廊里匆匆而来，直奔客厅。

“陈先生，”倒是宋美龄先开口，“看你面色不好，不舒服吗？”陈布雷几次三番忍着眼泪，欠身答道：“夫人，您好！我是不舒服，接连几天没睡着，失眠的老毛病又发作了。”

“呵！”宋美龄以为他有什么重大消息发布，见他这样说，也透了口气。接着往沙发上一坐，“陈先生在吃药吗？”陈布雷连忙答道：“正在服用胚胎素，托福托福，这胚胎素效果不错。”他连忙问道：“夫人，西安有什么消息没有？”

宋美龄反问道：“西安情形还好，我倒是想听到你的什么消息，这几天的谣言，简直是……”

陈布雷一拳擂到沙发上，愤愤地说道：“夫人啊，真是一言难尽！中政会应该是最高权力机关，可是代秘书长恰好不在南京，一切会务等，我不得不以副秘书长的身份处理。可是，唉！中政会正副主席都不在这里，要不要开会？怎么开法？都得取决于五位院长，可是这五位院长往往甲是乙否，莫知所从！戴院长精神失常，不可理喻；屈院长、于院长闲云野鹤，从不问事；只剩下戴、孙两位院长，可是这两位院长意见往往不能一致，有一次几乎动武……”

宋美龄叹气道，“这真难为了你，那你这几天做了些什么呢？”

“我，”陈布雷揉揉心口，“我发动了报纸上的舆论，运用某方面的力量，写了几篇文章。此外，我又同立夫、果夫、养甫联名劝诫张学良；同时，代黄埔同志发出警告电文。”陈布雷说到这里有点头昏，顿时目瞪口呆。

宋美龄吃了一惊，失声叫道：“侍卫官，陈先生有病，快送他回去！”

陈布雷苦笑道：“不碍事！不碍事！”

宋美龄感到不耐烦，便下逐客令道：“既然没有什么大事，那就请陈先生回去休息吧！”

“不必不必，”陈布雷极力使自己镇静，恭恭敬敬立在一旁，“夫人，那布雷告辞了。现在我只有一句话奉告，这两天张季鸾来找过我两次。他的消息不少，主要是说有人主张讨伐，这回事有利有弊，但以委员长的安全为第一，望夫人镇静应付。此时此地，布雷实在无法做主。”说着说着，陈布雷的泪水夺眶而出：“夫人，布雷蒙介公垂青，万死不辞；无奈局势如此，使我悲伤！根据各方面的消息，张、杨和共党反而深明大义，这事情对外实在说不出口。”

“陈先生，”宋美龄开门见山问道，“你是不是说何应钦别有阴谋？”

“夫人也知道了？”陈布雷大惊，一屁股跌坐在沙发上道。

宋美龄冷笑道：“我早就看出来了，我明白了！而且我已经请端纳先生带着我的亲笔信明天一早飞奔洛阳，前往西安察看风声，何应钦的阴谋不会兑现，大家可以放心！”

“夫人！”陈布雷惊喜交加，涕泪纵横，“夫人真是了不起！布雷追随介公这么多年，里里外外，事无巨细，可以说了如指掌；但这一次何敬之从中作梗，却使我毫无办法！”他边说边掏出一包安眠药片：“夫人，皇天在上，此心耿耿！如果介公有个三长两短，那一切都谈不上了，我也预备吞服这一大包安眠药片追随介公。如今柳暗花明又一村，一切又有了希望，布雷又有重生之感了！”说罢把安眠药片往痰盂中一掷，长揖而别：“夫人，布雷告辞，今晚无需安眠药片，托福可以睡一大觉。明天当振作精神指导宣传部工作，夫人如有见教，请随时指示。”说完喜滋滋地走了。

三十八

且说宋美龄正为丈夫担心，陷入极度的痛苦之中，在这个关键时刻，万万料不到几乎绝了交的二姐宋庆龄却对她伸出了援助之手。12 月 13 日，宋庆龄用电话通知孙科，叫他准备飞机，她愿意偕何香凝一同飞往西安，劝说张学良和杨虎城以大局为重，释放蒋介石。宋庆龄的这个举动，给濒于破裂的姊妹之情带来了转机，宋美龄听后大为感动。

宋美龄得知这个消息，立即给居住在广州的二姐拍了封加急电报，表示内心的谢意。宋庆龄接到电报，也回电让小妹不必着急，尽管放心。

再说端纳带着宋美龄的旨令，到达洛阳之后，便急电西安，告诉张学良，他即将专机飞陕。张学良也立刻回电，表示欢迎。

12 月 14 日下午，端纳安全抵达西安。西安并不像他想象的那样可怕，到处是锣鼓喧天，张学良在机场迎接了他。

二人短谈一阵，便引见了蒋介石。

“报告委员长，副司令和端纳顾问见您来了！”孙铭九支起门帘，端纳跨进门槛，直趋蒋介石，两人使劲握手。张学良便立在一旁，寒暄之后，端纳连忙掏出钢笔拟了个电报，交给张学良道：“请你马上派人发个电报给夫人，希望今晚能到达南京。”

“你这是……”蒋介石问道，“何必这么着急，我们还没有开始说话。”

端纳叹口气道：“唉！委员长，真是说来话长。我这个电报是打给夫人的，我是受夫人的委托来的，上面只有一句话：‘我已经同委员长见过面了。’至于以后的电报，当然我们商量后再发。”蒋介石听了一怔，问道：“难道他们以为我已经不在人世了吗？”

端纳尴尬地答道：“总而言之，南京谣言满天飞，把西安说得一团糟，简直没法儿提！”端纳从皮包里掏出宋美龄的亲笔信，道：“委员长，夫人在南京一切安好，您别惦念，这是她给您的信。”蒋介石一把夺过，忙不迭拆开，读到那句“南京是戏中有戏”时，蒋介石再也忍不住了，当着端纳这位澳大利亚人咧嘴笑出声来。

“委员长，”端纳劝道，“现在一切都上了正轨，不愉快的事情绝对不会有了。我先来的前天，就是 12 日那天的情况……”端纳把南京政府，尤其是何应钦如何主张讨伐轰炸西安的事说了一遍，“我同夫人的看法一样，这不是闹着玩的，但反对也没效。倒是和你有矛盾的冯玉祥说了句公正话，大声疾呼地反对动刀动枪。可是他手上没有权，也不能解决问题。谣言满天飞，没有人愿意来西安；愿意来的人又不让来，于是我这个外国人决定冒一次险。”端纳长叹：“其中经过一言难尽。我是昨天 13 日到达洛阳的，又接到张副司令的欢迎电报，今天便来了。在洛阳时，我跟空军说过，如果你们一定轰炸西安，那么除了蒋委员长之外，现在又多了一个端纳，而且夫人、宋子文和孔祥熙他们说不定这两天也要来，我说你们炸吧！空军们说，那怎么能炸西安？不过这是讨逆总司令何应钦的命令……”

蒋介石双目直瞪，眼睛里要冒出火来：“他们竟敢这样胡闹！”

“是啊！”端纳说，“自从前天出事以后，南京就用尽方法使西安与南京之间的交通断绝，尽力设法不使全国民众获得这里的真相，譬如说，在夫人接到我刚才发出的电报之前，他们还以为委员长已经死亡了！”

蒋介石突地俯身书桌，半晌叹道：“汉卿只不过是想对我说话，有什么不可尽言的，没必要把我扣留起来才和我说话，真是胡闹得岂有此理！”张学良把这几句话译为英语告诉端纳，端纳微笑道：“依我的看法，这几天是您最舒服的日子了，您不也是常常把人扣起来才对他们说话吗？”张闻言发笑，不愿意立即翻译给蒋听，端纳也在笑。于是蒋追问：“他说什么来着？他说什么？”

张学良只得说：“我不能把他的话译给委员长听，您将来回到南京再问他吧！”

“回南京？”蒋介石不相信自己的耳朵，“此话当真？”

“只要你答应一个条件，也就是两个字：‘抗日！’，说可以下令抗日，明天我就派飞机送您回南京！”

“你懂，”蒋介石也气愤地指着张学良大声说道，“你懂什么？你太信任共产党了，你说知道我同共产党的血海深仇，今天你把我弄成这个样子，说不定共产党今晚就对我下手！”

张学良听蒋这么说，忽地仰天大笑，声震屋宇。笑得蒋介石同端纳莫明其妙，以为大事不好，定有突变，张学良突地收敛笑容，严肃地说道：“报告委员长，共产党已到西安来了！”

蒋介石身子一抖。

“而且，我已经同他们见面了！”

蒋介石整个身子瘫软在太师椅上。

“而且，我们已经同中国共产党军事委员会副主席周恩来、中国共产党东部红军参谋长叶剑英、中国共产党西北区苏维埃政府主席博古三位代表，在今天上午发表过宣言了！”

蒋介石眼睛紧闭，靠在椅背上直喘粗气。

“我们的确谈过委员长的安全问题！”

“你们怎么说？”端纳立即发问。蒋介石惨白的脸上泛着汗，合上的眼皮再睁开，呼吸更急促，喉间犹如装了个风箱。

“报告委员长！”张学良说道，“我说出来，您一定又不相信的。”他一字一顿：“中国共产党对于西安事变的政策，是要争取一切可能的力量转移到抗日战场，只要你答应抗日，就给你一个自赎的机会！”

“啊！上帝！”端纳像放下千斤重担似的轻松，“我这一次西安之行，成绩太美满了！”他奔过去执着蒋介石的双手：“委员长，我给你道贺，无需多久，我们就可以回南京去了！”

“我同共产党有血海深仇，鬼才信他们会放我。”蒋介石摇摇头。

三十九

腊月的南京，寒风逼人。

混乱不在于西安，而在于南京。如果说西安一切都有秩序的话，南京则乱了方寸。政委会上，气氛异常紧张，到了剑拔弩张的地步！两派势力互不相让。

国防部长何应钦在会见日本大使时保证，对西安的讨伐将按计划进行。在这个微妙的时刻，孔祥熙的表现使人感到，在任何特定时刻都不能过分信赖他。他在向全国广播透露轰炸西安计划的讲话中赤裸裸地说："虽然我们都渴望解救委员长……但是我们的态度是，不能允许一个人的个人安全妨碍……这个不寻常的事态竟然发生在西安真是令人痛心。"

宋子文表示他要亲临西安，何应钦气急败坏，他愤怒地命令宋子文不要插手这件事！

"要知道，我是个不担任公职的平民，不是军人！"宋子文冷静地回答他。

宋美龄，作为第一夫人，大将风度，平息了这场激烈的争论。她答应如果何应钦不再干涉，她就不同宋子文一道去西安。

宋子文没有拖延，先于宋美龄登上了一架租来的飞机。

蒋介石在床上抬头看见宋子文走进他的卧室，吃惊得说不出话来。宋子文把宋美龄的信交给他。信上说："如果三天之后，宋子文还没有返回南京，我就到西安来和你生死与共……"委员长心软了，一日夫妻百日恩，百日夫妻才知心，眼泪像断了线的珠子涌了出来。

宋子文使了个眼色，示意少帅和端纳回避一下。

他们的单独交谈延续了半小时之久。

除了其他事情之外，蒋介石对宋子文说，绑架他的人在看了抄查到他的日记后改变了对他的态度，因为日记上面表明，他的最终目的是保卫中国抵抗日本。然后他重复了端纳的警告：最严重的威胁不是来自叛军而是来自亲日派。

那天晚上，宋子文同少帅一起来到蒋的住房，进行政治上的激烈讨价还价。他们一致认为，机不可失，时不再来。必须趁宋子文在这里期间办成要办的事，否则对他们来说一切都太迟了。

宋子文也带来了一个令人振奋的消息。经他和夫人调解，南京各集团达成了休战三天的协议。但是他们只给予三天期限。至于宋子文的皮包里还有别的什么向他的妹夫施加压力的计划，那从来没有泄露出来。但是，他仅花 24 小时，而不是三天就说服了蒋勉强同意“叛军”提出的最重要的几项要求，简单归纳起来：一是改组国民政府；二是建立抗日统一战线；三是停止内战。蒋介石坚持必须首先释放他，然后协议才能生效。

不管宋子文是否参与了使委员长陷入这场危机的阴谋，他肯定曾经鼓励少帅“采取一点措施”。其结果正是他在 1933 年被蒋打了一记耳光以来的三年里一直谋求的。但是，时钟仍在滴答滴答地走着，在委员长脱身之前还有一个复杂的问题有待解决。宋子文和端纳迅速返回南京。他们又昼夜兼程陪着第一夫人带着秘密警察头子戴笠飞回西安。

蒋介石从床上艰难地爬起来，小心翼翼对着镜子整理一阵，如果真的是“她”来了，她是十分注重礼节，不允许蒋介石有衰老颓唐表现的。而宋子文、端纳走时，也曾说过，必要时她会出现在西安古城。

蒋介石伸长脖子望着，长短针快在“6”字上垂直的时候，门前汽车声震天响，一连串“敬礼”的口令声中，张学良一马当先，大步进来。后面一个全身黑色一步一扭的女人紧跟着，宋美龄真的来了。

宋美龄、端纳、蒋鼎文、张学良、宋子文等一个个跟着进来。只见宋美龄走到他面前，略一端详，便回过头来笑道：“他气色还好，他的安全千真万确。伤在哪里，给我瞧！”

蒋介石淡淡地答道：“还好，回去再找医生吧。”

“哦，”宋美龄皱眉道，“没有医生替你看伤吗？”

张学良连忙接嘴：“有的，大夫每天替委员长换药、开方。”

“那就好。”宋美龄一脸笑，“我知道你们不会亏待他的。”边说边要大家坐下，东指西点，犹如一个主妇。蒋介石低声问道：“你来干什么？这里很危险，不是个太平的地方。”

“危险？”宋美龄耸耸肩膀摊摊手，“你不是更危险吗？可是并没有少掉一条胳膊。”室内一片低沉的笑声，她再扭过头去问道：“我这次来，你们没想到吧？”

蒋介石微笑道：“我早知道了。”

“哦，”宋美龄一怔，“何敬之来过电报？”

蒋介石摇摇头：“今天早上做早祷，在《耶利米书》第三十一章中说得明白，耶和华将由一位妇人之手显示奇迹。”

在座人等一齐发出赞叹之声：“委座可真了不起，有先见之明。”宋美龄瞅一眼宋子文道：“瞧，人家说他道行不深，今天你可亲耳听见的，他已经悟到了。”

这时，宋美龄把一个小东西放在他的手里。这东西很小，他握在手里。蒋做出摸脸的姿势，把手举到嘴边，然后把脸转向客人，向他们露牙而笑。这是他11天前没戴假牙出逃以来的第一次微笑，细心的宋美龄带来了他备用的假牙。

扯过一阵，张学良告辞。

蒋家夫妇同宋子文三人坐定，这才言归正传。先由宋美龄把南京情形说了一遍，结尾道：“我今天在洛阳耽搁一阵，已经命令空军千万不能轰炸西安，他们答应了。陆军方面，真的听从何敬之的没有几个，他们发动不了攻势。问题是夜长梦多，我们应该尽快离开西安，回到南京，不让姓何的再有搞鬼的机会。学良他们不是要求抗日吗，就要真真诚诚地答应他们，总之为了争取一切可以争取的时间。”

“那正式代表不来了？”蒋介石有点失望，沉吟一会儿，“不过你同子文两个也足以代表政府了。对日抗战我口头上已经答应，明天他们也一定召集会议，你们在会议中算是见证人好了。旁的我看也不至于有问题。”

第十一章
救夫抗日

“只要抗日，他们真的会放人？”宋美龄问。

蒋介石点点头。

“南京三番五次传说你已经死了。”

蒋介石苦笑。

蒋介石透口气道：“子文，据你看，明天我们答应了这些，还有没有问题？”

“我想不会有。”子文满有信心。

“好，”蒋介石以拳击桌，“那我们首先讨论一下，如果他们有条件，我们该答应到什么程度？”

……

第二天（12月23日）早晨，委员长同宋子文、端纳、宋美龄、戴笠，和少帅围坐在一张桌边，蒋夫人的厨师为他们泡茶。那一天以及第二天、第三天的好多时间里，除了他们参加谈判外，军阀和军阀代表不断地来来往往。最令人担忧的是当地的铁腕人物杨虎城和支持过这次绑架行动的邻近地区的指挥官们。圣诞节前夕，少帅向宋美龄报告说：“杨和他的部下不愿释放委员长。他们说，由于子文和夫人对我不错，我的头能保住，可是他们的头保得住吗？他们现在怪我不该把他们拉进这件事。他们还说，由于我们的条件没有一条得到明确的接受，因此如果他们现在释放委员长，他们的处境就会更糟。”

后来，杨虎城也被周恩来说服了。这是一场交易。戴笠同意释放某些政治犯，并且发电报下达了指示。对杨和他的军官们的人身安全做出了口头保证。委员长原则上接受了所有八项要求，不过他拒绝采取书面形式，坚持仅仅当着他夫人和姻兄的面做出口头保证。他实际上是说，一旦对这两个人许下诺言，他绝对不会背信弃义。但是，聪明的子文是知道的，蒋介石是很少履行诺言的。

情形是这样的微妙。

微妙的问题犹如西北高原的风沙和雪花，在寒彻的天空中没头没脑地撒落下来。蒋介石甚至记不清怎样在热烈的掌声中退回房里休息，宋美龄又向他唠叨了些什么。他只觉得头昏脑胀，胸部发闷。

来拜访他的客人都因为蒋介石突告不适而悄悄退回，只剩下宋美龄陪着他。宋美龄受不了炭火盆发出的热力，嘟囔道："又在想什么？还不设法早点回去。这里没有水汀，又不见抽水马桶，烦死人了！"

蒋介石无可奈何地透口气道："今天，我已经把支票开出去了，我想他们会接受。看样子，我们回到南京，也就是这两天的事，急什么？"

"你当然不急啦！"宋美龄把手提式打字机往桌上一放，"可是你不知道，外面的空气好微妙。谣言我当然可以不信，但有一点顾虑可不能不使人着急。有人说：万一弄不好，共产党会把你搬到延安去。如果真是这样，现在我也在这里，不是既赔夫人又折兵吗？"

蒋介石皱眉道："我还以为有什么大事情，原来是彼。那怎么可能呢？共产党真要把我搬到延安，用不着等到今天，他们早就可以动手。"

"如果为安全担心，我也不会来了。"宋美龄滴滴答答开始打字，"问题是到这里以后，不知怎的心里总有点嘀咕。"

蒋介石见她打字，便问："你在忙些什么？"

"还不是为了……"宋美龄咽了口香糖，"大使馆要了解西安的情况，外国通讯社也早已问我要一点东西，我在准备稿子。"

"你打算说些什么呢？"

"我？"宋美龄双手按在桌上，"还不是要大大地替你宣传一番。说张、杨如何如何恭敬，共产党如何如何服从，你的训话又如何如何诚恳，答应的条件又是如何如何动听……"

"慢着，"蒋介石暗吃一惊，"有两点你千万不能提。"

“哪两点?”

“我答应的条件千万不能提，我们同共产党来往不能提，你懂吗?”

宋美龄一怔，随即皱眉道:“懂，懂，不过有几个问题可不能不回答他们。”

“什么问题?”

“比如说，他们问，共产党曾经提出条件，要南京拿几千万元把你赎出来，钱付过了没有之类等。”

蒋介石不再追问，瞧她滴滴答答打了几行字，心里真佩服这个贤内助，便低声说:“我的达令，现在有一件极其重要的事情同你商量。张学良这小子胆大包天，把我弄成这个样子，这口气实在憋不住。如果他把我杀了，那当然什么都不用提了，但现在我还活着，而且马上就要回到南京去，问题就来了，我的、你的、我们大家的面子给他掷到什么地方去了?”

“我有办法叫他跟你回南京。”宋美龄蛮有把握。

“什么办法?”

“无可奉告。届时你就看我的啦!”宋美龄嫣然一笑。在蒋介石的眼里，如今的夫人在政治上成熟得多了!

“好，我们一言为定。”

四十

两党谈判在激烈地进行着，中国共产党的代表周恩来同志亲自会见了蒋介石。少帅把周恩来介绍给蒋夫人宋美龄时，他表现得温文尔雅。

周恩来同志在24日和25日分别同蒋介石会晤了两个小时，主要是周谈话。由于他们曾经在黄埔军校共过事，周对蒋以“校长”相称。蒋介石后来提到这次会见时说，周是他认识的“最通情达理的共产党人”。他还在另一个场所深情地感谢周恩来，他说“你帮了我的忙”。他提到周为释放他向铁腕人物杨虎城说情，并且说服杨应当接受子文提供的钱而流亡国外。周恩来以这种办法出力拯救了蒋介石的生命。显然，周恩来是以中国共产党政策为前提，即要想建立抗日统一战线，必须尽可能多地吸收国民党右派参加，而要达到这个目的只能争取蒋参加进来。

周恩来对国情了如指掌，也给蒋夫人留下了深刻的印象。据说他有一次对她说，在抗日时期，在国家生存攸关的这个时期，“除了委员长没有人能够领导这个国家”。周一向是一位灵活而又讲究原则的布尔什维克，他当时还说：“我们不是说委员长不抵抗侵略，我们是说他抵抗得还不够坚决，或者说行动不够快。”蒋夫人回答说，将来的一切内部问题必须以政治手段而不是用武力解决。她对他说：“我们都是中国人。”

谈判是真理与谬论的对峙。

谈判犹如旋风在激烈地进行着。桌上桌下，白天黑夜，战友亲属间……直到25日中午，宋子文与杨虎城、张学良与宋美龄间，大体上已把蒋介石所答应的条件反复商量、斟酌完毕。宋家兄妹在代表们面前无非是斩钉截铁、极力保证只要回到南京，一定可以使蒋介石实践诺言。对方倒很坦白，说并不是以小人之心度君子之腹，实在是侍候蒋介石已非一日，对他的诺言不敢轻信。即使张、杨能够信任蒋介石的信用，但东北军和西北军中的高级官长们，都在表示怀疑，他们甚至向张、杨二人血泪陈辞，说如果不是存心出卖他们这些弟兄，就应该同宋子文等谈个明白，然后放人。

宋美龄终于在西安过了半天的圣诞节，虽然没有盛大的宴会、众多的外宾，但上帝对他们宋家也不能说不宽厚了。

蒋介石听说谈判结束，心中倒反而嘀咕起来。他不是怕西北方面不让他成行，而是怕南京方面有如张学良那天晚上告诉他的："随时随地想要他的命。"

蒋介石看看表，低声问宋子文道："你问问他们看，这个时候起飞，有无危险？他们有无保证？"

宋子文皱眉道："人家向我们要保证，吵了这么几天，好不容易解决了；现在你向他们要保证，好，万一出个差头，再拖上几日，拖出个变化来，你说合算吗？"

"这个，"蒋介石想了想，"唔，这个……"

正沉吟间，张学良来请道：

"报告委员长，今天下午，咱们要走了，代表团们为了欢送，已经备下酒席，请委座、夫人、宋先生赏光。"

"走？"蒋介石一怔，好像怀疑自己听错了，"你也去？"

"对，我和你们一起回南京。我和夫人已经说好了，说我有诚意，就要一块去南京。"张学良道。

"关于酒席，你就说我身体不好，谢了吧。"蒋介石推辞道，"下午就要走，我……"

"是啊。"宋美龄噘着嘴说，"我恨不得马上就上飞机，昨天晚上的南京你说要多热闹就有多热闹！……"

"不。"宋子文反对道，"我们应该参加，这是最后一个宴会，不去不好。"

四十一

下午3时许，沉寂多日的西安机场如今又欢腾起来。机场四周都挤满了黑压压的欢送人群，军乐吹打起来，煞是热闹；共同抗日的标语，横空悬挂起来，口号声伴着军乐在机场回鸣……

蒋介石面如灰色，皮袍、大氅、呢帽、手套、毡鞋，穿戴很多，右手捏住了宋子文的大衣，左手抓住了宋美龄的手臂，三人走进候机室，恨不得立刻钻进飞机，破空而去。蒋介石急得什么似的，低声对宋美龄道："这事情也怪！汉卿怎的不露面？他去不去南京是另外一回事，可别受了部下要挟，不把我们送回，那才糟哩！"

"是啊！"宋美龄也是这么说，"我也是这样想的。"

说话间，只见少帅张学良正领着一大堆人匆匆赶来，大步跨进候机室里。一见宋子文便爽朗地笑道："杨虎城先生一清早便在飞机场警戒，特地拜见委座并送别。"

宋子文忙不迭地摆手道："请请。"

蒋介石早已听得明白，微微点头，算是答理。杨虎城背后跟着东北军、西北军高级官长，分两行站着，一个个身高马大，全副戎装，短剑长靴，煞是威风，尤其是一双双眼睛注视着蒋介石，蒋介石不由得打了个冷战，摸索着起立，哈着腰杆，龇牙咧嘴道："这个，这个，你们辛苦了。"

杨虎城代表大家致词："委员长回京之后，更比我们辛苦，为民族，为国家，一切请多珍重。"

听到"民族国家"，蒋介石心头一慌，心想这话儿又来了。宋美龄就从口袋里掏出一张纸来，张、杨等人以为是给蒋介石大概定了一个精彩的训词，不料却变成了宋美龄演说词：

> 蒋先生绝对不会忘记，答应你们准备抗日；陕甘宁青新五省交给张学良、杨虎城两位负责；东北军与十七路军每月500薪饷，按月由中央发给；停止"剿共"，红军改编、简编问题由张学良负责；所有参加西安事变之人员一概不究。同时答应红军代表团，日本如果侵入华北，必须

抗战。划陕甘18县、宁夏3县，共21县为边区自治政府，由中央管辖。中央承认红军改编成三军；中央逐月供给军政费国币68万元；如与日本开战，中央每月供给枪弹800万粒。以上各条在手续上须经行政院通过，并宣布全国。

蒋介石跟着对众将领说：“你们这一次的事情，是做得很冒失，幸好觉悟尚早。一切主张既经考虑接受，过去的也就不必再说了。今后只当它没有这件事算了，大家安心训练部队就是。”

众将领闻言都感到蒋介石变了，沉默间，杨虎城说道：“时候不早了，请委座、夫人、宋先生上机吧。”他扶着蒋介石诚挚地低声说道：“委座请放心，这里一切都很安全，要不然不会让几千个人进入机场欢送您。”

无论杨虎城如何解释，红军代表团、东北军代表团、西北军代表团诸人如何热烈地同蒋介石握手送行以及两三千欢送人等的呼喊，蒋介石都听不清，看不明了。他只希望立刻踏进飞机，立刻起飞，离开这个使他深恶痛绝的地方——西安。

蒋介石匆匆忙忙走上飞机，他不记得如何坐上为他特设的沙发。欢送者挥舞着围巾、帽子与手套，这使他眼花；欢送者高呼“欢送蒋委员长返京抗日！”这声音却变成毒蛇似的在咬啮着他。蒋介石瘫软在沙发里，思潮起伏。

飞机迎着朔风行进在西北高原上，掠过崇高的秦岭，之后迎来了嵯峨的华山，紧接着伏牛山脉在望；渭水尽头地面出现了巨蟒似的陇海铁路。这些山川河流，乃至阳光云雾，不但引不起蒋介石的开阔之感，相反地使他感到不安。他默看了坐在自己身旁的夫人宋美龄一眼，宋美龄正在打开耳机听音乐。难得的第一夫人，是她平息了南京政府的内乱；是她挽救了自己的生命……

飞机在云层里穿行。宋美龄突然大声喊：“我们不耽误回南京过新年哩！”

蒋介石哈哈笑了:"过新年，我送你件最好的礼物!"

"什么礼物?"

"届时你就知道了。礼物代表着我对夫人的敬仰!"

在以后的几个月里，委员长的幸存被他的崇拜者说成是一个巨大的胜利，把世间的一切好话都说尽了。卢斯适时宣布：委员长与蒋夫人是 1937 年的杰出人物。他把他们的照片印在 1938 年第一期《时代》杂志封面上，作为"新闻人物伉俪"。宋美龄当时成了更引人注目的国际名人。据美国外交官约翰·帕顿·戴维斯说，中国的这位第一夫人在西安表现出"具有一种要是在前一个时代就会把她推上皇位的气质"。称她是力挽狂澜的中国第一夫人!

若干年后，蒋介石在私下会晤他的嫡系官员时透露，在那次谈虎色变的"西安事变"中，夫人给了他一条命。他和她没白做夫妻一场。

第十二章

抗日前线

宋美龄的功绩莫过于抗日，宋美龄的爱权也莫过于抗日。在抗战的最初年代，她任空军秘书长，人称“航空司令”。为了捍卫中国的制空权，作为一位军人，凭着她那美雅的姿仪，娇小的体态，把这场反制空的“戏”演得惟妙惟肖……

——题记

四十二

1937 年 8 月，上海。

那一天，西方的天际还挂着灰色的帷幕，东海之滨的上空已泛起淡淡的玫瑰色的曙光。按经验讲，这是黎明时分，马路上阒无人迹，笼罩着不祥的气氛。

在黄浦江畔，彻夜未眠的中国士兵荷枪实弹，警惕地注视着江中的日本军舰。而在各国租界的路口，全副武装的外国士兵匍匐在沙包筑成的路障后面，枕戈待旦。近月来，由于局势的动荡，各国领事馆的家属早已陆续疏散。

天亮后不久，一大片一大片的火光掠过天空，震天动地的炮声撕裂了晨霭，在震耳欲聋的坦克和装甲车的重压下，碎石铺成的路面惊惶不安地颤动着。一队漆着太阳徽的飞机贴着江面飞来，抖抖翅膀，扔下一颗颗重磅炸弹，停泊在黄浦江中的日本海军“名取”、“鬼怒”、“川内”、“由良”号巡洋舰也一齐开火，顿时，繁华市井化为一片火海。

上海的天空，一片燃烧的天空。

大上海的保卫战开始了。

一群群市民，在中国军队的掩护下，奋不顾身，顺着街区往前奔跑，奔向枪声最剧烈的地方。

胳膊上缠着红十字标记的年轻护士，平时手无缚鸡之力，今天却一个人扛起了担架；刚从工厂里出来的工人，顺手抄起太平斧，端起锋利的钢钎；无法读书的大、中学生，挨家挨户募集门板、棉被，送往市郊加固工事。戴眼镜的教书先生，把长袍掖在腰上，不顾吱吱横飞的流弹，跳上方桌，发表慷慨激昂的演讲。

第十二章
抗日前线

越来越多的市民涌上街头，汇成了一股股汹涌的人流，涌上前方。恶狠狠的叫喊声、咒骂声、命令声此起彼伏：

“到闸北去！到闸北去！”

“杀尽鬼子！杀尽鬼子！”

“鬼子不投降，就叫它灭亡！”

“叫当官的给咱们发枪！给大片刀也行，老百姓也能打仗！”

“保卫大上海！上海不能失！”

人们的呼喊声压倒了机枪的射击声，压倒了坦克的履带声和迫击炮弹尖利的爆炸声。几艘冒险驶入苏州河的日本汽艇，还未抛锚，便连人带船被平射炮弹掀翻在江中。那些落水的日本海军陆战队的士兵，刚从水里冒出个头来，眨眼间便被岸边扔过来的石条石块砸成了肉泥，喂了河里的鱼虾。

日本海空军发狂了。

从巡洋舰“出云”、“川内”号上起飞的九二式水上攻击机，犹如大雷雨前的扑灯蛾，不顾死活地窜进上海市区上空。它们那宽大的机身，几乎擦着美丰洋行的屋顶，见人就往下撂炸弹，见工事就往下扫机枪。

苏州河岸上蹿起更多的火苗，四下蔓延，烧得枯焦的洋槐树上挂满了断臂残肢，暗红色的血液在马路上流淌……

偌大的祖国没有制空权。

上海遭空袭。

上海人无处藏身。

一封又一封的加急电报发出去：

“南京。南京。航空委员会……”

四十三

南京。航空委员会的办公厅，设在古木参天的孝陵卫的一幢别墅里。古色古香的别墅里，圆形的会议桌上，放着一叠从上海发来的加急电文。桌周围坐着主抓工作的要员，他们的眼睑因熬夜而显得浮肿。房间里充满了烟味，连主持会议的周至柔都受不了，他站起身来拉开黑色的防空窗帘，推开了一扇窗户，东方已现微微曙光。

由于国防落后，中国空军在20世纪30年代初期方才筹建，从黄埔军校六期学员中挑选了一批人在南京成立航空班，并在军政部下面设置了航空署。抗战爆发的前一年，才成立了航空委员会。

若不是中国第一夫人宋美龄自愿献身于航空事业，四处奔波，呼吁各国援助飞机和航空设备，中国的航空事业还不知比现在要落后多少年。这些事情都是到会者有目共睹的。眼下，大家心里谁都清楚，虽说在航空委员会注册的各种杂牌飞机有500架，其实真正可供作战的不足百架，许多飞机早已毁坏，却未从簿册上注销。

因此，每次航空委员会例会，大家都一筹莫展，拿不出一个切实可行的方案，只能零星地派一些飞机去参加上海的保卫战，以解前方燃眉之急。然而这毕竟杯水车薪，解决不了根本问题。每次日机入侵上海，都能轻易得手。所以上海方面要求制空权的呼声特别高涨。本来已经开过一次会议，今天又开，大家干坐了大半夜，在座者却不大发言。主持会议的周至柔也感到沉闷，一想到天明宋美龄要听汇报，便如坐针毡，他不得不点名叫下属发言。

“邦初，”周至柔招呼说，“你是航空界的元老，对空军的状况了如指掌，我想你对目前这种局面会有些新的想法。”

“你要我直说出来吗？”副总指挥兼侦察机司令的毛邦初疲惫不

堪，用干涩的嗓音问道。

周至柔默不作声地点点头。

“那好！”毛邦初挺起腰板，用手拂去桌面上的烟灰，“我不说你也知道，这个仗不好打，今天损失三架飞机，明天损失五架，总有一天咱们那点飞机都得报销。倘若近期内再得不到及时的补充，我看这个空军总指挥部就得关门大吉！”

“还有更糟些的哩！”参谋长张有谷插话说，“你们不妨设想一下，等淞沪抗战结束，民众知道飞机都在我们手里玩光了，航空委员会的大门前还不得闹翻天？我看咱们还是预先准备证词吧，到时好上法庭开脱罪责！”

周至柔沉下脸：“诸位，你我都是军人，军人的职责是绝对服从。上级叫咱们做什么，咱们就做什么。我会把问题向宋秘书长汇报的，今天还是重点研讨一下援沪的作战方案。上海方面的电报就不止一捆啦！”

“得啦，饶了我们吧。”毛邦初从桌旁站起来，替自己换了一杯热茶，烦躁地抱怨说，“别冲我们发脾气，总指挥，我只是希望让你睁开眼睛，注意一下我们已经没有多少飞机可派的困境。”

周至柔默默无语。

毛邦初却意犹未尽，一个劲儿接着往下讲：“空军缺少经费，零配件供应不足，航校招收学员太少，飞机的机种格外陈旧过时……”他一口气说出空军当前存在的十几个难办棘手的问题。

说着说着，毛邦初一拳砸在桌上，手背上都震出了血。

这时值班参谋走进来，又呈上一份十万火急的电文：上海守军要求空军火速增援！

周至柔无力地放下电文，用手揉着两侧的太阳穴。

窗外传来凄厉的警报声，突然南京城也遭到日本轰炸机的空袭。连孝陵卫的松林，轰炸机也丢下了几颗炸弹，瞬间爆出摇曳不定的火光。隔窗望去，那颤动的火光显得缄默而凶狠。航空委员会的官员们不再讲话，茫然若失地隔窗注视着燃烧的天空。

四十四

“宋秘书长到!”随着卫士的通报，航空委员会秘书长宋美龄领头走进了会议室，在她的身后，簇拥着好几位新近聘来的美国空军顾问。他们分别是陈纳德中校、艾利逊中校、希尔中校、阿康纳少校等。

今天，宋美龄换穿了一件月白色的旗袍，领口处那该别领花的地方，端正地别了一枚孔雀蓝色的空军徽章。她笑容满面，袅袅婷婷地走到会议桌旁，放下系在腕上的小黑皮包。连日的愁云从她脸上一扫而光。

宋美龄作为秘书长，她是深知空军的实情的。今天她虽然没有到会，但是那些老生常谈的问题早听腻了。她是位务实派，她有这样的信条：光说不做，等于白说。说得漂亮不如做得漂亮。为此，在她走马上任那一天起，她已把空军的首当其冲的要着手解决的13个问题，按照轻重缓急的原则列出，分别记在她那黑皮包里的小本本上了，并且全是用英文写的。不过，解决问题不能操之过急，得让她有一个过程，但这过程又不能过长。为此，她从西安事变后，曾有一段时间，起早忙夜，废寝忘食，尤其是近一段时期，战争迫在眉睫，她一再叮咛自己，加快办事效率。她把对丈夫的忠贞和对事业的忠诚联系起来，表现在胜任自己的本职工作上。笔者在翻阅资料、查找这段经历时，深深地被她那女人对丈夫的忠诚所打动。蒋介石的功过且不论，但作为一位女性，她把丈夫的事业看成自己的事业，丈夫所要想的，她首先替丈夫想到；丈夫所要做的，她身先士卒；丈夫感到特别棘手的问题，她百般周旋；丈夫需要休息，她把枕头及时递了过去；丈夫烦躁的时候，她能笑脸相迎，并且打开音箱放出一曲轻音乐。

“这是杭州发来的电报，杭州也遭日军空袭。”宋美龄把电文工工整整地放在圆桌上。等大家就位后，抬腕看表后又道，“这次会议我是迟到者。你们是夜间两点开的，到现在已是7点，整整五个小时了，方案拿出来没有？我的总指挥。”

“这，这——”周至柔有些难言之苦。眼下，他只得逢场作戏了，又道，“大家提了很多方案，意见不统一，赶好秘书长来了，不然我们还要请您哩。空军详情您最了解，想听听您的高见！”

“噢！弄半天，你们连方案也没拿出来。基于现实，没有好的方案，怕也有差的方案吧。大敌当前，十万火急。不拿出个方案，会让人家说我们航空委员会这帮人只会吃干饭。你们说是不是？”宋美龄显然不满意。

“宋秘书长已经说了，把你们的方案和意见都说出来，好不好？”周至柔有些尴尬。

一阵沉默。

“刚才，你们还一个个慷慨激昂，这时候，让你们发言，你们却鸦雀无声了。”周至柔又引导道，弦外之音，表示对他的部下刚才的发言不甚满意。

又是一阵沉默。

“夫人，我不说你心里也最清楚。咱们航空委员会有多少架能用的飞机，你不会忘记吧！”毛邦初呷了一口酽茶，润了一下喉咙，以空军元老身份自居，向宋美龄提出了质问。他本想用“秘书长”这个敬称，不料话到嘴边却成了“夫人”。

“邦初，我一向尊敬您，因为您是元老。今天您首先质问我，我并不怪你。不过这里有我的责任，难道没有诸位在座的责任吗？我知道现在我们空军正处于起步状况，百废待兴，困难不少。难道我们就被这些困难吓倒了吗？对待困难的态度，应有两种，正确态度是要正视现实，空谈当不了饭吃，要勇于克服。然而，我们飞机装备的陈旧，却远远不及我们思想的陈旧！”宋美龄尽量克制自己，把语气变得平缓。

“有些问题，你作为秘书长，不是不知道。关于书面报告，我们哪一年没有向上级报告。可是又有什么用？在那些大人物的眼里，空军只不过是检阅时的仪仗队，这么长时间过去了，一点准备都没有。”毛邦初据理不让。

“邦初，你目前要我怎么办？请你全把气话说出来，好不好？”宋美龄心平气和。

“说出来就说出来。”毛邦初也是痛快人，立时又道，“别的问题不谈，现今当务之急是缺少能用的飞机。我们也知道政府的困难，不要多，按咱们航空委员会年初报告的数字落实，100 架好不好？有了这些飞机，我愿请命带机作战。”大家一阵掌声。

在座的无不佩服毛邦初这种胆识。因为他将了夫人一军，灭了她的威风，憋了一夜的闷气，这会儿，心口是感到痛快了。

“邦初的意见很好。在座的，你们也都说说。”宋美龄用她那敏锐的目光扫了一周说。

“邦初的意见也是我们的意见。”张有谷道。

“有了 100 架飞机，日本轰炸我们，我们何不去轰炸他们。”程烈也应声附和。

……

“大家没有要说的了吧？如想说还可以再说，没有说的我可要说话啦。我希望我说的时候，你们不要打断我的讲话好不好？”宋美龄道。

“大家没什么再说的啦，请宋秘书长总结吧。”主持会议的周至柔征求一下意见，尔后把脸偏向宋美龄道。

“今天的会开得不错，要说没有方案也不是真的。你们的意见很一致，怎么说不一致呢?”宋美龄欠了欠身子道，“大家不是说要补充 100 架能作战的飞机吗?这个工作我已经替诸位在座的想到了，并且做到了。现在我可以正式告诉大家，这 100 架飞机和 2000 万美元的巨款，我已经筹来了，已经和美国政府签订了合同，在座的陈纳德和他的诸位战友可以作证。”大家又是一阵暴风骤雨般的掌声。

“宋秘书长刚签完合同就来了。”陈纳德站了起来，用他那甚不流利的中国话道。接着，他又举起大手解释说：“宋秘书长是好样的。为了战争，为了装备空军，她和她的姐姐宋霭龄，倾其所有，把自己所有精力和财力皆投了进去。我为蒋总司令有这样晓知大理的夫人而感到荣幸!”

“纳德，莫说了。我作为中国的一位公民，不在乎别人表扬两句。出点血算什么！况且那些钱也不是我自己挣来的，只是从父母大人那里继承下来的。应该献给人民，特别是大敌当前，每一位有良知的中国人，我想都会这样做的。”宋美龄说到这里，抬腕看了看表，马上转入正题道，“外地炮火不断，我们不能老坐在这里开会，长话短说，关于援沪作战方案一事，我已经和纳德商量好了，请他指挥。这次战斗，关系到民族的生死存亡，希望大家有钱的出钱，无钱出力，同舟共济，不能儿戏！我的话完了。”

大家报以热烈的掌声。

“讲得好，做得漂亮!”

“夫人，有您这百架飞机垫底，我们算是吃了定心丸!”

……

四十五

航空委员会的援沪作战命令立即被执行了。

南京机场平整的跑道上，远远看去就像一条不断蠕动的银灰色的长龙；霍克三式、霍克七五式、伊尔十五式、伊尔十六式，各式各样的轰炸机、战斗机风驰电掣地不断起飞，一架接一架腾空而起。

所有的飞机起飞后，大张旗鼓地飞过孝陵卫航空委员会驻地上空，然后消失在东南方的天际，留下沉雷般的噪音。

此时，位于东海海域的日本海军第三舰队的“凤翔”、“龙骧”、“加贺”号航空母舰，已经开舱，一大群九六式舰载机从母舰上起飞，立即升入空中，编成一个个前三角式的队形，相互靠拢，犹如一群可怕的煞神。这些机群飞抵上海后，又化整为零，分头袭击各自的目标。按战术术语讲，这叫波浪式战法。

日机临空，对中国的第一大城市上海狂轰滥炸。上海笼罩在硝烟之中。大团大团的白色烟雾随着东南风不停飘动，九六式轰炸机像鬼似的在硝烟里时隐时现……

伏兵出现的一刹那间是最可怕的。透过舷窗，日本飞行员发现密密麻麻的中国机组迎面扑来，曳光弹像是长尾的大鸟，拖着串串火花，织成一张巨大的火网。

“拦住它，别让它溜掉!”

“开火！让它见上帝!”

长机上陈纳德通过对讲机向他的伙伴们发出命令。然后他踩大油门，奋然闯入敌机群，当即开火击落日机两架。接着，中国空军第四大队全体出动，围攻九二式舰载战斗机，又击落日机五架。其第六架日本轰炸机见势不好，胡乱扔下炸弹，疾疾向东返航，结果，又被我机拦头截下，一阵炮火，日机中弹负伤，拖着长长的硝烟，坠海爆炸。

我伊尔式战斗机的齐射荡尽了所有的抵抗，顷刻间 18 架日本轰炸机仅有 3 架溜掉，其余的全部被击落。从长江入海口至东海，到处都可见到这些日本轰炸机的残骸。这次空战沉重地打击了日本侵略军不可一世的气焰。

宋美龄得知胜利的喜讯，连忙以航空委员会的名义向陈纳德和他所指挥的“飞虎队”表示祝贺，并发表了贺词。私下里声称要请他们聚聚餐，把美国援军司令史迪威将军也要请来。

第十三章
血浓于水

在国难当头的时刻，为了抗日，宋氏三姊妹摒弃一切政治观念，终于出现在陪都的街头……贡献自己的力量。

——题记

四十六

第二次国共合作后的1940年4月的一天。

香港启德机场。一架载着宋氏三姊妹的专机，在严格保密的情况下滑向跑道，逐渐加速，然后像离弦的箭腾空而起，向远方的山城重庆飞去。

白云托着飞机，飞机在云雾中穿行。

飞机上升到8000米高空，机身拉平后，向来以“活泼开朗”自称的宋美龄，便邀两位姐姐打桥牌。两位姐姐欣然允诺了。前舱里不时地爆发出三姊妹的朗朗笑声。

自从1927年蒋介石背叛大革命，背叛孙中山先生倡导的“三民主义”，大肆屠杀共产党人之后，宋庆龄便与她的那位妹夫和妹妹分道扬镳，几乎断绝了往来。若不是参加国民党的中央全会，宋庆龄对蒋介石连见都不想见，偶尔面对面碰上了，也只是点点头做做样子。每当宋美龄提出姊妹团聚，宋庆龄即便同意了，也要选择蒋介石不在官邸的时候前往，否则就不出席。

然而，1937年的“七七事变”后，日本帝国主义大举出兵侵略中国，形势发生了很大的变化。日寇铁蹄所到之处，奸淫烧杀，无恶不作，无数城市和乡村变为废墟，千百万中国人民惨遭杀戮。在“西安事变”中，在中华民族面临生死存亡的紧要关头，由中共积极倡导，促成了第二次国共合作，展开了全民性抗战。上海、南京、武汉的相继失守，国民政府不得不由华东迁至西南山城的重庆。这叫“中华民族发出了最后的吼声”，我们已经无路可退了。

随着国共合作的深入，以爱国著称的宋庆龄终于在公开场合露面，并且跟宋美龄、宋霭龄一道合影，表示支持国民党合作抗战的立场，她的脸上也荡起了久违的笑容。

三年来，宋氏姊妹为了神圣的抗战事业走到一起，并肩合作，做了一些于国于民有益的工作。宋庆龄在香港发起组织了保卫中国同盟，争取国际舆论对中国抗战的同情和支持，募集抗战最急需的药品和物资，支援敌后的游击战士。在美国援华协会的帮助下，宋庆龄和宋美龄一道组建了战时孤儿收容所，以妈妈的身份收养了25000多名无家可归的孤儿。在陕甘宁边区的首府延安，由宋庆龄募捐在那里建立了一些托儿所和医院，宋美龄也在那里设立了一个孤儿院。

兵民是胜利之本。宋美龄和宋霭龄建立了妇女指导委员会，动员妇女为战时的伤兵、难民救济服务。孔祥熙夫妇创办了全国儿童福利会，宋霭龄主持这个机构的日常工作。为了推销中央银行发行的抗战公债券，宋霭龄还时常发表演讲，号召民众出钱出力。到香港以后，宋霭龄还担任了伤兵之友协会的会长，带头募捐，用以购买慰劳品。

“好牌！再来一个！”宋美龄为自己今天的好牌运，兴奋地大叫起来。

旁观者清，侍从们缄默不语，只听见专机引擎发出的轰鸣声。突然，桥牌从折叠桌上滑落下来，撒得满地都是。这时有人发现专机倾斜下降，并且时有颠簸，喊了声：“请大家系好安全带！”

“出什么事啦？”宋美龄机警地把牌扔下，忙问观牌局的侍卫官。这位侍卫官忙不迭地走进前方驾驶舱，片刻之后又回来报告：“夫人，前方发现雷电云层，飞机在绕行。”

“扫兴！一把好牌给搅了！”宋美龄话音未落，另一位侍卫官从驾驶舱里冲出来，口喘粗气地说：“夫人，不好！专机没能绕过，反而已撞进了雷电云层。有什么话要说？请用笔记下来，以防万一！”

这是航空常识。前不久，一架启德机场的客机就在空中触电爆炸，机毁人亡。大家不约而同地紧张起来。

“给我一支笔！”宋美龄首先向侍卫官索要了一支笔，她刚要留言，驾驶舱又冲出来一位侍卫官，报告说：“专机已安全冲出雷电云层！”

死里逃生，大家紧张的神经才松弛下来。

“上帝保佑！”宋美龄把笔还给了侍卫官。

“我们还是接着玩吧。”宋霭龄松了口气，抓起牌来继续当庄。

横空出世的云贵高原在机翼下疾速向后隐去。黑谷凝结升腾起来的水蒸气在空中飘荡着，像是白色的台布；远远望去，天地相接处白茫茫的一片，好像湖沼一般；大娄山顶峰的冰雪尚未融化，像是天仙赐给它的一顶白帽；川黔公路宛如一条银灰色的巨蟒，蠕动在高山和大川之间。

山城重庆在望。

将近正午时分，专机飞临山城上空。机场发出无线电信号，专机在无线电引导下穿云破雾，自天轰鸣而降。宋氏姊妹乘坐的专机在跑道上减速滑行，终于稳稳当当地停了下来。

当三姊妹走出舱口，笑容可掬地立在舷梯上的时候，只见镁光灯一闪，侍卫官抓紧时机摄下了三姊妹这一特殊环境下的珍贵历史合影照片。

欢迎您，和平的使者，山城的主人。

委员长侍从室主任张治中抢前一步，满面笑容地捧着三束清香的鲜花向三姊妹迎上去，并再三解释说委员长正在主持一个重要的军事会议，抽不出身来前往机场迎接三位夫人的光临。接着一群记者上前围了上来。

第十三章
血浓于水

四十七

三姊妹来到重庆的当天傍晚，一批日本轰炸机，足有数十架，突然从低空飞来，撞入城区上空，开始投弹轰炸。瞬间，剧烈的爆炸声和强大的气浪震撼了整个山城。

国民政府的重要军事会议，此时不得不暂时停了下来。

“娘希匹，敌机来空袭，下游的监视哨干什么吃的？怎么没提前报告？”蒋介石沉下脸，头也不回地问身后的侍卫官们。

当班的侍卫官嗫嚅地答道：“报告委座，我们已发电询问过沿江监视哨，但一直未接到回电，不知出了什么事情？”

殊不知，就在三天前，日本侵华派遣军总司令部和日本海军中国方面舰队司令部暗地里达成了轰炸中国内地的《陆海军中央协定》。日军把这次绝密的轰炸行动的代号定为“一零一号作战”方案，时间定于1938年4月下旬开始到7月下旬结束，因为这段时间重庆上空雾少，能见度高。日军投入“一零一号作战”方案的主力是第二飞行师和部分海军航空部队，以武汉、孝感、应城为起飞基地，连续轰炸重庆和内地其他一些城市。显然这是日本“三个月灭华”的总体战略计划下的战术方案的实施。

事情竟是如此巧合，恰逢三姊妹来渝第一天，就遇到日军轰炸机的“欢迎”，也是他们“一零一号作战”方案付诸行动的第一天。

从数量上看，这批日机之多，阵容之壮观，是前所未见的；从战术上看，这批日机来势十分凶猛，另有战斗机护航，从低空进入，躲过中国部队监空哨的耳目，突然出现，使他们来不及向陪都重庆报警。

半小时以后，来袭的日机除两架被中国军队高射炮击落以外，其余均良好地完成既定目标的轰炸，返航东去。这时，国民党空军的战斗机才从被炸得稀烂的机场起飞编队，尾追日军轰炸机，枪炮齐鸣，形同于送行的“礼炮”。

重庆部分地区陷入了火海之中。

蒋介石紧皱的眉头松弛下来，方才想起一件事，开口问侍从道：“夫人来过电话没有？”

“夫人没来电话。”

“快打个电话问问，安全怎么样？”

“是，委座。”侍从应了一声，风风火火地出了门，不一会儿又风风火火地跑了进来，报告，“夫人很安全，她已洗完澡正在看书，问你什么时候散会？”

“告诉她，会还散不了。今夜难以回去了。”蒋介石吩咐道。接着他忧郁地走进套间的军事委员长的长形会议室，对那里的秘书道：“去通知一下诸位，会议继续进行。”

当日军轰炸机投下的第一批不长眼睛的炸弹的时候，宋美龄正在重庆市区内曾家岩的委员长官邸浴室洗澡。也许曾家岩官邸在修建它的时候，就考虑到了它的防空和隐蔽，这次日军轰炸安然无恙，而它四周的几座建筑物却都着了火。

同以往一样，在任何情况下，宋美龄都举止文静，服装整洁，一丝不乱。虽然这次紧急空袭，她正在洗澡，并没有惊惶失措之状。她还是慢腾腾地用毛巾擦身上的水珠，慢慢地穿上衣服，以至把那身软缎旗袍上的每颗纽扣都一一扣得紧紧的，然后才走出浴室。由在门外早已等得不耐烦的侍卫官簇拥着她，进入官邸内特设的万无一失的防空洞。

空袭警报解除后，她回到自己的房间，打开鹿牌台灯的旋钮，开始翻阅昨天大姐宋霭龄借给她的那本书《丘吉尔传》。相传丘吉尔的母亲是英国的一大美人。她不但人长得漂亮，而且善于交际，善于理财经商。丘吉尔乃是她的私生子。后来丘吉尔的成才，关键在于他的母亲。宋美龄早就想看到这部书，一直未能如愿。今天如愿以偿了，何不看个痛快。

看书是宋美龄的一大嗜好。这些年来，尽管战争频繁，她总是忙里偷闲，尽量多读一些书。也许是出于工作的需要，她最喜欢的首推各国一些名人传记文学丛书。阅读这些书，不但能了解一个人，而且还能了解那个国家的历史、风土人情，总结他人的经验，为我所用，何乐而不为呢！

宋美龄看书还有一个特点，就是她看书特别快，与别人看书图消遣不一样，而她一目十行，选我所好。遇到所好之处，她则慢了起来，边读边思，逐字逐字地品味。有些喜欢的段落，她不只是看一遍，而是看两遍三遍，有的还抄在她的读书笔记本上备查。

今天，她看《丘吉尔传》第四章时，便抄了一段精彩之处——丘吉尔母亲求婚的一段有哲理的对话，引起了她心灵的共鸣。

她工工整整地抄完了，又从头至尾地检查一遍，直到一字不漏为止。

“太好了！太精彩了！”她几乎不能控制自己感情的爆发。

“铃——”电话铃倏地响了起来。

姆妈蔡氏慌忙走过去，操起听筒，弄清是蒋介石办公室打来的，马上去请宋美龄来接电话。

“什么事？我的张主任。”宋美龄问道。

“夫人，委座让我转告您，会议仍在召开，恐怕今晚委员长就不回去过夜了。请您不要等他了，晚安。”

“知道了。”宋美龄不满意地放下了听筒，此时，她书也看不下去了。

女人啊，毕竟是女人。宋美龄也是女人，也具有一般女人所有的情肠。

跟蒋介石一起，宋美龄不知经历了多少次的忧患。作为一个男人，他并没有满足她一个女人的心愿。自从1927年12月1日她和老蒋结婚以来，第一个新婚之月，他就没陪她度好。此后岁月匆匆，蒋介石再度出山，大权独揽，军务缠身。在与反蒋军阀作战时期和“围剿”红军的时期，宋美龄跟着蒋介石四处奔波，戎马倥偬，夙兴夜寐。他们没有坐下来谈过一次心。不是不谈心，而是没有时间啊！有的只是工作、会议、视察……

作为一个女性，她理解他，并且服从了他。宋美龄随时随地都在提醒自己，因为她是第一夫人，所以她必须记住，她的一举一动都关系到蒋委员长的声誉，出不得丁点儿差错。

……

“唉，不去想那些事了，想起来真令人心烦。”宋美龄这样安慰自己。于是她便站起身，用她那海蓝色并带有米脂味的手绢，揾揾眼眶中的泪水，接着随手理了理腮边的秀发，然后去拨大姐宋霭龄的电话号码。

事情竟是这般巧合。没容宋美龄拨动号码，宋霭龄先于她把电话打了过来。

“啊！是大姐。我正想给您打电话，不想您先打进来了。”大姐是令她尊重的人，她那高兴的劲儿似是看到了大姐的面容。

“小妹，你要打电话找我什么事啊？”宋霭龄问。

“没什么大事。关于我们三姊妹去广播电台演说，明天我们定在什么时候呀？你是大姐，确定后，我再通知二姐。”宋美龄道。

“我也为这件事打电话找你。你说呢？”宋霭龄问。

“要让我说，就定在明天早8点半。电台花池门口相聚，不见不散。”

“那好，就这样定下来，你直接通知庆龄吧。”宋霭龄吩咐道。

“我这就打电话。”

“你真是个急性子，大姐的话还没讲完呢！”

第十三章
血浓于水

“大姐，你就讲吧，我听着!”

“你二姐庆龄，她自尊心很强，再加上她与老蒋有隔阂，你讲话要注意分寸，注意她的心理，莫伤了她的自尊心。咱们三姊妹与政治无缘，尽量求同存异，能团结尽量团结……”宋霭龄越说越多。宋美龄有点不耐烦了，打断了她的话。

“大姐，你莫说了。我又不是小孩子了，你说的这些我都懂。”

“我知道你懂，可是要真正做起来，你又什么都忘了。大姐还不晓得你那怪脾气!”

“好啦，我一定按大姐的话去做。说实在的，我真不喜欢二姐那种太不现实太理想化的声调，我一听就想发火。”

“我作为大姐警告你，你那火要用水浇一浇。”宋霭龄说到这里，马上把话锋一转道，“老蒋在家没有?”

“他刚才让人打来电话，说仍在会上，今晚就不回来了。”宋美龄回答。

“这个老蒋，真不像话！让小妹守空房。”宋霭龄出于对小妹的关心，叹了口气。

“大姐，别说了。”宋美龄道。

“你说什么，小妹，不让我说了?我不少说。等有机会，见了老蒋，我不当面说他才怪哩!”显然宋霭龄余怒未消。

“就这样吧，大姐。天不早了，我还给二姐挂电话呢！祝您晚安。”

“那好，祝你晚安。”

到达重庆后，宋庆龄并没住在两姊妹的任何一家，而是独自选在黄园公寓安顿下来。这倒不是出于其他原因，主要是宋庆龄觉得这样无拘无束，进步人士和共产党方面的人也便于找到她。要是住在警卫森严的别墅区或官邸，她会觉得憋气的。

傍晚遭受日机空袭那阵，日军的炮弹准确性偏了点，没有命中她的房屋而是命中左侧的木房。瞬间燃起熊熊大火。高高的火头，凭借着风势，向宋庆龄住的房屋蔓延、吞噬。因为重庆当时的房屋大都不是砖石结构的，而是中间有层木片或竹片，外涂层三合土的夹壁墙，见火就着。消防队出于无奈，只得狠心拆除了两幢房屋，隔断了火源，才保住了宋庆龄的住房。

空袭警报解除后，宋庆龄曾到城内四处随便转了转。映在宋庆龄眼帘的是：几辆卡车被炸坏了轮子，堵塞了全市交通。走不多远，就会看到炸残的车辆和抛在车上、地上的尸首，有被炸掉胳膊的，有被炸掉大腿的，惨不忍睹。刺鼻的硝烟味和焦臭味，像一层浓雾笼罩着城区，久久不散。

宋庆龄愤慨地走着，心中燃起了满腔怒火。太悲惨了！太悲惨了！这就是那些口口声声宣称“大东亚共存共荣”的家伙，那些反复鼓吹“中日亲善”的军国主义者的“亲善”与“共荣”?!他们派出的轰炸机公然冒天下之大不韪，把成吨的炸弹扔到人口稠密的居民区，散播了多少死亡的种子?日本帝国主义，你拿什么偿还中国人民的鲜血！国民政府的军事委员会只知道一天天泡在会议中，那些顽固派津津乐道的是跟共产党搞摩擦，偌大的一个陪都只有几十门高射炮来保卫，怎能阻止惨祸的发生?

宋庆龄回到自己的寓所，及时拨通了军事委员会的电话。秘书回答：委座与其他长官正在开会。她本想找蒋介石接电话，一想到自己人微言轻，也就犹豫了。她挂断了电话，踱步走出寓所……片刻电话铃响起，宋庆龄急忙走了过去，拿起了听筒，里面响起了银铃般的笑声。

“啊，听出来了，是小妹。”宋庆龄道。

“二姐，您没有睡觉吧?”宋美龄传来的话音很轻很轻，因为“太上皇”的大姐提醒在先。

“日机空袭，你那儿没问题吧?”宋美龄又问。

"小妹，如有好歹，我不会站到这里给你说话啦。"

宋美龄心里恼火，她不便发作。接着又道："二姐，原来咱们约定不是要到广播电台去演讲吗？"

"我知道，你说吧。"

"大姐刚才给我来电话，说是定在明天8点半，在电台门前的花池旁聚齐，不见不散。"

"我记住了。小妹，你还有什么事？"

"没什么事了。今天坐了一天飞机，你应该早点休息，二姐。再者，重庆的天气与香港不一样，夜间比较凉，请注意多盖被子。"

"谢谢小妹周到的关心。"宋庆龄放下了电话。宋美龄也放下了电话。真正有气的还是宋美龄。她气的不是别人，总感到二姐在说话中少些手足姊妹之情。

宋美龄并不甘心于现状，她在朝一个目标努力，她相信总有一天，她会唤起二姐胸中那燃烧着的姊妹情感，启开她那心扉的门。那才是一种人生情趣、一种天伦之乐。

四十八

广播电台门前的花池中，聚各种花卉于一池。花吐胭脂，香欺兰蕙。

早晨8点半钟，三辆黑色轿车分别载着宋氏三姊妹，从不同的方向准时开到这里。宋美龄的车早到了一步，其次是宋庆龄，最后是宋霭龄。

三姊妹下了车，寒暄了一阵，随后在电台官员带领下走进大门，拐了一个弯，入房，进入地下播音室。一种阴森的感觉袭上三姊妹的心头，不过这里更安全。

播音室有两间房子那么大，地上铺有红色地毯，四周镶着用特殊隔音材料做成的方板，板与板之间看不出什么缝隙。录音台犹如写字台那般大，端端正正地放在室内的中间位置。正面墙上挂着孙文总理的遗像和遗嘱，旁边配着“革命尚未成功，同志仍须努力”的对联。

这次专题节目的主要对象是美国听众，全部用英语播出。可以说三姊妹的英语是有相当水平的，而且三姊妹的号召力对于美国人来说是有影响力的。

当播音员向美国听众介绍完宋庆龄的身份后，她略为思索了片刻，大大方方对着麦克风演讲了起来：

> 亲爱的美国听众，我不知道怎样才能表达我此时此刻的心情。我们刚刚经历了又一次野蛮大轰炸，美丽的山城重庆已经变成了一所血腥的屠场。成千上万的和平居民丧失了他们最后的一点东西，流离失所，无家可归。他们中的许多人是从陷落的长江中、下游逃难到四川来的，最大的奢望仅仅是想生存下去，可是万恶的日本帝国主义连这点起码的权利也不想给予他们。
>
> 众所周知，中国是一个约有四万万人口的大国，但她又是一个非常贫穷落后的国家。连年的天灾、动乱以及其他种种原因，使我国在战争的最初几个年头内一直处于劣势，被动地抗击着上百万装备精良的日本军队的进攻。我们缺乏武器、燃料、钢材和食品，更缺乏全世界主持正义和公道的国家的支持。
>
> 因此，我们呼吁你们，亲爱的美国听众，在力所能及的范围内给予我们有力的援助。我们无意滥花你们提供的资财，我们把每一个辅币都会用于神圣的抗战事业。我们呼吁你们，敦促美国政府抛弃所谓的“中立”政策，尽快

与法西斯帝国宣战。因为，今天发生在中国的惨祸，明天或者后天就有可能降临到贵国人民的头上，这是法西斯帝国的本性所决定的。

宋庆龄的讲话，通过重庆电台的大功率短波发射机，升上电离层，回响在大西洋和太平洋的上空。最后，宋庆龄激动地高呼：

必须制裁日本帝国主义！必须阻止他们犯下更多的滔天罪行！必须惩罚他们屠杀中国妇女、儿童和无辜人民的罪恶行为！否则，中国人民就不会相信，在这个病态的世界里，还有怜悯和良心可言；不会相信，在这个病态的世界里，还有公正和道义可言了。

演讲完毕，宋庆龄还是那么激动，以至于宋美龄不得不扶着她到休息室里去平静一会儿。宋美龄知道姐姐那嫉恶如仇的性格，担心姐姐在这样的场合，讲出一些刺激美国听众的言词来。

接下来演讲的是宋霭龄，她不像宋庆龄那样激动，她的口气要温和得多，像是在和听众面对面地谈话。她说："当我向美国听众讲话时，我感到并且深知，我正在向真正同情中国的朋友们讲话。在我们与日本帝国主义进行生死存亡的战斗中，我们始终都没有孤立的感觉。一想到友好的美国人民站在我们一边，我们的内心就充满了深厚的感激之情。"

宋霭龄在谈到中国人民万众一心，怀着必胜的信念坚持焦土抗战的情况后又说："必胜的意志也体现在我们妇女身上。妇女们已从与世隔绝的生活中解放出来，参加各种工作。在前线，她们同士兵和伤员在一起；在后方，她们同受到战争灾难的同胞在一起；在农村，在医院，在战时孤儿院，在工业和公共事业里，都有妇女们的身影出现。我们希望美国同胞像我们中国的妇女们一样，投入到和平抗战的战壕中来！"

最后一个演讲的是宋美龄。

按说她的口才要好于两位姐姐。她的英语水平也高些，口音略带美国的南方味，因为她在那里生活了十年。

她的演讲话题与两个姐姐不同，主要是针对美国的国会议员和新闻界而谈，她多次去过美国，知道只有这两者才能左右美国政府。

宋美龄以她那非常流利的话语，首先谴责了美国政府在“中立”的幌子下，向日本出口战争物资和武器的可耻行为，那是有根有据的，宋美龄为此专门列举了一连串准确的数字。

宋美龄说：“在这里，在中国‘民主之友’的庄严讲话台前，我们要求制止两件事：一是身为美国立法者的国会议员，不应该对侵略行径表示恐惧。二是不应该同意把汽油或石油副产品，以及其他战争物资，尤其是武器输送到日本以鼓励这种侵略行径。”

宋美龄由此展开，进一步说：“我不知道各位尊敬的国会议员们是否想到过，如果中国政府已向自我吹嘘为不可战胜的日本帝国投降，那时世界上将会发生什么样的事情？答案是显而易见的。日本将保持完整的陆海空军，它将利用我国的领土、我国的人力和我国的资源以支持极权主义反对民主国家的军事行动。说到这里，应该说我们中国人民的抗日，就是为你们阻击强盗，因为强盗的口胃并不仅仅是我们中国，下一个就是你们了！”

“我并不想在这里恫吓各位尊敬的国会议员们，”宋美龄继续说道，“但是如果真的到了那一天，到了占全人类人口五分之一的中国沦为日本的殖民地时，整个世界的形势将变得漆黑一团。

“中国人民不愿充当亡国奴，必将全力以赴，同日寇血战到底。问题是，我们会得到国际上公正的对待吗？这只能由美国人民和他们的国会议员来回答。

“中国人民已被炸弹震聋，但是他们正焦急地等待着你们的回应。”

第十三章
血浓于水

宋氏三姊妹带有真挚感情的讲话，通过电台大功率发射机，传到大洋彼岸的每个有正义之心的美国听众耳中。他们将如何做出回答呢，中国人将拭目以待。据说三姊妹讲话的第二天，美国纽约州立大学就有上千名学生上街进行游行声援。他们的口号是："反对侵略，支持中国人民抗战!""打倒日本帝国主义，维护世界和平!""强烈要求国会政府，采取有效措施，制裁日本!"再者，美国国会的有关知名人士当天也以个人名义向国会递交了制裁日本的意见书。同时美国国会也答应立即研究这份意见书，并作出答复。美国人骚动了，各种舆论向着有利于正义一方的天平倾斜。

第十四章

姐妹抗日

三姐妹视察抗日野战医院，伤员们极为感动，七嘴八舌地议论，有的说宋庆龄像个慈祥的妈妈，有的说宋美龄像是过去的皇后，有种贵族气，有的说宋霭龄是财神爷的夫人，她给我们许的愿一定会兑现。

——题记

四十九

国府西迁，宋美龄亲自倡导的“新生活运动”推行到大后方，与基督教活动合为一体。

和宋家联姻，蒋介石似乎可以打出各种意识形态的牌来压倒对手：儒教、旧传统、带有社会主义和共产主义色彩的孙中山先生的学说，以及基督教。把“新生活运动深入到基督教会”是宋美龄的又一大发明创造。新生活运动指导委员会主任宋美龄曾说过：“内在的新生命须从国家重新改造开始，在很大的程度上这种改造是今日基督教会的责任，因此应该让二者密切合作。”

山城重庆的雾，朦朦胧胧的，不像北方那样来得快消失也快，整天也消不下去的。

吃过早点，喝了一杯热牛奶，宋美龄抬腕看了看表：9 点差一刻。上班的时间要到了。于是她急急忙忙接过蔡妈递过的黑皮包，夹在腋下，走出了餐厅，径向“松厅”走去。

位于黄山官邸内的“松厅”，实际坐落在云岫楼后山的幽谷里，是一幢中式平房，走廊特别宽敞。此厅为松林包围，故曰“松厅”。松厅的地板，系用一尺长的木板竖着镶嵌，以隔潮气。室内陈设比较简朴。

今天，宋美龄在此召见遗族学校经办人。那是一位干瘦的老者，是昨天从贵州赶到重庆来的。

国民革命军遗族学校，是遵照国民党中央常务委员会决议，于 1928 年 11 月在南京创办的。这所学校专门招收自辛亥革命以来为国捐躯的先烈后代，以及北伐战争中阵亡将士的子女。国民党中央常委会推定宋庆龄为该校校长，推定蒋介石、蔡元培、胡汉民、戴季陶、何应钦、何香凝、宋美龄、王文湘等九人为该校筹备委员会委员。但是真正办事的还是宋庆龄、宋美龄和何香凝三位女士。因为其他人员虽享有其名，却无有闲暇。

1929 年 10 月，遗族学校建成，原筹备委员会改称校董会，宋美龄任常务校董事。后因校长宋庆龄忙于国际反帝大同盟的工作，所以遗族学校从筹建成立到善后安排，都由宋美龄全权处理。

遗族学校筹备时，宋美龄刚刚结婚不久，蒋介石说：“二姐在国外，你又吵着多做工作，学校的事就交给你管吧！”从此，宋美龄就担起了校长的担子，每周至少抽三天时间到学校，处理校务。她还常常陪同蒋介石，选择在早晨 6 点学生起床前，或晚上学生就寝后到校视察。

宋美龄起初虽然没做过领导工作，这些年来，她在蒋介石身边工作，什么事没遇过？什么人没见过？马胡子出身的张作霖，每天早餐竟要喝一碗虎血；狗肉将军张宗昌身居督军之尊，会突然神经大发，开枪打天；阎锡山养了一大群妻妾，竟和胞妹阎慧卿通奸勾搭；白崇禧的父亲开钱庄，而身为省主席的儿子，会突然扔下贵客去密室帮爹数钱；冯玉祥更是古怪得令人费解，名声赫赫，官居一品，却身穿破衣烂衫，形如要饭的叫花子……所有这些，都使她长了不少见识，领导工作无非是打发各种各样的人，处理各种各样的事。虽然她对教育不很在行，但对教育问题却颇有见解。

一次，她看到一篇课文较好地阐述了孙中山先生关于双手力能、手脑并用的教育方针，实施做、学、教合一的理论，十分赞赏。于是，她让人抄送一份给她，由她译成英文，作为接待外宾时讲解的提纲。孙中山先生的老朋友、美国人士林白克来校参观，听了宋美龄的介绍，称赞遗族学校是当今东方第一所新兴学校，并感谢宋女士做了大量实际工作，使宋美龄高兴得整个夜晚失眠。

抗战爆发后，遗族学校被迫停办，但宋美龄仍然做了妥善的安置。她要求交通部门优先安排船只，将遗族学校的学生疏散到大后方，并让这些学生化整为零地分散到地方学校继续学习。

今天应召来黄山官邸的这位老先生，是负责照料在贵州铜仁县中学和国立第三中学念书的遗族子弟的一位官员。他向宋美龄汇报了本届即将毕业的初、高中遗族子弟的学习和生活情况，还谈了些地方上的种种弊端和学校经费的困难，一些教职员工连一日三顿稀饭都混不饱肚子，学生们的生活就更不待提了。

交谈持续了整个上午。

富有同情心的宋美龄不禁一阵心酸。先烈们献身党国，他们的后代理应得到最好的照料，眼下虽然战时的条件差，国家财政也有一定困难，但这些遗族子弟应该尽可能地有个比较安定的生活和学习的环境。她感到自己有这个责任，于是便亲自写了封信给教育部，要求拨一笔专款作为助学金给贵州铜仁中学和国立第三中学，并责成有关教育部门要负责遗族子弟们的升学和就业等问题。

"夫人，太感谢您了。您这封信准能解决我们的大问题，我代表两所学校1400名师生感谢您！"瘦老头兴冲冲地接过这封信，不知说什么好。

"没什么。这都是我应该做的工作，只不过没做好罢了。请您老多原谅。"宋美龄落落大方。

"看夫人说到哪里去了，是我们工作没做到家。欢迎您有机会到贵州视察。我和学生们等待着您。"老先生眼中早已打旋的泪水，此时一涌而出。

宋美龄一直把老先生送出"松厅"的大门口，直到老者消失在松林深处，她才转身返回屋里，这才想起一直在关心儿童福利事业的二姐宋庆龄来了。

宋庆龄去年在重庆住了一段时间，因保卫中国同盟有些善后工作需要她出面去办，再次去了香港。现在，宋美龄想起了二姐，恰逢1941年的传统春节也快到了，三姊妹应该团圆，于是她便拨通电话，请交换台挂香港的长途。

香港的长途终于接通了。

宋美龄操起话筒，道："二姐吗，近来身体可好？很想你，所以特给您挂个电话。"

宋庆龄慢声细语地答道："小妹，你还一直想着我，特给我挂来电话，我很高兴。现在我很好，前几天身体出了点小毛病，现在好了。"

"什么小毛病？"宋美龄关心地问。

"没什么，感冒发低烧。"

"昨天，子良、子安两兄弟都有信来，他们很好。请您不要挂念。"宋美龄说到这里稍停一下，又道，"滇缅公路又吃紧了，但委员长说日本人一时还到不了昆明，叫我们放心。"宋美龄谈到的宋子良、宋子安两兄弟，前者在滇缅路西南运输处任职，后者在昆明小住。

"我可是有些担心，目前气候不佳啊。"宋庆龄冒出了这句话。

"二姐还不了解他们两兄弟吗？"宋美龄没听出对方的弦外之音，一个劲地往下唠叨，"小兄弟俩不错，精明极了，我们几个人挣的钱加在一起也没有他们多。再说他们手里有车，随时可以撤回内地，用不着担心。"

"小妹，姆妈喊我，广州的长途来了，你还有什么事，长话短说吧！"宋庆龄道。

"还有一件最最要紧的事，春节快到了，我和大姐都盼着和你在一块儿过团圆年，你能否早点回重庆来？"

宋庆龄思索不语。

"喂，喂，二姐，你怎么不说话呀？"宋美龄急了，"我想，你不会拒绝我、拒绝你的亲妹妹吧。还记得吗？我们三姊妹在美国求学那段日子，我们无忧无虑，过得多痛快呀！真令我怀念。二姐，为了筹备这次春节团聚，大姐早让我准备了。”

“最近还有些事情挺棘手，怕是回不去啊，我的小妹，请不要等我，我首先谢谢你和大姐的一片姊妹之情。”宋庆龄的回答既温和又委婉，且又很断然。

“为什么呀？什么事也没这个事重要。”宋美龄追问道。

“我不想参加这次聚会了，抱歉。”宋庆龄说完这句话，未容宋美龄继续往下讲，“咔嚓”一声挂断了电话。宋美龄很扫兴地愣了半天才把电话筒放回电话机上。

宋美龄不明白二姐为何拒绝团圆。团聚是中国的古老传统嘛。她还听出，二姐的口气似乎有些生硬。有时候，别人随便说的几句话，也会使宋美龄在床上辗转反侧，夜不成眠。今天，她更是百思不得其解。因而在脑子里产生了一种很久以来没有过的、若有所失的感觉。

几天以后，宋美龄读到了由宋庆龄、何香凝联名拍发的关于“皖南事变”的通电，她才悟出了事情的端倪。

这个春节，宋庆龄没有回重庆来。

直到香港沦陷前夕，宋庆龄回到了重庆。

民意不可侮。

随着抗日的声浪逐渐高涨，在“一致抗日，消除分裂”的呼声中，所有内部政治上的歧见都是次要的。在强烈的爱国主义浪潮中，军事独裁也不得不屈从。这使中国真正统一有望。在这种情况下，三姊妹又走到了一起。

五十

第五陆军医院的官员们得知宋氏三姊妹要亲临本院视察极为

紧张。

此前，他们一直向政府红十字会呈递成绩斐然、秩序良好、环境整洁的报告。红十字会官员曾根据他们的报告授予他们以“新生活运动典范”和“花园式医院”的称号。殊不知医院内垃圾成堆、蚊蝇扑面、大夫态度粗暴，伤员病号极为不满。若要不整治一下，岂不漏底、丢人现眼了。轻者不说，重者说不定乌纱帽也要丢了。

医院院长得知这个消息，马上通知全院行管干部在他的办公室集合训话：

“今天，我召集你们来，有一要事要传达。宋氏姊妹要亲临本院视察，我不想多说，恐怕诸位对她们亲临的意义不是不清楚。作为‘新生活运动典范’和‘花园式医院’的我院，怎样把我院新的面貌呈现在领导面前，全靠诸位了。时间很急，从现在起，要采取一切措施，打扫卫生，整理院容。会议内容就这么简单，望大家分头去做吧！”

全院立即行动起来。拉垃圾的卡车也开进了院里。戴眼镜的老院长也操起了扫帚，加入了大夫的行列。用白石灰刷墙的大夫，溅得满脸都是白灰；立在五层楼上擦窗户的护士，真令人为她捏把汗。

大夫们打扫卫生也惊动了住院的病号。

病号从大夫口中得知宋氏三姊妹要来的消息，也纷纷抢过大夫手中的抹布，并嬉笑着说：“你们院长也真是的，徒有虚名，早知今日，何必当初呢！”

显然，病号的话也是不满意的。

五号病房的灯还没有熄。躺在充满秽气和汗臭的房间的五个伤员，谈来谈去都离不开这件事。

“就算有这么回事，孔夫人也肯定不会来的。”一位老兵说道。他参加了威震敌胆的昆仑关攻坚战，那次战役一共打死日军4000余人，几乎没有留下俘虏。他在血战中腹部受了重伤。“我听说香港撤退时，这位太太最关心的是她的洋狗和抽水马桶。”

“要我看蒋夫人来，没有说的，她风流，爱出风头。孙夫人要来，纯是扯淡。别看现在是国共合作，她和委员长面和心不和。皖南事变，她还声讨蒋委员长哩！”另一位年轻军人说。此人在皖南事变时全身挂彩，现在还挂着吊针呢。

“你们不信我信。不管怎么说，三姊妹会来的！到时候也让我们光荣负伤的战士一睹三美人的风采。”另一位持不同意见的病号说，“让我看，三美人中小的更美些是不是？”

“不，不，你才看瞎了眼。孙夫人长得端重，应该称为中国的美人。”开始发言的那位老兵首先反对。

一个说宋美龄，一个说宋庆龄，二人僵持不下。

“去他妈的巴子！管她谁美谁不美，与我们有什么相干！”一个穿着件血迹斑斑军装，并一直光听不说的黑大汉此时出来评判道。

五十一

翌日清晨，第三号楼还正在打扫卫生之际，三辆轿车已闪电般地驰进第五陆军医院的大门。本院院长和科室主任立即围上来。三辆轿车带来三位丽人。在她们身后，照例簇拥着一大群随从和记者们。

一阵寒暄之后，三姊妹开始了视察。

本院院长作为导游走在前面，稍后是宋美龄。她身穿深蓝色软缎旗袍，足踏黑色高跟鞋。笑容满面，楚楚动人。宋美龄那一头卷曲的黑发，松软地从前额梳向后颈，在那儿绾成一个光滑的发髻。她胸前唯一的装饰品，是一枚银光闪闪的红十字徽章，那是蒋介石为感谢她从事救死扶伤的工作而特意赠送给她的。

第十四章
姐妹抗日

其时从事政治的女性，因为自知居于少数，常常感到自己的地位还是不稳固，因此全都倾向于走保守、稳健的道路。宋美龄则不同，她无时不感到权势所赋予她的力量，也无时不感到自信。怎样征服人心，特别是在非常时期征服人心，宋美龄全懂。

视察是项有意义的工作，宋美龄清楚，交给她的不是一个光等着记者拍照的走过场的把戏，而是涉及蒋介石个人威望的大事。前方打仗吃紧，一批批伤员被送到后方。照顾好后方伤员，也是对前方将士一种精神的鼓舞，也是提高政府在民众心目中的威望，作为第一夫人，她是做过认真考虑的。

宋氏姊妹在四号病房第一张床位前停下来，认真听取主任大夫关于这位伤员伤势的介绍。伤员的头上缠满了绷带，只露出一双眼睛，惊惶地打量着领头的宋美龄，宋美龄主动伸出手同他握手，问他是哪里人？伤员不利索地回答，他是河南鹿邑县人。

“鹿邑？”宋美龄对此很陌生。一名侍官马上解释道：“你不是刚读过《老子道德经》吗？鹿邑也就是老子的故乡，在河南东部，离商丘不远。”

“噢，老子天下第一！你是老子故乡人啦，你应该引以为自豪！”宋美龄甜甜一笑，“祝你早日康复！”

接着她们又往前走。

走在宋美龄后面的是宋霭龄，她不拘小节惯了，也不管什么场合，照样满头珠翠，招摇过市。宋霭龄在墨绿色软缎旗袍的外面，还格外罩了一件翻领的西装，纽扣也不扣，故意露出领口处的那枚祖母绿的宝石领花。在她举手搔头时，人们还可以看到一只碧玉镯，在她手腕上滑来滑去。其富丽华贵之气，使得围观者都不敢正目相视。

宋霭龄参加红十字会工作由来已久。早在抗战初期，为了弥补整个大上海的医院的供给不足，她以一个女人的气魄，用自己的钱买了 3 辆救护车和 37 辆军用卡车以备紧急需要。她送给蒋夫人的飞行队 20 余辆军用卡车以便运送机械和驾驶员；另外驻扎在上海附近的各师部队也接受了孔夫人的赠予。有些车子则被运往松江，当 8 辆装满汽油并随时准备运输的车子到达时，将领们简直不敢相信，这真是个奇迹。他们高呼："孔夫人万岁！"宋霭龄的确了解汽油在现代战争中的重要性。此外她还亲自定做了 500 套皮衣送给飞行员。她首次参与此类行政工作，就表现不凡，赢得各界的赞誉。

今天她来这里，并不是凑热闹。如果没有她，像这样代表了妇女界的大事，在舆论上会是一个遗憾。

此外，出自于经济工作者的本能，宋霭龄也很了解各大医院的现有困难和不足，这位曾在抗战初期出过大力，并一直支持抗战的她，还想再抛出一把票子来。她的引诱力，老使管后勤的副院长在她的屁股后头调来调去。

"孔夫人，眼下我们医院最最头痛的是医药补给问题，库内的葡萄糖已经不足千瓶，难于维持一个星期。"副院长这样对她说。

"你统计一下数字，尤其是急需药品，需要多少钱，列个清单给我好不好？"宋霭龄像一个阔家佬，落落大方。

"那好，那好，我立即照办。"副院长满脸带笑，急忙答应。

走在最后面的是宋庆龄。她的到场格外引人注目。同两位姊妹相比，宋庆龄的衣着显得朴素大方。她穿的虽然也是深色旗袍，但毫无装饰，并且开叉很低。记者拍照的时候，宋庆龄总是谦逊地站在一旁，微带笑容，讲话也很少。

从 1941 年的"皖南事变"以后，宋庆龄与两位姊妹的关系又一度趋于紧张。当她从香港回到陪都后，重庆各报的记者削尖脑袋地也弄不到一张宋氏三姊妹的合影照片。蒋介石在黄山官邸特为宋庆龄修建了一幢名为"云峰楼"的别墅，以供宋庆龄消夏之用，她也一直未去住过。只是在蒋介石做出"今后决无剿共的军事行动"的许诺之后，宋庆龄愤懑的心情才逐渐平静下来。

生活中有时需要做出一些让步，这个道理很简单，而且普遍地为人接受。为了搞好战时的救济工作，给中国的抗战增加一份力量，宋庆龄有意避免参加政治方面的争论，以免影响工作。她的沉默是为了集中全部精力来争取抗战的胜利。基于这个目的，整个抗战期间她再没有公开发表过谴责蒋介石集团的言论。

接着，她们又来到了五号病房。一个腹部重伤的老兵，由于伤口感染，刚刚咽了气。他的脸上流露出他临死时悲愤的孤寂。

“这是谁负责的伤员，太不像话了！”院长喊出声来，大声训斥着病房主任。让三位夫人看到死人，院长心里觉得十分不安。

宋庆龄从人丛中走到这位死者的床前，把手里捧着的别人献给她的一束鲜花放在老兵的床头柜上，然后，她又亲自动手把白被单蒙住死者的头部。宋庆龄在做这一切的时候，眼里噙着泪花。

邻床伤员的情绪受到感染，竟然激动地抽泣起来。昨夜骂娘的那位黑大汉，此刻也哭得像个泪人儿一般。

宋霭龄也激动起来，她摘下雪白的手套，挨个与躺在床上的伤员握手。她还当场对陆军医院的院长说，她保证让每位伤员官兵出院退伍时，都可以得到一套带领章的新军服、一包食品和一些零用钱。宋霭龄还说，如果募捐工作顺利的话，她还打算为退伍军人按月提供额外的津贴。她生平第一次感到，她许诺要花的这笔钱用到了刀刃上。

“院长先生，”宋美龄说道，“屋里没安装暖气设备，冬天怎么办？”

“夫人，不说您也知道，进口的暖气设备一般都先供应各部部长和高级官员，医院里很难弄到。当然，我们也有弥补的办法，冬天总是要在病房里烧木炭的。”院长回答道。

那边，当宋霭龄伸手跟那位黑大汉握手时，他却咧着嘴说：“夫人，我们老家那地方是不时兴跟女人握手的。”因为恰在此时，黑大汉又记起了社会上关于孔祥熙一家的传闻。

宋霭龄感到有些尴尬，但她毕竟什么场面都见过。因此她不动声色地叫随从把一袋伤兵之友协会募集的慰劳品放在黑大汉床头，又若无其事转身去握另一位重伤员的手。

“你们要注意清洁卫生，要常叫护士给你们洗澡，”宋庆龄坐在黑大汉床前和蔼地说道，“分配的肥皂够用吗？”

“我们这种人，”黑大汉说，“没有肥皂也能过。我又不能经常洗衣服，用不着什么肥皂。不过，我听从夫人的吩咐，尽量常洗澡。”

宋氏姊妹接着往下视察，沿着一间间病房、一排排病床往前走。对有些伤员，她们伸手去握一握；对有些伤员，她们则说些鼓励的话。那些耳朵被震聋的伤员听不见她们的话，但是懂得她们的意思，便露出一个感激的笑容来。宋氏姊妹此时此刻的心情虽然各有不同，但她们有个共同的意念，是他们这些前方将士的浴血奋战，才巩固了中国战区的广大正面战场。

宋氏姊妹随后还视察了陆军医院的手术室，并观看了一次手术。她们不时插嘴吩咐着主刀的大夫，要他尽量设法保住手术者的双腿，而拒绝听信教科书上讲的关于肢体坏死的症候。

“要是这个小伙子还有双腿，”宋庆龄说，“那么他今后干什么都有指望。”

“多给他点特效药，多给他输血，钱由我来付。”宋霭龄说。

“要保住他的双腿，”宋美龄说，“我们将感谢你做的工作。”

主刀大夫在宋氏姊妹的鼓励下，打消了给这位伤员截肢的念头，聚精会神地开了几处切口，把碎弹片一一取出来，然后重新做了严格的消毒和缝合。在主刀大夫看来，这位伤员的腿基本上可以保全下来了。

“很好！”宋氏姊妹满意地走出手术室，接着又到伤病员伙房去视察了。

宋氏姊妹离开第五陆军医院后，在伤员中留下的已经不是因为残废而感到沮丧和自暴自弃的人，而是重新鼓起生活勇气的男子汉了。他们当中的轻伤员，大都打算出院后重返前线，报仇雪恨。

“要是她们这次视察时，再带些漂亮的小妞陪我们跳跳舞，那就太棒了！”一位年轻伤兵开玩笑说。

“你这小子，真他妈的混蛋！”黑大汉咆哮起来。他默默地说，“我真没有想到，她们这些贵夫人们还把我们放在心上，还来看我们，关心我们的痛苦，好！”说着，他大吼了一声：“安心养伤，伤好了再说！”他一仰身子躺卧在床上，眼睛里滚出了几滴泪花。

这时候，伤员们七嘴八舌地议论开了，有的说宋庆龄像个慈祥的妈妈，有的说宋美龄等于是过去的皇后，只是一点架子也没有，有的说宋霭龄是财神爷的夫人，她给我们许的愿一定会兑现。

一片欢声笑语掩盖了这里的痛苦和悲伤。

第十五章 保卫二姐

蒋介石企图利用日军对重庆的轰炸搞掉宋庆龄这个眼中钉，宋美龄得到这股风后，尖利地说，不许在阿姐那里胡来！

——题记

五十二

山城重庆是有名的三大火炉之一，又闷又热雾又大。

这些天，宋庆龄就感到憋闷，这不仅有气候上的因素，更有政治上的因素。在重庆期间，她坚持不懈地帮助共产党和解放区，使一些军民必需的医疗用品源源不断地运出去，当然招致了决心封锁解放区的蒋介石的嫉恨。尤其是她在蒋介石的身边的日子里，敢于发出自己的声音，经常对蒋介石的倒行逆施发出批评和谴责，常使蒋介石有如坐针毡之感。

“娘希匹！你们都是笨蛋！乘日本飞机轰炸的时候，你们搞点名堂，谁能说清是怎么回事？”在一次宋庆龄向外国人谈话捅了他的软肋以后，蒋介石把戴笠找来大吼大叫，暗示戴笠一不做二不休。

“是是，我去布置，我去布置！”戴笠点头哈腰。

曾有一个时期，松籁阁周围不明身份的人多起来，到这里拜访宋庆龄的人常常受到跟踪和威胁。

一次，日本飞机刚飞临重庆上空，松籁阁附近就有一颗炸弹爆炸，而日本飞机根本没有在这一带投弹。这一次人为爆炸的真相立即引起人们的注意，要求追查制造爆炸事件的呼声四起。

戴笠慌慌张张地跑到蒋介石面前：“校长，不好办哪，这次仅仅是试验，就露出了破绽。谁知道日本飞机什么时候来，谁知道它在不在那一带投弹。这就是说，我们必须天天时时做好一切准备，可也不一定能等来时机……”

“那是具体技术问题，我不管，我只要你们采取行动！”蒋介石没好气。

就在他们谈话的时候，宋美龄抄起了话筒：“喂，接宋委员！”

第十五章
保卫二姐

她说的宋委员就是宋庆龄，因为这时宋庆龄仍是国民党中央执行委员，她让人给宋庆龄架了一部经中央部机接转的专线电话，不时通过这部电话和二姐聊聊。她知道二姐最近的行动惹得老蒋很不满意，生怕二姐的安全受到威胁。她不时地询问一些情况，但宋庆龄并不愿把这些不愉快的事情全部告诉她。宋美龄和二姐用地道的上海话聊了一会儿家常后，特地嘱咐宋庆龄："阿姐，如果你有什么情况需要我帮助，立即直拨2080，2080，这个号码你记下了吗？"

"谢谢小妹，我记下了。你放心吧，不会有问题的。"宋庆龄安慰宋美龄。

"不！你还是注意一些，我感觉他们最近有些事背着我，我十分不放心。"

尽管宋庆龄不讲，这次爆炸的事还是传入了宋美龄的耳朵，她朝蒋介石大发脾气，威胁说如果胆敢对二姐有什么行动，不要忘记前些年那档子事，她也会采取行动的！

"我发誓，我发誓！那事跟宋委员绝没有关系，我已经查清楚了。我继承孙先生的事业，怎么会对孙夫人有不敬呢？"蒋介石信誓旦旦。

"你只管干！可别让我抓住把柄！"宋美龄狠狠地说。

宋美龄还是不放心，蒋介石发誓的事多了，没哪样是靠得住的。她又接通了宋子文的电话："哥啊，你关照他们一下，不准在阿姐那里胡来，如果我听到有什么，我是决不答应的！"她的声音很高，语气非常尖利。

"好的，我马上通知他们。"宋子文知道这是指戴笠。

宋子文找到孔祥熙，两人一起把戴笠叫了过来。

"啊，二位院长，有什么事尽请吩咐！"戴笠毕恭毕敬。

"嗯，你们最近在孙夫人那里搞什么活动？"孔祥熙先开了口。

"哦，为了保证孙夫人安全，有几个弟兄化装在附近守卫，以防日本特务暗中捣乱。怎么？有人说什么了吗？”戴笠假装糊涂。

“那好那好！”一贯不肯得罪人的孔祥熙不再往下说了。

“不是那么回事？”宋子文知道话还得自己说，“我告诉你，找你来不光是我们两人的意见，夫人有电话来，要我们关照，如果发现你的人在那里有不合适的行动，她是决不罢休的！”宋子文拉下脸来。

“不敢不敢！戴笠是何等样人，胆敢在孙夫人那里胡来？肯定出误会了，误会了。”戴笠表现出一副诚惶诚恐的样子。

孔祥熙又来敲边鼓：“我们知道不会有什么事的，不过嘛，蒋夫人不放心，她本来也可以直接给你说，只是她也相信不会有这种事，才让我们侧面讲一下，免得把事看严重了。没有就好，就好！”

戴笠额角上已经渗出了汗珠子，心里暗暗叫苦：乖乖，幸亏还没动手，否则，这事就不好收拾了！

孔祥熙和宋子文各开出一张支票。他们拍拍一直笔直站立的戴笠的肩膀，换过一副笑脸：“戴老板，心里没鬼不必紧张。喏，中国银行和财政部各支援你一些经费，可要注意用在对付日本汉奸方面，自己派系之间的事要从长计议，别太死心眼了。今天失势说不定明天又会得势，委员长今天喜欢的人明天说不定又要倒台，给自己留条路吧！”

“是是，我一定关照下面的人，保护好孙夫人的安全。至于其他方面，二位有什么不放心，也尽管吩咐，我是绝对照办的！”

以后，不管蒋介石怎么催，戴笠拖定了主意，对孙夫人，我不能听你的，出了事蒋夫人一闹，你委员长也顶不住，还不得把我兜出去问罪？再说，宋子文和孔祥熙面前也没法交代，那两位可是财神爷啊，他们要不给钱，我这军统也没法维持。

事后，孔祥熙又悄悄给宋庆龄说：“哎，我说你说话可得注意点儿啦，老惹他不高兴，把你抓起来怎么办？”

“抓吧，我等着他们抓呢，那样更好！”宋庆龄直愣愣地说。

“唉，这……”孔祥熙连连摇头。

五十三

宋庆龄照样我行我素。

一天清晨，董必武要返回延安去。前一天傍晚，宋庆龄毫无顾忌地在自己家里为他举行欢送宴会。

周恩来、邓颖超夫妇来了；冯玉祥、李德全夫妇来了；徐舜英等也来了。周恩来在席间纵论天下形势，特别分析了西北战场的战局，大家备受鼓舞，凝神细听。

这时窗外雪花飞舞，室内壁炉里炉火通红，映照着壁炉架上交叉放置的两株稻穗。跳跃的火焰映照得稻穗显出金黄的颜色，十分可爱。周恩来谈完后，李德全指着两株稻穗大声地赞叹说：“你们瞧，多么好看啊！这两株禾穗简直像金子铸成的一样！”

宋庆龄笑说：“这比金子还要宝贵呢！我们的国家自古以来就是农业立国，农民占全国人口的绝大多数。年年五谷丰登，人民才有好日子过。”

周恩来走过去，双手抚弄着禾穗说：“将来打下江山，人民坐了天下，一定要把这两株禾穗画到新中国的国徽上面去！”

大家一齐说“好”，共同举起杯来，祝贺新中国早日诞生。

周恩来一直记着自己说过的话。中华人民共和国成立前夕，全国政协讨论国徽图案时，他又讲起了这段往事。这样，中华人民共和国的国徽上，就有了两束丰收的禾穗。

宋庆龄不遗余力地组织“保盟”举办各种募捐、义卖、义演活动，收入的钱不仅用来支援解放区，也用来赈济河南灾民、广东灾民、湖南灾民等，还帮助一批国统区的贫病作家渡过生活难关。艾芜、邵荃麟、黄药眠、端木蕻良、司马文森、陈残云和孟超等进步作家都曾得到过她的无私援助。

兄弟姐妹关心宋庆龄的安全，宋庆龄感谢他们，但是政治信仰上的不同，也导致了他们不同的生活作风。对宋霭龄乘国难之机大做投机生意赚钱和宋美龄不适时宜地张扬她的奢侈，宋庆龄并不欣赏。

一次，一些美军士兵在宋庆龄家里举行舞会，一只蚊子叮在了宋庆龄脚腕上，她“啪”地一掌拍下去，引得不少人回头来看。宋庆龄呵呵一笑：“瞧，没穿袜子！违反了蒋委员长的新生活运动原则。不过，我可没有机会到你们美国去买尼龙丝袜子。”

原来，此前不久，宋美龄到美国访问，穿戴阔绰，像个时髦名流。她在一次集会上说：“我要让美国人看看，中国人不全是苦力和洗衣工人。”宋庆龄给人写信时带着一种嘲讽的口气说：“看来，中国必须为此感谢她了。”宋庆龄对蒋介石的不满久了，对一奶同胞的妹妹也有了看法。再是宋美龄从美国回国时，带回了无数的行李，还有数不清的罐头。但是宋庆龄托她带的鞋，据她自己说“飞机上放不下了，等下一次吧！”这倒让宋庆龄难以理解。

第十六章

最后的晚餐

政治把三姐妹分开，亲情又让三姐妹团聚。在对日抗战中，三姐妹重新走在一起，为了欢聚的晚餐，为了重温儿时的亲情，宋美龄挖空心思，成全了团圆丰盛的晚餐。随着解放战争的炮声的响彻，团圆的晚餐也成了最后、最令人回味的晚餐。

——题记

五十四

时间过得飞快。就在宋庆龄从香港回来不久，两兄弟宋子良、宋子安也从昆明回重庆来了。

两兄弟在外挣了一笔钱，他们一回到陪都，总要设法弥补失去的一切：购买最时髦的衣服、跑理发厅、上剧院、看展览会或探亲访友，忙得不亦乐乎。

宋霭龄高兴，宋美龄更是高兴。宋美龄的高兴有两则：一则因为长沙第三次战役大捷，蒋介石十分高兴，脸上的皱纹神秘地消失了，接人待物也和气多了；二则因为两个弟弟都安全回来了，大家在一起，有说有笑，生活就像过年过节一样。

于是宋美龄决定搞一次兄弟姊妹的大团聚，并且到时由她亲自掌勺做菜。她才瞧不起黄山官邸司务长的手艺哩，牛排炸得干巴巴的，一点鲜味都没有了。

宋美龄在黄山官邸忙开了。她是松厅这所住宅的能干管家。考虑到自己的清淡口味，蒋介石在硬着头皮看过宋美龄订的菜谱后说："我劝你少搞大鱼大肉，也别弄那么多品种的酒。咱们是虔诚的基督徒。"

"达令，你太爱吹毛求疵了，"宋美龄说，"现在请客都是这种规格，否则让人笑话。莫非，你不赞成这次聚会？"

蒋介石连连摇头："我不是那个意思。相反，我非常赞成你们宋家兄弟姊妹在此聚餐。有天军统派人来汇报说'孙夫人出走了'，吓了我一跳，连忙派人去找。谁知她安静地待在家里。我一追问，才知道是军统搞监听时没把事情弄清就胡乱上报。"

宋美龄说："搞监听是军统的事。但我要警告你，我二姐的安全不准出丁点差错。否则……”她说到这里，用手指朝蒋介石的鼻子尖点了点。

“当然，当然。”蒋介石连忙点头。

宋美龄拿起电话来，先拨通了孔祥熙官邸，讲清原委后，听筒里传来宋霭龄爽快的答复：“我没有问题。关键是你二姐那边。”

宋美龄又拨通了宋庆龄住宅，铃响片刻，听筒里响起了宋庆龄的声音：

“我听出来了，小妹，你好！”

“二姐，我打电话是请你赴宴。子良、子安小弟回来，大姐也说好了，咱们宋家兄弟姊妹，好好团圆团圆，欢乐欢乐，顺便吃点便饭，尝尝我的手艺好不好？”宋美龄一口气说出以上这些话。

“那么说，委员长也一定参加了？”宋庆龄问。

“老蒋非常高兴出席。并且让我快打电话通知你哩！”宋美龄又没有听出对方的弦外之音，不假思索地回答。

“我这次不想出席，因为我身体不大舒适。”宋庆龄答道。

一阵沉默。

宋美龄不甘心地又道：“二姐，这次是我们姐弟自家聚会团圆，没有别的外人呀。再说，二姐上次也没来，让大家很是扫兴。”

宋庆龄听后犹豫了一下，但终于婉言谢绝说：“不来，谢谢，这两天我正犯病，身体不适。”

“那么，是不是请大夫给你看看。”宋美龄热心地说。

又是沉默。那几秒钟，对宋美龄来说，仿佛有几个小时那样长。

半晌，宋庆龄回答说：“不用了，我正在服药，很快会好的。”

“有事仍拨2080，我马上就能听到。”宋美龄再次把号码重复给二姐。这个电话号码是军事委员会长途台的秘密号码，宋美龄早就提供给了宋庆龄，但别人很少知道。

但是，就是这个号码，三天前曾解了宋庆龄的围。三天前的一个夜晚，一群不明身份，借故要搜查凶犯的暴徒，闯进了她的住宅，非要强行搜查。宋庆龄及时拨通了这个四位号码，宋美龄借蒋委员长之口，出面干涉，才平息了事端。

今天，宋美龄把电话听筒放下的时候，差点哭了起来。二姐到底是为什么呢？这次又不来。是不是军统的监护使她产生了反感？损伤了她的自尊心？是不是蒋介石的某些做法对她来说太过分了？是不是爱、大家庭的温暖与和睦的篝火从前燃烧过，现在却只剩下一堆余烬了？凡此种种，使宋美龄百思不得其解。

宋美龄颓然跌坐在沙发上。

蒋介石走上前去，劝慰道："都怪我，我要是声明不参加，她肯定会来的！也许你把话说得太早了点。敬酒不吃吃罚酒。她不来也好，我们自己吃。"蒋介石的脸色骤然阴沉下来。远远的，从河对岸的重庆城区方向，又响起了凄厉的空袭警报声，听起来让人格外心烦。

五十五

在男人与女人的世界里，作为东方女强人的宋美龄，她以自己的力量，超越自我，征服了自己的男人和他所代表的男性世界。在中国的女性世界里，宋美龄应引以为自豪。蒋介石的"夫人外交"就是这一论断的证明。

夏末，宋美龄受蒋介石的委托，从重庆飞往新疆迪化，国民政府外交部驻新特派员吴泽湘同机前往。

宋美龄知道，新疆督办盛世才不是一盏省油的灯。此人口口声声拥护中央，国民党新疆省党部却迟迟建立不起来；此人又多次表示要与党国步调一致，转身就收容了溃至新疆的红军西征军的残部。

那残部像颗定时炸弹，说不定哪天爆炸！

宋美龄不愿意同这种难缠的人打交道，但蒋介石却认定派她去协调最合适。

“亲爱的，过去你办成了许多令人难以置信的事情，这一点给我留下了很深的印象。”蒋介石耐心地做夫人的工作。

宋美龄沉默不语。

“选中你还有另一层原因，你知道吗？那就是大家共同推荐，不光是我个人，都认为你是个搞外交的天才，如说专家，也是名副其实的嘛！再说你又是‘新生活运动’的倡导者和领导者。”蒋介石又是一番好话说尽，宋美龄被迫做出让步道：“去是可以去，你必须答应我一个条件。”

“什么条件？”蒋介石感到以上的话没白说，于是急忙问道。

“你必须陪我，并把我同机送到兰州。”宋美龄说。

“这……”蒋介石在考虑一个会议，有点作难，不过他又想到去新疆的事也是他自己的事，最后还是答应了：“好，天亮就走，我送你到兰州，一言为定。”

就这样，他们登上了美龄号专机。

重庆，再见了。

宋美龄和蒋介石并排坐在舷窗前，宋美龄又把蒋介石的右手拉过来放到自己的腿上。他们注视机翼下的茫茫戈壁，指点江山，谈笑风生。

在飞机的嗡嗡声中，蒋介石又把去新疆应注意的事项和盛世才的个性特点向夫人交代了一遍。

“甭说了，别把我当成小孩子了。”宋美龄显得胸有成竹。

兰州到了。

在兰州，夫妇分手。宋美龄换乘了飞往迪化的飞机。

“祝你成功！”蒋介石向机上的宋美龄招手。

飞机升上了8000米高空，直到蒋介石看不见机影，才返回到美龄号专机，飞回重庆，等待着夫人成功的喜讯。

飞机被河西走廊的烈日晒得滚烫，就像有只近在咫尺的喷火筒悬在头顶上，舱内闷热得令人透不过气来。新疆，交通闭塞，文化落后，赤地千里，实在无法与内地相比。若不是为了丈夫的千秋大业，宋美龄无论如何也想不到，自己一生能来到这片焦土上。

飞机仍向西飞行，戈壁滩的尽头出现了点点绿洲。绿是生命的象征，绿是人类的希望，那绿色又装点了一眼望不到边的戈壁滩。

过了一周，宋美龄又回到重庆。蒋介石亲临机场迎接，带着她最喜欢的一束白玫瑰。

一周时间也许太短，可是对宋美龄来说，迪化之行犹如一场梦，留给她的记忆太多了。8月底那个高温的日子，乃是人们盛传的“早穿棉袄午穿纱，围着火炉吃西瓜”的季节，没去过西北地区的人是无法体会到的。成千上万穿着色彩斑斓的少数民族群众的摇旗欢呼，声音粗犷。督办公署豪华的花园、民族特色的亭子，无核葡萄、哈密瓜和爽口消暑又不同于内地的大西瓜。她按照蒋委员长的企图，是那样小心翼翼地同那个督办会谈。“会谈”是说着好听，实际是周旋。她的每个字每句话，都要格外小心翼翼。她还听说，他那公署里进进出出的白衣侍者其实都是特工，客人们偶然说的一句话，也会很快传到这位大督办的耳中。如果是丈夫来到这里，那性子那举止，怕是早已喂狼吃了。她才理解丈夫不来的理由。而她宋美龄有她自己的法术，她能上套又能解套。在这点上她比丈夫高明多了。

不过平心而论，盛世才对宋美龄的接待是很隆重的。刚下飞机时，盛世才就同宋美龄合影留念，还组织了那么多市民夹道欢迎，一束束鲜花送到她的怀里，抱也抱不完。当晚，盛世才还在督办公署为宋美龄设宴接风。

席间，宋美龄发表了简短而有趣的谈话。她说，这次到新疆，耳目一新，承蒙边疆军民盛情款待，十分感谢。她说，新疆在盛督办治理之下，取得了很大成就，有目共睹，望今后百尺竿头，更进一步，以三民主义为宗旨，建设一个三民主义的新新疆。

“我来向您交差了，亲爱的。”宋美龄回到黄山官邸就对蒋介石这样说，“我看不出我的新疆之行对你有什么帮助，你究竟要干什么呢？”

蒋介石眨眨眼，避而不答：“你想知道的可真多，以后再谈吧，我会告诉你的。”

一年以后，新疆全省党化，受控于重庆。

宋美龄从新疆归来，带回来了不少边疆土特产品，主要是无核葡萄、哈密瓜和新疆西瓜等。8 月的陪都重庆，天热得很，坐着就出汗。这些土特产正是消暑品，宋美龄回来第二天，分别把这消暑品分送给兄弟姊妹们，让他们尝尝鲜。另外，一个月来，抗战形势有所好转，已使三姊妹感情有所加深。这一点，善于察言观色的蒋夫人已经看到了。尤其是二姐的言语，不像先前那样生硬，使她从感情上接受不了。宋美龄禁不住心底里高兴。恰赶这时国民政府的宣传部的官员们，要索取抗战中三姊妹合影的照片，以配合形势的宣传。那囚禁在宋美龄心底的三姊妹圆桌会餐的欲望又从她心底冒腾出来。

人间有各种情趣的享受，唯有天伦之乐的姊妹之情最为高尚，最令人神往。

宋美龄为此曾做过不少努力，皆以失败告终。可是，作为第一夫人，她曾征服了男性世界，难道能在女性世界里打败仗吗？她不甘心自己的失败。如今机会来了，她决定再试一下，哪怕是百分之一的希望。

清晨，山城的空气因多雾而显得凉爽。宋美龄带着她从新疆带来的消暑品，驱车来到二姐宋庆龄的住宅。

听到车鸣声，正在看英文报纸的宋庆龄起身迎了过来。

“啊，我以为是谁呢，是小妹。你什么时候回来的?”宋庆龄把宋美龄让到屋里。

“昨天下的机。”宋美龄说到这，示意侍卫官把她带给二姐的东西呈上，“这是我从新疆特意为二姐带来的土产品，供你尝鲜消暑吧。”宋美龄淡淡一笑。她在观察着二姐的脸色。

“小妹还想着我，小妹送的东西我不能不尝啊!”宋庆龄满脸高兴。

宋美龄见宋庆龄和往常神态不一样，马上向二姐身旁挪了挪藤椅，亲近地说:“二姐，你知道明天是什么日子吗?”

“……”宋庆龄摇了摇头道，“这些日子简直把我弄得晕头转向，尤其是你走后这几天，不是视察防空洞，就是视察孤儿院，什么日子都记不清了。”

“告诉你吧，明天是八月十五月儿圆。”接着，宋美龄又讲起在美国求学时代，二姐为她们分月饼的事。宋美龄说:“那时我还小，不懂事，二姐分了我一块，我还嫌小呢，抗议二姐不公平!”

“是有这么回事。”宋庆龄道，那从心底泛出的笑容在她那美丽的脸上展开。

宋美龄见火候已到，趁热打铁地说:“二姐，有言道，月是故乡圆，情是姊妹真。明天晚上，咱们兄弟姊妹也一起赏赏月吧?”

宋庆龄无语。

“咱们不在外面饭店，就在自己家里，或者在你这里，或者在我那里都可。亲不亲，同胞分，什么问题，只要与姊妹之情相比，都是微不足道。二姐，你说是吗?”宋美龄又道。

“小妹，要是在我这里，委员长怕是不能屈尊吧?”宋庆龄犹豫地道。她讨厌老蒋出席，破坏姊妹间的情趣，但又不便说出。于是她投石试探地问。

宋美龄心领神会，上次就因为自己说出老蒋要出席，二姐拒绝了。今日可要注意了。宋美龄道：“委员长明早要坐飞机到昆明视察，怕是想参加也难了。我看他不参加更好，免得扫了我兄弟姊妹的情趣。”

“也好。”宋庆龄道。

“二姐，你答应了！”宋美龄像当年留学的少女，几乎拍起了巴掌。难为了宋美龄，她把百分之一的希望化成了百分之百的成功。

人不说假话，难办大事。殊不知蒋委员长明天压根就没有到昆明视察的意图。为了兄弟姊妹的团圆，这就看主妇宋美龄的安排了。

“二姐，你这里屋小不方便，就到我那里吧。我要亲自掌勺，让你尝尝我的手艺呢。”宋美龄眉飞色舞。

“也好。”宋庆龄答道。

宋美龄像只花喜鹊飞回了黄山官邸的家里，接着兴奋的她，又接连拨通了大姐宋霭龄，哥哥子文，小弟子安、子良的电话，把这一喜讯分别告诉了他们。为了八月十五赏月团圆，大姐宋霭龄特意订购个六斤重的大月饼，代表六兄弟姊妹的团圆，开车送了过来；子文也特意派飞机到昆明购买了两只象征团圆的神龟鱼，送进了宋美龄的餐房；两位弟弟也为宋美龄请来了重庆饭店的高级厨师。

在中国这块古老的土地上，家族的团圆是最神圣的。神圣的团圆又吸引着每个家族成员。尤其是在宋氏这个与中国命运紧紧相连的、在全世界都名声显赫的家族里，他们视团圆为黄金。宋氏家族团圆远超过普通家庭团圆的意义。

五十六

八月十五的满月非常好看。它镶嵌在青碧如海的天空，投下淡淡的银光。黄山官邸冷清清地耸立在银光下面，楼前是片白灿灿的花朵。还有山、石壁、桃树、柳树，各有各的颜色和形态，在银白色的月光下，似乎都含有一种秘密。黄山官邸的宴会厅里甚是热闹。

宴会厅内的十几台大吊扇一齐开动起来，阵阵凉风送爽，宋氏兄弟姊妹六人以及他们的家眷、司机、侍卫足足摆了三大桌。十几名侍者身穿全套白色制服，有的在一旁悉心伺候，有的满头大汗地跑来跑去，忙着上桌。

为了全家族的团圆，今晚他们辞去了一切公务。在太阳落山时，六辆轿车已驶入了黄山官邸。六辆轿车一溜停在云鹤楼前的草坪上，煞是壮观。在中国文明止步的今天，宋氏家族的文明却是超前发展。他们不但拥有自己的专车、专机，还拥有自己的多处别墅。

此时，餐桌上的美味更是令人垂涎。三个大大的餐桌上一色地摆满了高级厨师做的名菜，它们分别是：油炸团圆神龟鱼、莼菜鸽蛋汤、眉毛丸子海参、香酥鸡网油蟹卷、生菜大虾、油淋安康鱼，以及叫不出名的山珍海味，还另有点心、水果、冰淇淋。

宋美龄的开场白像一篇优美的散文诗。短短的几句话，真挚动情，使全家人都兴奋起来。连连举杯庆贺这多年不曾见的团圆。那高脚酒杯的红色液体，通过兄弟姊妹间的碰杯后，仿佛不再是酒，而像母亲的血液，再次注入他们的肌体，使他们又有了共同的话语。

“莫谈国事。”在大姐宋霭龄这道戒令发布后，兄弟姊妹们竭力维护，尽情开怀畅饮，倾腹吐心。以前，他们在大庭广众面前所表现的尊严，在这种场合下，已不再粉饰。在亲人的面前，各把各的性格暴露无遗，那才是亲切、痛快哩。他们尽情享受着这团圆的欢乐……

“大妹，大姐敬你一杯！”宋霭龄首先站了起来，端起了酒杯。

“谢谢大姐，理应敬你，你倒反客为主了。”宋庆龄端起了杯，“我喝酒不在行，让我喝一半吧。”

第十六章
最后的晚餐

“不行，要喝就要喝光。”宋美龄插言道。

宋庆龄无奈，只好一饮而尽。

“二姐，我这一杯呢？如果你喝大姐的，不喝小妹的，可有点不公啊。”宋美龄又端起了酒杯。

“小妹，饶了我吧。”宋庆龄道。

这时，宋美龄亲自掌勺做的花溪河鲤鱼端了上来。宋美龄夹了一块放在宋庆龄的碗里，“二姐，先尝尝我这手艺，然后再喝也好。”

“哎哟，烫着我的嘴了！”宋庆龄道。进而满嘴嚼着，连声道，“有滋味，有滋味。”

“既然有滋味，请二姐喝下小妹这杯酒吧。”宋美龄又站了起来。

“好，我喝。”宋庆龄又是一饮而下。

两杯酒下肚，宋庆龄脸颊微微发,。酒后吐真言，“小妹，我也有对不住你的地方。”

“二姐，莫说了。”宋美龄马上制止道，“你还能再喝点吗？”

“不，不喝啦！”

这时，以子文为代表的三兄弟也来向三姊妹敬酒。一阵碰杯声后，大家又是“朝天乐”。

酒足饭饱后，自然是尝饼赏月。

尝饼赏月是在官邸的草坪上。倾洒着银灰色流光的月亮挂在中天，是那样的皎洁纯美。宋氏兄弟姊妹围着圆桌，圆桌上摆着那像月亮一样圆的特制枣泥馅大月饼。大姐忙着把月饼切开。动刀前，她把人头点点，生怕少了孩子们的。

宋庆龄捅了捅席地坐在身边的宋美龄，道：“小妹，这次我给你挑个大块的，免得你再当面向我哭鼻子喽！”

“你真坏，二姐。”宋美龄咯咯地笑了，去搔宋庆龄。宋庆龄直向大姐求饶：“大姐，你不管了。小妹要打我！”

“别闹啦，快吃完月饼咱们去看舞会。”宋霭龄制止道。

五十七

晚上9点，宋氏一家准时来到了重庆大酒家的舞厅门前，受到舞厅老板的热情接待。他们在宋美龄的带领下，进入舞池，在舞厅旁的长椅上依次坐了下来，背靠着墙，眼中净是重庆的达官贵人、富豪佳人们，边喝水边跳舞，好不惬意。很快大家就发现了宋家姊妹，舞池内一阵骚动，每一对经过她们面前的舞者都转头，瞪大了眼睛。是真的，宋家姊妹全部在这儿——气质沉静的孔夫人、容光焕发的蒋夫人和神情庄严愉悦的孙夫人。

一位报人评论道：“我想姐妹之中的二人在这儿，我不相信孙夫人也在这儿。她是绝对、绝对不可能和她俩姐妹同时出现的！”

另一人以自然的口吻说：“一定是因为芬兰，她一定是因为不满苏俄才这样做的，一定是因为芬兰问题。”头一名报人不同意：“不对，我知道为什么。是为了要做给汪精卫看。”

他们全猜错了。宋氏三姊妹在娱乐场上的出现，标志着她们以大局为重，抗日战争的新阶段的开始。

经过宋美龄的多次努力，宋氏兄弟姊妹们终于走到一起来了，围在一个餐桌吃饭，这是可喜的。这是第一次，然而也是最后一次。

第十七章
外交风采

美雅的姿仪，敢于冒险的性格，国际舞台上纵横捭阖的外交天才，凭着她渊博的知识，娴熟得胜过母语的英语，频频游历于南京—华盛顿—开罗之间，为中国军队募集来大批美金，为抗日的中国赢得同情和支持。

——题记

五十八

宋美龄的才能随着她的阅历在增长。

1942 年 10 月 9 日，美国副国务卿威尔斯召见中国大使魏道明，宣布美国取消在华领事裁判权及有关的种种特权。美国最高法院院长为庆祝中华民国“双十节”，在费勒得斐亚独立厅前发表最亲切的祝辞，并鸣自由钟 31 响。

“双十节”的当天，蒋介石致电罗斯福总统表示感谢。电文说，全中国民众都因美国这一行动欢欣鼓舞，费城独立厅自由钟为祝福中华民国国庆日而敲响，更使中国人民对美国人民的亲善友好有共鸣感觉。电文说，此种献礼对于中国军民继续抗战的鼓励，是其他事物均不能比拟的。

罗斯福总统复电说：“取消在华领事裁判权是美国政府及我个人多年的心愿。中国抵抗侵略者的英勇奋斗精神令人敬佩。”

正是在这种气氛下，“双十节”过后的不几天，宋美龄因荨麻疹复发，在董晃光及其他随行人员的陪同下，秘密地离开重庆，搭乘美国军用飞机，飞越太平洋，前往美国。

碧蓝的天空，飞机平稳地飞行着。

宋美龄鸟瞰着一望无际的蓝色太平洋，感到说不出的超脱和振奋。这些日子，她实在太累了，要不，荨麻疹还不会复发呢！

宋美龄在纽约哥伦比亚长老会医疗中心接受治疗，住了一个月的院，病愈后立即展开了旋风般的外交活动。

第十七章
外交风采

五十九

11 月的华盛顿尚未降雪，从白宫椭圆形办公室的落地长窗里向外望，天空十分晴朗。

宋美龄首先拜会了罗斯福总统的夫人埃莉诺·罗斯福。美国第一夫人埃莉诺·罗斯福，接到中国第一夫人宋美龄的电话后，已在门前等候。与宋美龄一样，她也是一位美国标致的美人。她穿着一件华丽的蓝色裘皮短装，烫过的金黄色的头发披泻在背后，亭亭玉立站在门口，显出惊人的美貌。

当宋美龄的专车开过来的时候，两位以美丽和才华驰名全球的女人相会了。这已不是第一次相见，用不着任何人介绍和欢迎，她俩像亲姐妹一样拥抱在一起，用英语欢欢喜喜地交谈起来。

宋美龄那苗条的身躯深陷在大沙发的坐垫里，她顺着茶几，把见面礼——一巨册邮票推送到总统夫人的面前："尊敬的夫人，请代转总统先生，我希望我亲手挑选的一点礼物不会显得太过时了吧。"

埃莉诺双手接过，笑逐颜开。

这册邮票，是宋美龄专门为访美而苦心孤诣弄来的。她早就听说罗斯福总统是个集邮迷，便四处打听哪儿有珍品，后来交通部部长张嘉提供了一条线索：敌伪占领的上海原邮政总局保险柜里有四巨册，而且是从前清的第一套大龙票到民国各时期的全有，堪称国宝。宋美龄立即派人潜入上海，把这四册邮票全弄到重庆，三册交国库，一册携至美国专赠罗斯福，投其所好。

埃莉诺捧起那册邮票，翻了几页说："这些邮票堪称宝贝。罗斯福从少年起就是个小集邮迷，现下又是个老集邮迷。他知道了，一定比我更高兴。夫人，我太感谢您了。我马上给您引见他。"

翌日，会见是在一个红霞满天的早晨。

宋美龄在埃莉诺的安排下，来到了白宫。

对于白宫，宋美龄并不陌生。

早在她留学美国的十年生涯中，多少次她和同学们结伴，在白宫前的铁栅栏前散步、指指点点，欣赏白宫的建筑造型艺术。白宫前绿草坪上的和平鸽给她留下了深刻的印象，而白宫对于她们这些少女们则充满着神秘。中国抗战初期，她以中国第一夫人、新任中国航空委员会秘书长的重要头衔，来到白宫，接受罗斯福总统的秘密接见。律师出身的罗斯福总统，虽然不乏律师的尊严，但他的和蔼可亲也令宋美龄感到很放得开。他说话慢慢的，声调柔柔的，话语中透出一种深思熟虑和远大抱负；他阐述一种问题和思想时，总是从小到大，从身边的事情说开去，透过迷雾，给人以高远。然后又由高远回到身边，给人一种亲切。随着总统的接见，白宫的神秘也就随之消失，而留给宋美龄的另一种神秘则是罗斯福那双不能行动的腿。出于礼貌，宋美龄多次抑制住了她询问的冲动。直到她临上飞机回中国时，方从罗斯福总统身边的工作人员口中得知：罗斯福在青年时期便是一位体育爱好者，滑冰则是他的拿手好戏。他张开臂膀，迎着寒风，像雄鹰展翅，给人以畅想。那年罗斯福还在大学读书。一次在加拿大与友队进行滑冰比赛时，脚下坚冰突然裂缝坍陷，年轻的罗斯福不幸堕入冰水中。直到被队友搭救上岸，双腿已麻木失去知觉，从此再也没能站起来。

罗斯福虽然泪洒冰场，结束了他的体育生涯，但残废的身体并没能遏制住他个人宏伟抱负的实现，反以百倍的毅力与常人竞争。他后来从律师事务所走进军营，在军队中先后担任要职，最终在总统竞选中获得巨大成功，成为美国历届总统中任期最长、最受欢迎的总统。

宋美龄在埃莉诺的陪同下来到白宫时，罗斯福正在国会大厅开会。会议已近尾声，工作人员安排宋美龄先登上白宫顶层参观白宫周围的景色，然后在总统接待大厅中等候。

接待大厅位于总统办公室的左侧，离国会大厅仅有几步之遥。大厅宽绰豪华，装饰精美。正面雪白色的墙壁上镶嵌着美利坚合众国五彩缤纷的地形地貌图；四周有几幅中国风格的山水画，雅致而气势非凡；一张长椭圆形桌子横亘在大厅中央；中央花池里摆满了生机勃勃的鲜花和松柏盆景；在沿墙壁四周摆着沉重但令人舒适的牛皮沙发；隔窗可望见华盛顿的新姿和宾夕法尼亚大街的车流。

当罗斯福坐着轮椅出现在宋美龄面前时，宋美龄从深陷着的沙发上站起来，迎上去，把一束鲜花呈送到老人手中，继而在罗斯福的脸颊上吻了一下。

罗斯福开口道："夫人，我迟到了，应该检讨！"

"该说对不起的是我而不是您。"宋美龄用流利的英语回答。

"此话怎说？"罗斯福略一愣怔，等待着宋美龄的下文。

"本来嘛，我应该早来看您，只是忙于国内抗日事务，耽搁了启程的时间。若不是介石催促，恐怕今天还来不到这里呢！"宋美龄对罗斯福一语双关。

"蒋总统他好吗？"罗斯福边问边示意宋美龄坐在他身体右前方的沙发上。

"他很好。"宋美龄接着从随身的工作人员手中拿过一个大信封呈到罗斯福手中，"这是介石给您的信。他让我向您问候并祝您身体健康。"

罗斯福接过信，认真地读了一遍，随手把信交给身旁的夫人，说："我代表美国人民欢迎夫人的到来。中国作为世界反法西斯的主战场，作为我国的盟国，我们一向是十分关注的。上次你是秘密来美国，而这次是公开的国事访问。关于中国抗日前线的战场形势，尽管通过新闻和情报渠道知道一些，但还是想听听您的介绍。"

“OK。”宋美龄很有风度地把披巾取了下来，盖在自己的双膝上，然后开始通报中方战场的情况。从敌我之间的力量态势，谈到各个战区的官兵士气、物资供应；从日军的几次大的失败，谈到中国军队在各个战场上的戮力攻击；尤其谈到以陈纳德将军为首的飞虎队给日军构成的很大威胁时，宋美龄和罗斯福不约而同地露出会心的微笑……讲着讲着，宋美龄完全脱离开事先工作人员为她准备的提纲，遇到总统感兴趣的问题时，察言观色的宋美龄还能即兴描述一番。罗斯福感到很高兴，宋美龄亦感到兴奋。

“照此下去，我感到中国的抗战离胜利已为期不远。”罗斯福很有风度地在长桌上弹了弹修长漂亮的指甲盖，声音轻轻的，像是在弹琴。

“是的，阁下。”宋美龄翕动一下涂满红色唇膏的嘴唇，“关于胜利应该说为期不远。不过，我只是讲了对我抗战有利的一面，而困难的一面我还未向您通报。”

“什么困难？”罗斯福机敏地问道。

宋美龄缓了口气，表情凝重地说：“困兽犹斗。日军是决不会自动承认失败的。他们每天有数百架飞机向我们的前线和后方投下数千吨炸弹，妄图挽救危局。中国的制空虽有盟军的援助，但还难以和日军抗衡。因此，中国士兵的伤亡每天都在增加。后方医院爆满，许多伤员不得不在露天场院里等待手术和治疗。很多伤员由于缺医少药而牺牲了。临来前，我到了一个后方医院视察过，那里有一百多位伤员至今没有床位，有四位伤员痛苦地呼唤着我的名字而死去，那情景看了真让人难过。”说到这里，宋美龄用丝质手绢揩了揩湿润的眼角。

罗斯福也为之动情。他略欠了欠身子，似乎明白了宋美龄此行美国的目的，说：“请讲清楚，还需要多少资金？”

“我这里有几个统计数字，请总统阁下过目。”宋美龄没有正面回答罗斯福总统的提问，而是把一张早就准备好的明细表落落大方地呈给了罗斯福。在宋美龄的感觉里，这组数字似乎是大了些，直接回答未免显得轻率。

罗斯福一面用手轻敲着台面，一面认真地审查着表格中那枯燥的数字。遇到哪一个战区伤亡数字较大时，就向宋美龄提问几句，宋美龄则对答如流。罗斯福显然不太相信这些数字，但提的每一个问题都被胸有成竹的宋美龄一一解答，滴水不漏。当罗斯福总统抬起眼睛重新审视面前的这位娇小的东方女性时，不由得深深地感到这位蒋夫人的富有心计和城府深厚。

“请放心，作为中国的盟国，我们决不能袖手旁观，尽量满足贵国的困难要求。但是比起在前线用生命和鲜血与日本人作战的中国官兵来说，这些困难算不了什么。美国是一个民主国家，虽然我是一国之总统，但不能我一人说了算，还要征求国会的意见，这点希望你能谅解。今天，你讲得很好，我心悦诚服。我想，你如果能再用使我心悦诚服的话演讲给国会议员们听的话，你此行的目的就不会落空。”罗斯福认真地说。

“是吗？”宋美龄睁大了美丽的眼睛。

罗斯福总统点了点头，似乎是暗示。

“谢谢！”当两只手用力相握时，默契达成了。

罗斯福总统和夫人做东宴请了宋美龄。之后休息片刻，双方又坐下来对国际反法西斯同盟所面临的形势，交换了意见和看法，对胜利的前景进行了预测，并对中国战场上美援的运用和监督进行了讨论。最后，宾主双方用不容置疑的口气向等候在门外的记者们宣布：中国和美国是世界上两个伟大的国家，中美要在当前的反侵略战争中互相支持，胜利一定属于国际反法西斯同盟。

……

当宋美龄怀着兴奋的心情乘车离开白宫时，一轮圆圆的红日正在落入西陲山野中，不过，在宋美龄的眼中，那是充满希望的太阳。

六十

1943年2月18日12时13分。

美国国会讲坛。

这天，宋美龄穿着深绿色的中式旗袍，披着亮色的披肩，下摆开叉几乎高到膝盖，一头柔和的黑发优雅地盘在颈后，她佩戴着价值连城的宝石，纤指上涂着红指甲油，脚上穿着透明长筒袜和轻便高跟鞋，庄重大方、风采动人。在副总统亨利·华莱士陪同下步上讲坛。亨利·华莱士做了简单的开场白，宋美龄便开始了动人演讲。

她理了理腮边的秀发，压了压跳动着的心口，以纯正的美国口音，滔滔不绝地讲了下来。如果不做介绍，你就猜想不到她是中国人。

“先生们，女士们：

见到你们很亲切。

美国是我的第二故乡，我在这里生活了十年。我在儿童时代便来到了美国，在这里读完了大学，度过了我的青年时代，所以说我把美国当作第二故乡。今天再来到这里，感到非常高兴、亲切。”

众人一阵掌声。

掌声过后，她把话题一转道：

“可是，我的第一故乡正遭到日本帝国主义的非人性的侵略，他们每天把成万吨的炸弹，倾注到我们的土地上，从空中、从海上、从地面……很多地方成了无人村。日本地面进攻的部队在中国的大地上，实行灭绝人性的三光政策，杀光、烧光、抢光的三光政策。没有被杀死的他们拥挤在一起，闪着惊慌不安的眼睛，呼喊正义的人们去救他们……此时，我们的国土，文明已被野蛮代替，正义已被邪恶驱除。他们急切地向你们呼救！”

宋美龄讲到这里，又把她亲身经历的三个悲惨故事讲了出来。台下群情激愤。

最后宋美龄很动感情地大声疾呼：“中国到处在流血。我那善良的婆婆，总统的母亲，就是在纺棉花时被日机投下的炸弹炸死的。这一点没去过中国的人是绝对不会想到的，侵略者是多么残暴！我的丈夫，作为中国的总统，把所有的精力和心血倾注在救国救民上，许多人不知道我的丈夫的处境是多么艰难。我，生于中国，长在美国，是属于中美两个国家的。我坚信，两国都不会屈辱地承认失败，而要以正义反对侵略！”

“在这里，请允许我再讲一个故事。这个故事发生在我国衡山地区，叫磨镜台的传说。1000余年前，衡山地区有一座古庙，庙中有一位住持，天天在石头上磨一块砖。日复一日，年复一年。一天，一个小和尚问他：‘住持师父，以砖磨石，究何为乎？’住持答道：‘余欲磨砖成镜。’小和尚说：‘住持师父，磨砖成镜，不可能也。’住持说：‘这与你整日念阿弥陀佛以求福祉是同样不可能的。’这个故事讲完了。我是说，我今日对贵参议院诸位参议员，以及对旁听席上诸位女士与先生，愿更进一言：吾人之诸领袖，倘无吾人全体积极协助，不能实现此种共同理想。此磨镜台故事之教训，乃诸君与余所宜深切领会者也。”

宋美龄讲完这段寓意的传说，全体议员站起身热烈鼓掌。他们不仅是出于礼貌，而是被她的真情打动了。掌声从心底发出。

宋美龄挂着泪花，连连向听众鞠躬致谢。

一小时后，美国众议院。

宋美龄稍事休息后，又在众议院议长雷朋的陪同下，走上众议院会议厅的讲坛，发表了轰动一时的演说。

她首先赞扬了美国士兵在世界各地奋战的情形；接着引用孙子的“知彼知已，百战不殆”和“看人挑担不吃力”的谚语，说明西方人对日本始则估计过高，视为超人，后又认为击败日本为轻易之事。她强调盟军应改变偏重欧洲战场的观点。她认为打败日本比打败德国更为重要。她说：“吾人慎勿忘日本今日在其占领区内所掌握之资源，较诸德国所掌握者更为丰富；吾人慎勿忘如果听任日本占有此种资源而不争抗，则为时愈久，其力量亦必愈大。多迁延一日，即多牺牲若干美国人与中国人之生命；吾人慎勿忘日本乃一顽强之民族；吾人慎勿忘在全面侵略最初之四年半中，中国孤立无援，抵抗日本之淫虐狂暴。”她希望美国能把注意力转向日本，摧毁日本的武装力量，“日本之武力，必须予以彻底摧毁，使其不复能作战，始可解除日本对于文明之威胁。”宋美龄风度翩翩，意绪泉涌，侃侃而谈，说到感人处，常常被掌声打断。当她谈到盟国应立即击败日本时，全场起立鼓掌。演说完毕，掌声雷动，达数分钟之久，议员们一再起立欢呼，楼上旁听席上的听众也起立欢呼，气氛十分热烈。宋美龄频频含笑致谢，退出会场。

宋美龄在美国两院的演说，通过无线电向全美广播，引起美国听众的强烈反响。美国朝野人士纷纷写信向宋美龄致敬或邀请宋美龄去观光、演讲，每天收到信函多达两三千封。美国各界报纸杂志纷纷发表社论和评论，多达三千余篇，一时之间，掀起了一场赞扬宋美龄的外交旋风。

美国总统夫人埃莉诺·罗斯福称赞宋美龄的演说“不仅盛极一时，亦且举世无双”，“当我看到蒋夫人身着中国服装，沿阶梯走向讲台，被四周站立的人群包围时，我不得不为她的成就而感到荣幸之至。当她演讲时，她俨然是一位斗士!”美国议院外交委员会主席勃罗姆说:“蒋夫人演讲时态度之优雅，解释世界局势之透彻，运用英语之流利灵巧，不但使每一听众能了解其意义，且能与其抱有同一见解，莅美外宾之影响美国民众者，从无若蒋夫人之甚!”议员凡登堡被宋美龄的演说感动得流下眼泪，并说:“蒋夫人在参议院之即席演讲，为本人列席国会 17 年以来最佳之演讲词，预料国会必能实际援华，不徒以空言塞责。”

六十一

白宫。1943 年 2 月 19 日上午 10 时 45 分。宋美龄又在这里举行了答美国记者问。

宋美龄与罗斯福在白宫椭圆形办公室联合举行记者招待会，美国各报名记者出席的达 173 人，人数之多，实属空前。

这天，宋美龄换了一套礼服，别出心裁地佩戴了中国空军的双翼徽章。这大概是因为宋美龄想要在美国记者面前说明现在中国需要更多的飞机和弹药，逼迫罗斯福总统更多、更快地援华的缘故。宋美龄看起来很像一个大眼睛的孩子，她坐在大转椅的边上，小脚还够不着地板。表情严肃的罗斯福夫人坐在宋美龄的身边，一只手放在宋的手臂上。罗斯福坐在宋美龄的另一边，他轻松自如，显然是一位对付新闻界的能手。

罗斯福总统简单地向报界引荐了宋美龄，当他谈到宋是一位“与众不同的特使”时，竟开怀大笑起来。宋美龄慢慢地站起，说:“我在中国曾与蒋委员长亲历前线各处，对于日本人之刀剑从未感觉其可惧，而于今日面对这么多支铅笔沙沙挥舞于速记本上，一时反生恐惧之感，诚如谚语所谓笔锋强于刀剑。但我目睹诸君笑容可掬，复使我感觉如置身于良友之群，则亦无所谓其恐惧，且所谓使机巧之问句，我相信不致发生。”接着，记者们开始紧紧追问一些颇为敏感的问题。

记者：夫人来美有何正式使命，是不是私人性质？

宋：并无正式使命，我来贵国是为反法西斯同盟的建立。

记者：舆论上对于援助中国，确无二致，但曾微闻有人说中国并未充分利用人力作战，夫人对此有何见解？

宋：吾人不能徒手作战，必须有若干配备。吾人用若干人力，毫无空军掩护，已坚持抗战四年半。所谓中国未充分利用人力一说，完全不值一驳。

记者：在华美国空军对于中国军民之影响如何？

宋：战事初起时，吾人只有飞机数百架，后随战事紧张与持久而逐渐丧失……迨贵志愿空军来华，屡创日机，造成辉煌之战绩，日机始不敢任意乱炸城市，至于志愿队在华最大之效果，厥为使中国人民认识已非单独作战，而有美国共同作战。中国现所需要者为军火，其要点在如何可使得到飞机与汽油，贵国总统已经克服许多困难，余意此一问题，还需请总统解答。

记者们微笑着，眼看着宋美龄如此简练地把难题扔给了罗斯福。罗斯福毫无惧色，他说：“现最难解决者为运输问题，吾人不能横渡大洋，亦不能经由俄国，只能从中国西南飞航……吾人正在尽力设法，将来援助必能相当增加，此不仅为情感问题，实为整个战事胜败问题，当前把飞机和供应品运往中国存在巨大的困难。但是美国正在努力把东西运进去。如果美国人民都将理解我的话，这将是无私的援助……此乃吾人确定之政策，必当竭力促速实现，上帝许吾人如何快，吾人即如何快。”

记者：夫人有无具体办法，使吾人对华援助可以迅速增加？

宋：顷间总统曾谓上帝许君等如何快，君等即如何快，吾可补充一句：上帝助自助者。盖中国战士以血肉抵抗共同敌人，美国对华之援助，在中国观之，乃在尽其友情与盟义。

宋美龄讲完这段话，暴风雨般的掌声从人们的心底发出。

在答记者问后，罗斯福紧紧握着宋美龄的手，连赞："讲得好！讲得好！"

宋美龄也高兴地给罗斯福一个吻说："看来我这趟美国之行没有白跑。我也邀请诸公，带着夫人参加今晚我的答谢晚宴。"

"好！""好！"大厅里传出一阵朗朗笑声。

当晚，黄昏伴着暮色悄悄走进白宫的时候，宋美龄精心安排的答谢宴会进入了高潮。

应邀参加的不光是罗斯福总统及其夫人，当然也包括白宫的幕僚们。

镁光灯在闪烁，宾主双方入座。这是一次中国式的传统宴会，菜点之丰盛，堪称世界无比。宋美龄的祝酒词使在座者无不为之惊叹。

团结一致，共同抗敌，成了宴会的主题。

另外，宋美龄其后的一个月里，在美的日程也安排得满满的。这儿有一张日程表，里面不仅反映了她的活动，也反映了她访美大受欢迎的程度：

2 月 28 日，宋美龄一行离开华盛顿乘专车赴纽约。

3 月 1 日早上 8 时 40 分抵达纽约本雪文尼车站。纽约各界名流 250 余人到车站迎接。宋美龄登上装甲车，以摩托车警察队为先导，随从人员分乘 16 辆汽车跟在后面，浩浩荡荡驶向豪华的华尔道夫大饭店，住进 42 层的一套房间里。

当天上午 11 点半，宋美龄出席纽约市长为她举行的欢迎会，登上市政厅外广场上的高台，与纽约 1 万多市民见面。纽约市长宣布接受宋美龄为纽约市荣誉市民，并致欢迎词。宋美龄发表即席演说，感谢纽约市政当局及市民的欢迎盛意，并赞扬纽约市的建筑和市政组织，最后谈到中美关系，她说：“中国不想让别人偿付代价而本身享受权利，更相信友好与正直之美国，亦必不肯由他人偿付自由之代价而本身享受其利益也。”

中午，宋美龄出席纽约华侨团体为她举办的欢迎会，并用汉语对华侨讲话。

晚上，卢斯和约翰·洛克菲勒邀请宋美龄赴晚宴，并由美国名流多人及美国东部九州州长作陪，宋美龄因“节劳”没有应邀。

3 月 2 日晚 7 时许，由卢斯陪同各州长及约翰·洛克菲勒等人到饭店会见宋美龄。

当晚，在麦迪逊花园举行了有 2 万余人参加的市民欢迎会。欢迎会由约翰·洛克菲勒主持，会场布置得庄严而又华丽。晚上 8 时半，全园灯光转成淡蓝色，中国男女儿童 100 余人着中国服装，手提丝制小灯笼鱼贯入场，作为开幕的先声。接着，美国海、陆军仪仗队，手持旗帜，步向讲台。洛克菲勒宣布欢迎会开始，歌咏团高唱中美两国国歌。市长拉加地亚致欢迎词。此时，全场起立致敬，鼓掌声、欢呼声响彻云霄。宋美龄频频点头，向众人致谢。

3 月 3 日，宋美龄出席纽约华侨在卡尼奇大会堂举行的欢迎会，并致词。

3 月 5 日下午在举行记者招待会，回答记者提出的问题。

1943 年 3 月 6 日上午，宋美龄一行来到她的母校威斯理安女子大学，受到欢迎。路经波士顿华侨居住区时，受到华侨的热烈欢迎。

3 月 19 日上午宋美龄一行抵达芝加哥。在州长和市长的陪同下步入车站大厅与群众见面。芝加哥市长凯莱将一巨大金钥匙献给宋美龄，并说：“此乃本市一切事物之锁钥，芝加哥已属于夫人所有。”宋美龄回答说：“敬谢此大钥，用启大心锁。”献钥礼毕，宋美龄一行驱车来到芝加哥最豪华的特雷克饭店下榻。

3 月 20 日下午，宋美龄在旅邸举行记者招待会，答记者问。

3 月 21 日下午，出席华侨欢迎会，并发表演说。

3 月 22 日，出席芝加哥市 2 万余市民在大运动场举行的欢迎大会。

3 月 25 日，宋美龄一行乘火车横穿美国大陆来到美国西海岸的旧金山。在旧金山第 14 号码头，受到热烈欢迎。

3 月 25 日下午 3 时，宋美龄出席旧金山市政厅的群众欢迎大会，并检阅了群众游行队伍，接受该市的市钥。

3 月 26 日，举行记者招待会，同日晚出席旧金山市政府和总商会联合举行的盛大宴会，在皇宫大饭店用金碟进餐。

3 月 27 日晚 8 时，到旧金山市民大礼堂发表广播演说，并接受该市“荣誉市民”称号。

3 月 29 日晚带领少数随员出席了旧金山码头工会为她举办的欢迎会，并向码头工人发表演说，劝告美国码头工人不分派别，团结一致，积极工作，增加生产，支援中国抗战。

3 月 31 日上午 10 时，宋美龄一行驶抵洛杉矶，在洛市市长及各界名流要人的陪同下驱车来到市政厅，出席欢迎会。会上，洛杉矶市市长宣布当日为“蒋夫人日”，并将“蒋夫人日”通告原本，装入红木锦盒内，赠给宋美龄留念。

4 月 1 日，宋美龄在大使饭店招待美国电影界名流。

下午 6 时，宋美龄在会客室接见塞尔兹尼克等 16 位电影公司负责人，并举行茶话会；6 时半在楼下“黄金”厅接见高级导演和编剧数十人；7 时在“黄金”厅隔室接见电影明星百余人。

4 月 2 日上午，宋美龄在饭店招待洛杉矶新闻记者，共到一百余人。宋美龄就印度问题、苏联问题以及战后国际问题、妇女问题等回答了记者的提问。

4 月 2 日晚 7 时，洛市市民欢迎蒋夫人委员会在大使饭店举行盛大公宴，欢迎宋美龄。来宾一千余人。

4月4日，洛杉矶市民在好莱坞广场举行盛大欢迎会，这是宋美龄访美以来最后一次，也是听众最多、最为辉煌、最为热烈的一次欢迎会，是美国民众欢迎宋美龄的最高潮。

4月14日下午，宋美龄带领少数随员出席了洛杉矶华侨欢迎会，赞扬华侨的爱国精神，鼓励华侨推进新生活运动。而后返回纽约，在熊山小住。

5月3日，宋美龄再访白宫，与罗斯福夫妇告别，回纽约华尔道夫饭店休息。

6月15日乘火车到加拿大访问，于当日下午1时15分抵达加拿大首府渥太华。出席了加拿大援华基金会等三大团体所举行的献金仪式，接受三个团体的献金。

6月16日，宋美龄赴加拿大国会大厦发表演说，成为在加拿大国会发表演说的第一位外国女性。接着，她参观了图书馆并巡礼阵亡将士纪念碑。旋即返回美国，三访白宫，与罗斯福夫妇告别。

6月29日，宋美龄自美国南部某机场登上美国政府特备的四引擎巨型飞机启程返国，董显光和孔令伟随行。

途中，当飞机航行于巴西一带时，忽遇另一架飞机迎面飞来，险些相撞，幸而驾驶员机敏，迅即闪过；飞越大西洋上空时，因预防敌机骚扰，灯光全息，又遇一架飞机迎面而来，分不清是敌机还是友机，驾驶员紧急转变方向，躲过这架飞机；飞经非洲上空时，曾遇暴风雨；飞抵印度时，忽然油箱漏油，又与地面失去了联系，机长准备觅地降落，幸而他一转念又继续飞行，才没有误落入缅甸的日军占领区。

7月4日下午5时安全抵达重庆。

7月11日，重庆各民众团体在夫子池新运广场举行了欢迎宋美龄归国大会。

第十七章
外交风采

宋美龄访美获得极大成功。她所受到的接待有许多在美国接待外宾史上是破例的。她得到了许多外国元首都得不到的礼遇和殊荣。她使美国公众进一步了解了中国的抗战事业，促进美国政府的对华援助。她此行还接受了美、加各方面人士的大量捐助。这些对中国的抗战事业都是有益的，同时无疑地也提高了宋美龄在军界、政界的影响。

稍微留心一下中美关系史的人，都会注意到蒋夫人1942年11月访美所引起的轰动。

一家《论坛》杂志报道说：罗斯福总统先后邀请蒋夫人在白宫和海德公园私邸小住，并陪她出席国会演说，出席记者会，这在美国接待外宾史上是破例的事。特别是蒋夫人，正式应邀在参众两院联席会议上发表演说，并出席两院外交委员会盛宴，以及在洛杉矶碗形广场对美国公众发表演说，这都是来访美国的绝大多数外国元首所不曾享受过的殊荣。

第十八章

情感红灯

黛玉葬花，宋美龄焚鞋。爱得愈真，可留给她心底的恨也愈是绵长。松树下，宋美龄架起了干柴，她把那双水晶鞋放在上面，点燃了她心中的怒火。烈火从鞋底下喷放出来，吐露出蓝蓝的火舌，和着她的眼泪在燃烧。

——题记

六十二

人生乃是一个万花筒，有红有绿，有黑有白。红的令你心跳，绿的令你喜欢，黑的令你烦闷，白的令你浮躁。

不是吗？刚才还满脸笑容的宋美龄，此时被一则传言击倒了，她陷入了极度的烦闷和浮躁之中。

宋美龄哭了，宋美龄蒙上被子，咬住枕角哭了。

泪水浸湿了她那头下的枕巾……

为了抗战胜利这一天的到来，八年了，她协助丈夫做了多少工作，吃过多少苦头，数都数不清。

早在抗战初期，美国女记者埃德娜·李·布克采访过他们夫妇后，并以“名人夫妇”为题向全世界人民介绍了他们：

> 蒋氏夫妇生活充实，很有规律。他们共同努力工作。他们的一天，是从早上6点以前读《圣经》和做祷告开始的。总司令不吸烟，甚至不喝茶和咖啡。在总司令家里，也没有打麻将和跳舞这类费心安排的活动。
>
> 然而，蒋夫人总是抽出时间，向外国教会组织的集会发表演说，开办小学或者孤儿院，抚育那些阵亡人员的子女。她翻译蒋介石的电文，同他进行磋商，或者在重要会议上当他的翻译。她为世界各地的报刊撰写文章，组织妇女团体，接待许多国家来访的贵宾，并在一个又一个政府事务委员会担任委员。

的确，宋美龄也忍受了不少委屈。宋美龄本人的日程安排本来就比较紧张，而她又嫁给了一个喜欢工作到凌晨的党国要人，这使她不得不放弃很多自己从前喜爱的业余活动，来适应蒋介石的生活节奏。

事实上，正是宋美龄把蒋介石介绍给了世界上其他国家的元首，也正是宋美龄、宋子文的不停奔波，国民政府才得到成千万美元的贷款和直接援助。

宋美龄和蒋介石的反目源于一则小道消息：有人说，蒋介石与一位姓陈的女子关系暧昧，还说在黄山官邸附近的南山别墅区看见蒋介石与这位陈小姐幽会过。但是，谁也无法证实这则小道消息是否可靠，人们对此是讳莫如深的。可以肯定的是，有些人对此是幸灾乐祸、津津乐道的。

当这则小道消息传到宋美龄耳中，她立时感到一阵钻心的痛苦。一个女人几乎什么都能容忍，就是丝毫不能容忍自己的丈夫可能做出的此类事情。于是，连个过渡时期都没有，宋美龄一下子就跟蒋介石疏远了。

她哭了，她痛心疾首地哭了。

她发现，只有哭才是真正属于女人的……

从传言到近阶段蒋介石的反常言行，她不能不相信这一切都是真的。

六十三

是狗改不了吃屎，是色狼改不了邪性。

1945 年 8 月 15 日，中国人民的八年浴血抗战，在全世界爱好和平人民的反法西斯战争中，日本政府被迫宣布接受《波茨坦公告》，日本昭和天皇宣布无条件投降！

欢乐、普庆，首先起始于多雾的陪都山城，紧接着如暴风雨般地蔓延于全国各地。全国沸腾了！

饱受兵燹之灾的中国百姓，逆来顺受的芸芸众生，燃放着喜庆的鞭炮，披红挂绿，敲锣打鼓，把积沉了十多年的欢乐全部释放了出来。有的纵情痛哭，有的放声大笑，有的鼓掌扔帽子，有的伏地拜天，一位目击此景此情的英国记者报道：中国疯了！

9月3日，重庆国民政府举办了盛大空前的阅兵仪式，以庆贺这场浴血八年、来之不易的抗战胜利。尔后，国民政府又宣布放假三天，全民同庆，以松弛那紧张的神经。于是街头、学校、公园，贴满了红红绿绿的标语。士兵们仨俩成群，谈笑风生，一片祥和。商店门前排起了长队，那是长官赏洋十块，供士兵添置日用物品的。歌乐山下，正逢庙会，人流如织，民间舞会正火……整个山城沉浸在胜利的欢乐中。

胜利使人性得到了解放，同时胜利又考验着每一个人。

这天，宋美龄躲在家里和大姐等人打桥牌，而蒋介石也被张静江等“哥们儿”请去喝庆功酒。

三杯酒下肚，老蒋就扯起了当年上海十里洋场的“行语”。张静江心领神会，趁小解之际，便到对门舞厅请来了三位陪酒小姐。那三位小姐，个个如花儿一般，亭亭玉立。老蒋看了好不欢喜。接着又是几杯酒下肚，喝得满脸通红。今日有酒今日醉，在“哥们儿”的怂恿下，又从酒场到舞场。

这样一来二去，时间久了，便有了传闻。

知夫莫如妻，再加世上没有不透风的墙，消息便传到了宋美龄的耳朵里。作为妻子，宋美龄深有醋意之感，作为政治家，她有更深层的见解：生活的糜烂，往往会导致政治的腐败。多少王朝被推翻，多少帝王是短命，历史已作了证明。目下抗战刚刚胜利，仅是第一步，江山归谁还难说。如果说宋美龄比蒋介石高明，恰恰是她那双纵观历史风云的眼。不以胜为乐，不以败为馁，不以传闻为据。

第十八章
情感红灯

对于丈夫的风月之事，作为妻子，她没有急于追究。得忍就忍，她认为忍并非无能，而是一种政治家的风度、生活的超脱。她没有打草惊蛇，而在寻找时机，以事作证，以理晓人，使其幡然悔悟。于是，多日来，她不时地翻阅史书，寻找哲人治国名言和典故，用笔勾勾画画。凡是她认为主要的，全都圈了下来，送给丈夫看，相信书能给人以智慧。再说蒋介石也是聪明绝顶之人。起初，他以为夫人对此事有察觉，心有不安。后见夫人静如秋水，便真的理解起文中的哲理来。事情虽有收敛，但毕竟陷了进去。

宋美龄是政治家，但她毕竟又是女人，那心中妒火在燃烧，她要以行动来制止。她要给“委座”面子的同时又不留面子，这就要求她做事要有策略而不鲁莽，既不伤感情又能唤醒他的理智，既不打草惊蛇，又能启导他。

那是一天的黄昏，重庆街面上下着毛毛细雨，和着炊烟，四周的建筑物上升起了朦朦胧胧的白雾，天阴人也躁。宋美龄在一家饭店、一个特别的房间里，以突然的行动出现在陈小姐面前。陈小姐来不及收拾整理，发散如麻，面对夫人的突如其来，慌了。

“念你是个不成年的少女，我原谅你，只一次！”宋美龄的眼睛喷火。

“谢谢夫人！”陈小姐跪了下来。

“委座身担祖国之命运，你不要毁了他的名声和江山！”

“是！是！”

“请你写个字据，好吗？”

“写什么？”陈小姐有些茫然。

“保证。”

“好，我写。”

宋美龄就这样不动声色地把字据拿到了手里。

这天晚上，蒋介石装模作样地回到了家。

有了证据，宋美龄心平如镜地问："到哪里去了，这么晚才回来？你没什么可我还不放心呢！"

蒋介石回答："开完一个会，顺便与老同志谈谈话。"

"别装蒜了，事情瞒得了别人，还瞒得了我！"宋美龄从沙发上站起身，走到门前"啪"的一声关上门，并插上插销，道，"你不嫌丑，我还嫌脸红呢！告诉你，你们的一切好事我全清楚了，我不但清楚，而且还有证据！"宋美龄说到这里，马上从衣兜里掏出一张纸条，"你看看吧，你还可以撕掉！"

蒋介石一愣，走过去接过纸条，不看便罢，一看鼻尖上便冒出了汗。原来这是陈小姐的悔过书。为人奸诈的蒋介石一看不好，立时把纸条撕个粉碎，撒在脚下，心想："没有了证据，看你还奈我何？"

"嗬，你以为干得很妙！不过你错看了人，我宋美龄也不是吃素的。"疾恶如仇的宋美龄这时又从兜里掏出另一张纸条，"这是影印件，照样可以当证据！如果你还要撕的话，我还可以给你。不过，我还要劝你，不要把事做得太过分了！我要捅你，早就捅你了，看在夫妻一场的情面上，我不那样做，我怕丢你这个委座的人！动乱了国家对不起人民！"

蒋介石像秋后霜打的茄子蔫了，他低下了头。此时映在心里的是什么呢？是感激也是嫉恨。感激的是她以党国为重，大局为重，给了自己面子，非同一般女人；嫉恨的是这个非同一般的女人，她以她的智慧降服了自称"中国第一人"的他。他向夫人跪下了……

"别这样，亲爱的。"宋美龄把他扶了起来，"一个男子汉拜倒在女人的脚下，人家会笑话的。朝前看，光明的中国是属于我们的！"

宋美龄尽管这样说，但感情的弥合却医治不了她那心头的创伤，也许男人和女人结合的秘密就在这条带情的纽带上。它是神圣的，任何一方都不得将它扭曲。

必须摆脱这一切，获得哪怕是暂时的安宁，她一定要尽快离开重庆。

三天后，宋美龄从十字架前站起来，快步走到床头柜前，拨通了专线电话。

云岫楼那边的侍卫官答话了："哪里？"

"我是美龄，请蒋主席接电话。"

"哦哦，是夫人，蒋主席此刻刚召开一个重要会议呀，他正讲话。夫人您看……"侍卫官有些为难地答道。

"不行！请他马上跟我通话。"宋美龄以不容拖延的口气道。

蒋介石来接了电话。宋美龄告诉他，今天晚些时候她必须见到他，有要事相商。

六十四

林园官邸的夜色像阴霾一般迫近起来，浓重起来，仿佛黑暗随着夜气同时从各方面升起，甚至从高处流下来。四周的一切很快地黑暗起来，寂静起来，只有猫头鹰偶然啼叫几声。

"我的皮肤病又犯了，"宋美龄终于提出，"我想到美国去治疗一段时间。"

蒋介石眉头紧皱道："我不希望你在这个时候离开，否则更不容易平息那恶毒的攻击。真的，我期待你能留下，同我共渡难关，像你从前做的那样。"

宋美龄从来没有料到，一个生性如此骄傲的人会提出这样的恳求，一刹那，她的心软了下来。但她一想到那些流言飞语，她的怒火重又燃起。

"你要我闷不作声地留在重庆，让人背地里捣我的脊梁骨，我才不干呢！”宋美龄喊道。

“甭说了，我不是向你保证过了嘛，我可以用自己的人格向你担保！”蒋介石道。

“不要说担保，你能设身处地替我想想吗？”宋美龄盯住蒋介石的眼睛问道，“你知道我心里的滋味吗？17年来，我过的是一种提心吊胆、毫无乐趣的日子，我跟你在枪林里走，弹雨里行，说是住在行营，但那种发臭的房间根本不是人住的地方。而在公开场合，我还得流露出笑容来，使人觉得我们生活得很顺心。每一个春夏秋冬，每一次记者招待会，每一次去美国，不管我怎么想，都得顺着你定的调子唱。这样生活了17年，才突然意识到这种日子漫无尽头……”

宋美龄说着站了起来，走到梳妆台前，她那对大眼睛泪水晶莹，她的声音嘶哑而尖厉：“够了！我不想再听你解释什么了！再也不愿按别人的节奏去跳舞了，也不想再做磨道里的小驴子啦！我要远走高飞！”

现在，蒋介石和宋美龄互相冷漠地打量着对方，由于太熟悉反而感到陌生。

许久，许久。蒋介石问：

“你打算什么时候动身？”

“最近就走，越快越好。”宋美龄去意已定，拿出香帕，擦去脸上的泪痕。

“那你什么时候回来呢？”

“说不定。”

“好吧，我放你走。”蒋介石感到此时再说也是多余。

就在宋美龄去美国的前一天，为了解决这众说纷纭带有神秘而敏感的问题，蒋介石夫妇在黄山官邸召开了一个记者暨高级官员招待会，由蒋介石出面发表讲话，平息社会上那些谣言。

招待会召开的次日，宋美龄就乘机飞往美国治病去了。

那里有她的胞姐宋霭龄，或许能有知心话语去抚慰她那心头的创伤。

宋美龄一生笃信基督教，基督的博爱宽容，决定了她的道德观。

在美国接受治疗期间，宋美龄常常回想着自己的生活。生活本应该有波澜，没有波澜的生活激不起人们的回忆。为了排遣心中的郁闷，宋美龄在养病期间找了好多本书来看，可是，那些另一个时代的人物在她看来都是些不可思议的人。那些人物的烦恼似乎微不足道，那些人的要求低得可怜，而那些人的激情又显得矫揉造作。

更奇怪的是，不管宋美龄读的什么书，字里行间都有蒋介石的影子，他总是书里的一个角色，随时出现在宋美龄的眼前。

她还会时常放下手中的书，张望一下卧室里的电话，看那铃声是否响了。接着又转身环顾四周，将信将疑地感到国内又来人了。哦，她想回国，她想念蒋介石，这之中不含有爱和欲望，但也没有厌恶、仇恨或报复心理。这只是怀旧，宋美龄的心还是留在华夏之邦。

宋美龄病情好转，不久便回国了。

六十五

人过了五十岁，就像天到了黄昏时一样，宋美龄做什么都有点力不从心的感觉。由于长期的奔波，她的荨麻疹病又犯了。这种顽固的皮肤病，几经治愈，又几经复发，使她深感讨嫌。这几天，各大战场的敌情通报，摆在国军面前的形势十分严峻。唉，天也凉了，身体又患了感冒，好在没有发烧，只是头有点发痛，因此她取消了原定要参加的会。

林园的风光是美的。歌乐山的外景自不必说，园内胡桃树和赤杨树林里鸟声婉转，草虫唧唧，花坛里的郁金香、铁脚海棠的主茎上，都抽出翠绿的枝条来，枝条上又绽开一个个小花蕾。阳台上摆出来透气的一盆盆水仙、文竹也已转青，与悬在半空里的君子兰争芳斗艳。

宋美龄和她的姊妹们在这座天然屏障的山城里，整整度过了八个年头。然而在这八年抗战中，由于工作的繁忙，日理万机，她们还无暇光顾这山城、这歌乐山的风光。不过，她们也并不遗憾。因为这山城酷爱自由的人民和他们的政府，早在 1946 年底，国民政府还都南京之前，便在十字路垒石修建了一座宏伟的丰碑，历数她和丈夫的功绩，作为历史的见证。

其碑文曰：

国民政府于二十六年七月七日开始抗战，为建瓴审势，经野制宜之计，是岁十一月二十日移驻重庆，导率全国，共御强敌，遂以西南重镇建为陪都。中经八载，赖领袖英断，军民效命，盟邦协力，终致日本乞降，乃于三十四年九月三日宣告胜利。寇氛既息，疆宇既复，政府回都南京，而重庆官民爰有伐石著绩之举，张市长伯常嘱为撰文，以昭悠远。余惟抗战之制胜在于同心，建国之期成亦然。民族光荣与夫世界和平之所系，舍是莫由。乃撰兹铭语，俾行路永歌，以憬国人之思。铭曰：

黾勉同心，勿怠勿荒；以成胜利，以建新邦。

国民政府文官长吴鼎昌谨撰

中华民国三十五年十月

宋美龄是这年 10 月底由南京飞回这里来的。这里有她的别墅，还有一些没有来得及迁移南京的中央非主要机构，这里还有很多熟悉的人。总之，她对山城是有感情的。

第十八章
情感红灯

不像以前，她是这座山城的主人。这次来，她是做客的，确切地说，她准备在这里疗养一段，来恢复她那太疲劳的身子。再者，也许是南京官场的温度太高了，她喜欢官场斗争，后来不知怎么的，她又厌恶这官场斗争，也许这山城的温度宜人、环境幽清，对她反省过去的历史、清醒头脑有好处。所以她一横心，给侍卫官说了声，连丈夫也没有打招呼，便匆匆来了，以至于她该带的衣服都没带全。

她来的时候，受到了重庆市政府热情的款待。她参加了几次市政府的重要会议，还参加了那块丰碑落成典礼。她曾多次声明，这次来的目的不是为工作，主要是疗养。可是在市长大人的眼里，宋美龄的位置举足轻重，并不亚于她的丈夫。借花献佛也好，评功卖好也罢，反正他们都有自己的目的。今天，市长大人邀她去参加一个外国使团的会议。宋美龄讨厌这种官场逢迎，借故身体不适回绝了。

“夫人，还没吃药吧?”她的忠诚卫士蔡妈，端了一杯温开水，缓缓走进她的居室。

宋美龄打开一包头痛粉，就水喝了下去。啊！真苦。

“夫人，那会咱就不参加了。刚才他们又来电话催，我给拒绝了。这些人也是，不参加就不参加，何必来那么多电话。你先休息吧，我去应付。”蔡妈说毕，收了茶具，带上门，又缓缓地离开了。

蔡妈太好了，虽然她有她的个性，容易发脾气，但她仪表的整洁，做活的细致，理解人的入微，却使宋美龄始终对她充满着敬意。她任侍仆40年，爱发脾气的宋美龄还从没有在她面前发过脾气哩。她虽是微不足道的侍仆，但她的微妙的作用不可低估。

宋美龄在床上躺了一会儿，也许是药效的作用，头渐渐不痛了，变得清醒些。对一个爱活动的人来说，此时再让她睡，简直是受罪。宋美龄索性从床上坐了起来。

她踱步到院子里，阳光还好，蔡妈正在用喷壶浇花，抬头见宋美龄走了过来，问道："夫人，怎么不休息啦！吃药时间不长，甭凉着汗。"

"头好了些，随便走走，没什么的。"宋美龄淡淡地回答，接着去赏花，她凝视着这个方圆不足200平方米的花坛。几百种花儿展现出它们那妩媚婀娜的英姿，吐着清馨浓郁的芳香，闪露着那青春斑斓的花颜：孔雀蓝、琉璃碧、翡翠绿、玛瑙赤、葡萄紫，五光十色，一朵朵一簇簇的，像孔雀开屏似的张开了会意的笑脸。

随着阳光的波动，只见朵朵花儿昂起了首，整个花坛五光十色，愈来愈离奇、绚烂，宋美龄的两只眼睛都有些应接不暇了。

宋美龄凝视着花坛，觉得人工培植的花卉和草木毕竟是人工培植，它有些矫作，有些人为之意，故因此失去了自然美的风味，岂不大失雅致。它不像郊外的花卉野草，举目望去风韵天成，给人以心旷神怡之感。

她想到林园官邸外的歌乐山去观光。听说那里风光很美，几个去过的官员曾竭力向她推荐过，因政务繁忙，她一直挂在嘴上。正好今天有些时间，何不了却心愿。

爬山需要平跟鞋，这高跟鞋无论如何是不行的。她让蔡妈陪她一起去，并让蔡妈再找来一双平跟鞋来。

蔡妈答应了，并去居室找鞋。

因为宋美龄平时很少去爬山，合适的鞋是不多的。蔡妈一连找了几个屋都未能找到。

宋美龄干什么事都心急，她决定自己去找。可是也未能如愿。

"夫人，这有一双水晶鞋，看能不能穿。"蔡妈从宽大的壁橱里寻出了一双鞋，上面已落满了灰尘，细看还有一层白霉。蔡妈用鞋刷拂去了灰尘和白霉，露出了耀眼的光泽。啊，好漂亮的鞋。

宋美龄走上前去，正要去接，却止住了手。她看清了这双鞋不是自己的，而是那位她非常嫉恨的陈小姐的鞋。

第十八章
情感红灯

“蔡妈，扔掉吧，我不愿看到它。”宋美龄在蔡妈跟前竭力平息着自己心头的火气。

起初，蔡妈一怔，还不晓得是怎么回事，细一想她才明白过来。马上向夫人道歉道：“都怪我，夫人，我不该把它拿出来。”

“没什么，”宋美龄不看则罢，一见气则不打一处来。于是她改变了原来的初衷。道，“蔡妈，给我吧，我要用我的心火把它烧掉！”

宋美龄从蔡妈手中接过那双水晶鞋，从桌上取出火柴，然后出了居室，向林中缓缓走去……

黛玉葬花，宋美龄焚鞋。时代虽不尽同，可作为女人却有心理上的相似之处。

爱得愈真，可留给她们心底的恨也愈是绵长。

松树下，宋美龄架起了干柴，她把那双水晶鞋放在上面，点燃了她心中的怒火。烈火从鞋底下喷放出来，吐露出蓝蓝的火舌，和着她的眼泪在燃烧。

往日，第一夫人都能以理智控制自己，今天，她却控制不了啦！直到蔡妈把她搀扶到居室，她还在哭。

今天，她没再提到歌乐山去观光的事。蔡妈理解她，也没再问。

本来这些天来，她的心已平静下来，谁知一石击起千重浪，再也平静不下来了。

她一天一夜没有吃饭，第二天一早，她就向蔡妈提出要走的事。蔡妈知道她的脾气，也没有拦她。

于是，她们坐飞机飞回了南京。

宋美龄下决心再也不来林园官邸。

然则事情过了半个世纪，林园官邸焚鞋的事一直在民间流传着……

第十九章

败局难收

第一夫人的手是白皙的，并带有美国高级花露水的香味。过去她曾多次到火线访问，和官兵握手，留给官兵最深刻印象的不是她的美，而是她手上的香味。在男性军人的世界里，不少人曾说，夫人的手是神圣的，握过她的手，战死在疆场，无怨无悔。

——题记

六十六

上海的虹桥机场。

在国民党委员们的注目礼下，“美龄号”专机正滑入跑道，加速升空，霎时间，机身脱离跑道，向空中飞去，随着震耳欲聋的声音的消失，那飞机化作一个黑点，钻入远方的蓝天白云之中。

机身渐渐拉平。从舷窗射过来的一束光柱，正好映出宋美龄那半明半暗的脸。

这是一张新闻报，宋美龄从身后机座上取过来捧读着。那未干的油墨的清香不时扑鼻而来。那经过一番努力而变成铅字的消息使她心旷神怡。

> 蒋经国特派员被父亲召回免职。孔令侃总经理宣布无罪释放。上海杜月笙之子杜维屏由特刑庭转解高院，念其初犯，轻判八个月，以观后效……

在报刊右下角又刊出了一幅照片。这是小蒋被老蒋召回南京时的照片。照片中，老蒋神采奕奕，把一摞线装的《曾文正公全集》交到小蒋手里。小蒋春风满面，向老蒋叩谢。

照片下面有一组对话极为精彩：

老蒋：上海之行，初露锋芒，干得不错。为父争了光。

小蒋：有其父必有其子。

老蒋：锋芒不可不露，但不可毕露。这是套玄书，多读读，日后你会明白天机。

小蒋莫名其妙。

宋美龄耐着性子把它读下来，本来惬意而又轻松的感觉转眼间又变得沉重起来。

她做了一件蠢事。

她开始反省自己。

这是 20 世纪 40 年代蒋政权的一个悲剧、一个争权夺利的悲剧!

失败的绝非是“打虎队长”蒋经国一人，而是丈夫的整个新金融政策以及它所代表的政府。它的后果一时还显现不出来，随着时间的推移，将越发显现出来，以至将全面动摇它的政府。

宋美龄并不糊涂。她以超越自我的目光看出来了。她把头伏在报纸上深深地忏悔了……飞机一直飞到北平，从北平转机飞长春，一路上她都没说一句话。

内战进入第三个年头，全国的军事、政治形势有利于解放军而不利于国军。解放军在毛泽东同志的领导下同国军进行战略决战的条件已经成熟。在东北战场上，国军卫立煌集团 55 万人（其中正规军 48 万人），分别龟缩在长春、沈阳、锦州三个孤立地区；解放军东北野战军已发展到 12 个野战纵队及若干独立师和特种兵部队共 70 万人，形势对解放军极为有利。毛泽东适时抓住这一有利战机，决定同国军进行战略决战，并把决战的第一个战役放在东北战场。为配合东北作战，毛泽东同时决定华北第二、第三兵团于 1948 年 9 月中旬发起察绥战役，钳制傅作义集团。

解放军辽沈战役的第一阶段，是首先攻克锦州，截断北宁线，关门打狗。尔后围困长春，迫其投降。

锦州的外围战已经打响，长春被围已经多日。瓮中之鳖的国军人心动摇，惶惶不可终日。恰在这时，宋美龄乘专机从上海飞到了长春。

宋美龄还在飞机上的时候，长春的作战指挥部里，东北“剿匪”总司令部副总司令第一兵团司令郑洞国在一张军事形势图前，把眼睛死死地盯在标有红旗的锦州。因为那里有几十万共军已在攻城。

解放军无数的炮队早在几天前就开到了指定地区。几十万发各种口径的炮弹，在几天之中扫荡了国军所占据的广阔地带。头一天，刚一开始猛烈的扫射，国军就放弃了第一道战壕，只留下了一部分监视哨。第二天，又放弃了第二道战壕，转移到第三道战壕里去了。

锦州的情况每半个小时向司令郑洞国通报一次。作为司令的郑洞国也密切注视着锦州的事态。他知道锦州是整个东北的咽喉之地，牵一发而动全身，锦州一旦失守，长春便危在旦夕。

“司令，有电报！”一位机要参谋手拿电文走了过来。

郑洞国接电展读：“锦州吃紧，共军已突破防线，机场已被共军火力控制，速援。范汉杰。”

“增援？”郑洞国苦笑了一下，“锦州与我长春唇齿相依，只好先保锦州，增援一军……”

郑洞国的命令还未正式下达，突然长春外围解放军攻城的枪炮声也隆隆地响了起来。那发闷的炮声先是在城西，继而在城东、城南、城北，四面轰鸣。一发榴弹竟打进了城里，落在作战指挥部前面约下米处起爆。

“看来，我们顾头却顾不了脚，锦州难以支援。”郑洞国马上又撤回了支援锦州作战的命令，转身对机要员说：“快给锦州发电，长春已被共军袭击，无力支援。”

解放军的炮声响了不到十分钟又停了下来。

“娘的，说攻城你也不真攻，纯粹是捣乱！”郑洞国走到窗前，把脸贴在冰冷的玻璃上。偏偏老天爷也给他忧郁的心情加抹了一丝哀愁，闪电没能撕碎浓重的乌云，巨雷低低地从云层中滚过之后，雨水从屋檐墙头和树顶落下来。

这时，一位机要参谋惊慌地赶来：“报告司令，刚接到东北‘剿总’急电：锦州失落，范汉杰将军以下八万人被俘，其余全部战死。”

如同空中又一个炸雷，包括郑洞国本人，大家全部都惊呆了。

锦州陷落，沈阳、长春已是危城。

夜幕降临下来，给危城长春披上了黑纱。

作战值班室里的郑洞国一夜没有合眼，锦州的失守，给他的震动太大了。他反剪着双手，不停地踱着步，自言自语道：“蒋总司令不是要来坐镇吗？怎么还不来？再不来，沈阳、长春就要完蛋了！”

说话时，有人匆匆忙忙进来，说：“报告司令，蒋总司令没来，蒋总司令夫人宋美龄到了！”

六十七

“美龄号”专机像只大鸟，在长春机场上空旋转一圈，降落下来。

“美龄号”是蒋总司令的专机。

早已在机场等候的国民党军政要员，他们一个个身穿笔挺的礼服，脚蹬锃亮闪光的皮鞋，在停机坪旁排列着，目视着“美龄号”在跑道上滑行、减速、停下。

机舱门缓缓地打开了。

宋美龄首先走出了机舱门。

她穿着剪裁合体的基调为紫红色的旗袍。在夫人的眼里，红色是胜利和吉祥的象征。细看旗袍上还有暗色花纹图案，有些熠熠发亮，分明是苏州的缎料。旗袍的开口处，露出肉色的长筒丝袜，脚穿高跟棕色皮鞋。这一切和着她那窈窕多姿的身条，白皙漂亮的瓜子型脸庞，乌黑发亮的秀发，给人以高雅、端庄、文静之感。

长期以来，她以个人优雅的仪态，成为国人尊敬的第一夫人。

宋美龄在舷梯上向欢迎她的人挥了挥手，下面队伍立刻爆发出一阵热烈欢迎的掌声。

“老蒋怎么没来?”官员间有人悄声问。

“宋美龄是他的全权代表，可能是老蒋忙不过来吧。”有人小声地回答。

“不来更好！老蒋脾气大，说不定谁会在他面前倒霉!”

……

就在他们议论间，宋美龄在侍卫官员的簇拥下满面春风，步下舷梯，走到下面官员之中，和他们一个个握手、问候。

第一夫人的手是白皙的，并带有美国高级花露水的香味。过去她曾多次到火线访问，和官兵握手，留给官兵最深刻印象的不是她的美，而是她手上的香味。在男性军人的世界里，不少人曾说，夫人的手是神圣的，握过她的手，战死在疆场，无怨无悔。

官员们握住第一夫人的手，想着当年的传说，自然把时间放长，分享那握手的幸福。

宋美龄同郑洞国、曾泽生等将军边握手边笑吟吟地说:“本来昨天就应到达，谁知突然通知长春有雷雨，只得在北平停了一宿，今天一早就飞来了。一到长春，便是阳光明媚，河山清秀，这可是托郑司令的洪福啊!”

“哪里，哪里，”郑洞国连声道。此时他心中的阴霾已被夫人的几句话驱散了不少，紧绷的脸也松弛了下来，转而又道，“长春已是座危城，昨日共军还在攻城，夫人贵体光临，真叫我们担心啊！不过话说过来，夫人生死与共，亲临危城督战，实在又令我们将士佩服佩服!”

“长春有几十万守军，郑司令又是蒋先生的挚友，征战数年，享有‘常胜将军’之称。蒋先生军务缠身，虽然今日未能同行，关切之意已经表达。他已命令空投台湾新军来长春!”宋美龄用南部美国英语的声调说出的汉语，既流利又轻曼，给人以美的享受，引起了他们一阵哈哈笑声。

过去，他们曾听说，第一夫人以她特有的素质，丰富的知识，动人的文才，演讲的口才，以及她那非凡的仪表，征服了美国总统罗斯福、英国首相丘吉尔，以及他们所代表的本国人民，在世界的范围内刮起了一股“宋美龄”旋风。耳听为虚，眼见为实，今天他们无不佩服夫人的厉害。

“在南京时，我就听说李军长病得不轻。我要看看他！”宋美龄对下属的关心，着实令大家感叹一番。

在医院的高级病房里，郑洞国走进去，叫醒了正在闭目休息的李鸿军长，并转告夫人特来看他的意思。

李鸿将军不愧是一条硬汉。身躯凛凛，相貌堂堂。他虽身卧病床，却心忧国家之难。和别的将军不同的是，他性格倔犟，为人耿直。相传他在北伐战争时，一次与敌作战中，战友们全部壮烈牺牲了，独剩下他一人，子弹也打光了，敌人吼叫着冲了上来，声称抓活的。“奶奶的，我让你们抓！”他骂了一声，拔下刺刀，犹如一头雄狮，冲入敌群，展开肉搏。他一刀一个，两刀两个。右挑左拨，刺刀在他身前身后飞舞，“嗖嗖”作响，只见刀影不见人身。待大部队上来时，他已斩杀了36个敌人。战后被授予“孤胆英雄”的称号。他当军长后，还参加敢死队，冲锋陷阵，出生入死。他曾负过七次伤，子弹都没有真正把他击中。他负伤从不住院，用些苔藓粉末洒上，用绷带绷好，既止痛又不感染，且伤口又好得快。今天他终于抵挡不了病魔的袭击，连日的高烧使这个高大的汉子终于放倒在病床上。他多么不情愿啊！一生从没有住院习惯的他，终于创造了纪录。这不是在住院，这是在给他罪受！大军压境，战局吃紧。他不能带领将士冲锋，难道当今世上还有什么比此更让人痛苦的吗？当郑洞国司令告诉夫人来看他时，他抬起了头，从床上挣扎着坐起来，连声道：“夫人来了？夫人在哪里？夫人在哪里？”

“我在这儿，李军长。”宋美龄走进病室，坐到李鸿军长的身边，看到李鸿瘦骨嶙峋的面孔，相貌已经彻底变了，一股痛惜之情爬上心间，她掏出手帕拭了一下眼睛，把自己温柔的手放在李鸿脉搏上，亲切地安慰道，“李军长，安心养病，留得青山在，不怕没柴烧。不要惦记战场，你的心愿他们都能实现……”

上司的信任莫过于理解。李鸿被宋美龄的这番既温情又知心的话语感动了，他动情地叫了声“夫人……”此时，刚强的汉子止不住泪水横流。

“不要哭！”宋美龄安慰了一会儿，又回过头来对众将官说，“现在越是困难，大家越是不要紧张；希特勒出动几千架飞机袭击伦敦的时候，丘吉尔首相照样不紧不慢地品着咖啡；斯大林格勒保卫战时，外国军队已攻进了城门，斯大林照样不慌不忙地抽着每天十支的大雪茄，这样反给人一个安定的印象。不说外国了，中国也不乏其例。三国时孔明设摆的空城计，何等的绝妙！敌人认不清虚实，只好兵退十里，结果上了大当。我们和共党斗争不光动枪动炮，还要动心，你们懂吗？关键时刻还要沉着冷静，这是非常难得的。”宋美龄说到这里，稍停一下，然后话锋一转道：“我这次来，并不是督战，而是教你们散散心，我也借机游山玩水。你们说，长春这个地方哪个地方好玩呢？”

人们被宋美龄这番轻描淡写的话语说得点头称赞。那话语像一副镇静良药安静了众官兵。宋美龄不愧为外交夫人！

“夫人要玩，这里有原始的大森林，大森林旁有一条饮马河，那里最好玩！”有人推荐。

“是的，饮马河倒是个好地方，况且又离长春不远，夫人难得来长春一次，正好尽兴地玩一玩。”有人敲边鼓。

“那好，我就去饮马河。”宋美龄银铃般的声音，说完咯咯地笑了，“郑司令，听说你枪法百发百中，我虽属女流之辈，却不甘拜下风，咱们可以比试比试吗？”

郑洞国只笑不语。

宋美龄从饮马河归来，有两只麅子和一头野鹿撞上了她的枪口，满载而归，自然又是一顿野味晚餐。就连号称“神枪手”的郑洞国司令也佩服夫人的枪法之准。

“夫人，没见过您打枪，实不敢相信，今日有幸领教，佩服。”

“司令过奖了。”宋美龄嫣然一笑道，“瞎猫撞个死耗子，我是碰巧啦。”

“不，不，夫人是练过枪法的。”郑洞国连连摇头，继而又道：“明日您不是要给官兵演讲吗？顺便也把枪法搬过来让下属看看，那才让大家开眼界哩！”

“如果是那样的话，我的心就跳了，心跳岂能打好枪，我的司令，这一点你比我明白。”宋美龄婉言谢绝。

“夫人太谦虚了。”同车的郑洞国也哈哈地笑了。

红日西沉，晚霞落进平静的饮马河里，斑斓多姿。饮马河静静地流淌着，宋美龄的吉普车在它的身边驶过，把长长的黑影倒映在绚丽多姿的河水中。小鸟车前惊飞，时不时还会遇见几只野鸭从河面上扑棱棱地飞起来。

“啪，”驱车行进的宋美龄把身探出车窗，举枪便射，一只领头的野鸭从空中落了下来。侍卫官要停车去捡，被宋美龄拦下来：“我只是觉得好玩，天也不早了，莫要捡了。”

小车顺着饮马河旁向前行驶着。

宋美龄感到这一天玩中有乐，挺有意思。

宋美龄被饮马河的旖旎风光吸引着，饮马河给宋美龄留下了深刻的印象。

六十八

第二天，宋美龄带着这些野味去慰问战士，并当场向全体官兵进行了即席演讲。她的演讲是从国内形势讲起，从华北战场一直讲到东北战场。她的演讲不到20分钟，中间竟五次之多被官兵的掌声打断。

“夫人万岁！”

“夫人应该当总统！”

“夫人不愧为外交家！”

……

官兵们咀嚼着夫人亲手打下来的野味，品味着夫人抒情散文式的讲演，别有一番风味在心头。

“夫人，何不露一露您的枪法？”一人提议，百人响应，官兵们沸腾了。

早有人从袖筒里放出两只和平鸽，这是领教过夫人枪法的郑洞国司令的特意安排。只见两只鸽子从人群中翩翩飞起，在空中盘旋半周，然后向东方太阳升起的地方飞去……

“啪！啪！”枪响鸽落。

人们还没有看见夫人使枪，鸽子已栽落在草地上。

“夫人好枪法！夫人好枪法！”

“夫人，我们的神枪手！”

“百闻不如一见！”

……

又是一阵欢呼声和掌声。不少人现场抛起了帽子。

“谢谢！谢谢！”宋美龄挥手制止道，“我的讲话结束了。今天下午我还要坐飞机回南京。我相信我是有机会回来的，再看望大家，并和大家一起玩。东北这块神圣的土地，有你们来守卫，我和蒋总司令是再放心不过了。东北的前途是光明的，光明永远属于你们这些和平的守卫者！”

人们沉浸在一片欢乐的气氛中。

宋美龄这番热情洋溢的讲话，冲淡了东北守军的多日的阴郁气氛，它像一针强心剂，稳住了东北守军的心。

宋美龄作为蒋总司令的特使，顺利完成了蒋总司令交给她的“安抚军心”的任务。不管这种情绪能持续多久，但毕竟激起来了。这就是宋美龄，一代天骄，时代的造物！

当天下午，“美龄号”专机升空。宋美龄若有所思地俯视着长春城。灰色的街道、灰色的车辆、灰色的房屋、灰色的川流不息的人群——整个城市全笼罩在凝重的使人窒息的灰色中。除了那树林间或给城市涂了青春的颜色，其他一切全使人感到长春是处在衰老、混乱、麻木的状态中，随时都有被共军攻破的危险。宋美龄难说此时是什么心情。

宋美龄回到南京，老蒋没有像上次她从重庆回来一样，亲到机场迎接。这些日子，他太忙了，光应付各大战场的情况就招架不了啦！

宋美龄回到官邸，蒋介石正在吃晚餐。晚餐很简单，四菜一汤，外加一盘山城辣榨菜。蒋介石见夫人回来，急忙放下碗筷，起身迎接：“夫人，没到机场恭迎，请你见谅。”

“说得倒好，那你为啥不到机场迎接？”宋美龄嗔了他一眼，“快吃你的饭吧。”

“夫人，你这次长春之行，比增援两个军还强，郑洞国等人刚才联名发表电文，表示死守长春，人在阵地在……”蒋介石又端起了饭碗。

“东北的情形太危急了，官兵思想也非常复杂。另外，郑洞国给我汇报，曾泽生军长有反叛言行。”宋美龄只觉身子酸痛，斜倒在沙发上。她呷了口蔡妈端上来的酽茶。

蒋介石叹口气道：“夫人，你这一去至少可让他们支撑20天，东北是个外科绝症，反正是要锯掉的，我只是让他们牵制住共军，使我缓一口气，把内地布置好。”

宋美龄惊得坐了起来：“这么说你不准备派援军去了？”

她一脸茫然……

长春，一座危机的城。

此时，解放军已完成了对长春兵分七路的包围。

三发红色信号弹腾空，总攻开始。子弹尖叫着，曳光弹在划滚着，构成夜空中的彩虹。黑压压的解放军部队在夜幕掩护下，向市中心逼近，逼近……

“沈阳，沈阳，长春呼叫，共军攻势猛烈，请求援兵！”

过会儿，沈阳方面回电：“长春，长春，沈阳呼叫，我方也遭到共军猛烈进攻，请向南京呼叫！”

一发炮弹落到作战部前方空地上爆炸，一辆吉普车连同车上的司机给报销了。郑洞国像是热锅上的蚂蚁，满脸通红，一直红到发根，鼻翼由于内心激动涨得大大的，额上冒着豆大的汗珠，一条深深的皱纹从紧咬着的嘴唇下巴伸展过去，眼里闪烁着一股无法遏止的怒火。

“不要推说理由了，娘的，老子全看透了你们的骨子。”郑洞国甩掉了帽子，露出了只有几根头发的秃顶来，那突出的条条青筋像蚯蚓般地蠕动着。“快接南京，我要给老头子讲话！”郑洞国踱着脚步，越踱越快……

“报告司令，南京接通。”报话员风风火火地跑过来。

“我要蒋校长讲话！”郑洞国嘶哑着嗓子。

第十九章
败局难收

“郑司令，我听出来了，有什么情况请讲!”蒋介石绷着脸。

“报告校长，共军以三倍于我的兵力，对长春已有过五次大攻势，皆被我们顶住。现在弹尽粮绝，伤亡惨重，请求援兵……”

蒋介石不耐烦地打断了郑洞国的讲话：“祝贺你！我已决定通电表彰，考虑到现在长春完全孤立，我命令你率长春全部守军连夜突围。”

“校长……”郑洞国叫了一声，传来一阵电频蜂鸣声。

“校长，校长，援军何时到达?”郑洞国又连喊了几声，无线电波断了。可是郑洞国哪里知道蒋校长并没有给他派援兵，也无法回答他的问话。

“断了。”郑洞国不情愿地放下了话筒。转过头来，对曾、李二位军长道，“蒋校长让我们突围。”

“突围，这怎么能行?”曾泽生愤慨地说道，“这不是分明叫我们送死去吗?”

病怏怏的李鸿黯然地说：“今日之事，已到绝境，我是病入膏肓，必死无疑，不比你们二位了，请二位不要管我了，你们另找生路吧!”

“李军长，请你不要过于悲伤!”郑洞国道，“眼下情况不妙，但是须知，服从命令是军人的天职。上次蒋夫人还说有援兵来，我再去一个电报请示，然后再做决定!”

“郑司令，”曾泽生霍地站了起来说，“情况已十分明显，蒋先生是怕我们投敌，索性让我等早些送死。他不仁，我等也就不义！具体司令怎么看，我就不管了。我就先走了!”

“曾军长，你要到哪里去?”郑洞国抽出手枪，上前一步拦住。

“我要回到我的战士之中去!”曾泽生慷慨激昂。

“干什么?”

“我要起义!”

“你要再说一声，我就打死你!”郑洞国手扣扳机，已把黑色的枪口对准了他。

众人不禁大吃一惊。他们知道，枪响将意味着什么。

“你打死我更好，这个窝囊气我实在受不了!”曾泽生面不改色，“司令，我跟随着你数十年，我有权提醒你，你的悲剧就在于盲目的轻信!”

“啪——”郑洞国的枪响了。然而他颤动的手并没有真正对准曾军长，而从他的身旁穿过。

“别开枪！别开枪!”一位机要员跑来报告，“蒋夫人有电报!”

“什么电报?”郑洞国急忙问道，“快念一下。”

“是!”机要员应了一声，展报而读，“郑司令，愿上帝保佑你们！宋美龄。”

一切都不言而喻。

一切也用不着多余的解释。

郑洞国手中的枪滑落在地上，他一步上前，紧握着曾军长的手，说：“泽生兄，原谅我吧！总座是在玩我们，他太绝情了。你们走自己的路吧！我一个人死，我要坚持到最后一刻钟!”

曾泽生不失时机地劝道：“司令，识时务者方为俊杰。过去我们的悲剧在于没有认清禽兽，今天我们的出路在于把握自我。”

“莫说了，泽生兄，要走你就走吧!”郑洞国下了逐客令。

“告辞，司令，愿你保重!”曾泽生阔步走了出去。

“天啊!”李鸿军长一声长嚎，只觉头昏脑涨，天旋地转。

郑洞国一拳擂在自己的脑袋上，他有无限的酸楚、苦水……

曾泽生军长回到部队的当天晚上，率部举行了起义。起义震撼了长期在解放军围困下的整个长春守军。

在解放军的强大政治攻势下，1948 年 10 月 19 日，东北“剿匪”副总司令兼第一兵团司令郑洞国也率部投诚。

长春回到了人民的手中。

第十九章
败局难收

六十九

南京。总统府官邸。蒋介石刚开完一个军事会议，就匆匆来到机要室，询问长春的情况，可见他对长春的情况非常关注。机要处从善坤告诉他："长春守军已同总司令部失去联系一天多了，刚才又联系，可联系不上。"

目下，蒋介石最担心的是长春的局势不按他设计的发展。不是他信不过郑洞国，而是战争的残酷，各种人都会变。

"总座，长春方面有消息了！"机要员把刚译完的电报呈给蒋介石看。

蒋介石迫不及待地接过电报一看："娘希匹，曾泽生起义，郑洞国投诚，全都跑向了共军……"蒋介石骂完，呆如木鸡，他那拉长变形的驴脸，活像一座石雕的头像，呆板、发青、无神、苍白，脸上每一条皱纹的颜色都加深了。长春失守，而且失人，失人将意味着共军的壮大，特别是共军的新闻宣传，它比重型炮弹更厉害，瓦解军心，使他无法控制整个战场的局面。电报从他手中滑落到地上，若不是宋美龄上前去扶，他几乎倒下……

宋美龄得知长春失守、守军投敌的消息，也如炸雷轰顶。作为一个反共老手，她不希望共军胜利和壮大；作为一个虔诚的基督教徒，她又不希望兄弟间的相互残杀，作为融二者于一身的她，她又痛恨又后悔：痛恨郑洞国、曾泽生不该投敌，后悔不该给他们报信。早知有这一天，真应该让他们跌进蒋介石设计的陷阱，然而这一切都晚矣！

长春失守不几天，孤城沈阳也失守了。整个东北全完了。

第二十章

哀兵必败

宋美龄匆匆上路，却碰上雾天，飞机停开。出师不利，宋美龄鼓着一肚子气怏怏而归。蒋介石脸色有如黄梅天，一会儿咧嘴一笑，一会儿又沉下面孔，使劲搓手道："唉！今天的天气如果放晴，或者说没有风雨，就好了。"

——题记

七十

陈布雷之死，给徐州之战笼罩上了一层阴影。

陈布雷之死，增加了宋美龄的烦恼，她已在考虑出国的事啦。

陈布雷死后不几天，蒋介石即使喝下两杯白兰地也无法入梦了：黄百韬阵亡的消息传来，淮海大战第一阶段自 11 月 6 日至 22 日 16 天中，蒋介石 18 个整师 17.8 万余人惨遭歼灭，几乎是同一个夜晚 17 座县城神秘地失去，500 余公里长的铁路落入共军掌握之中。而更甚者，蒋介石还有 48 个师遭对方分割为南北两半！

这一仗是够惨的。

蒋介石见人不言语，动辄发脾气。他几乎连自己的影子都得戒备，都要责骂，平白无故，坐在沙发里也会蓦然地蹦起，有些神经质，连侍卫也人人自危，担心大祸临头。

下午，蒋介石照例举行了官邸会议，文武大臣一旁侍候，报告当前危机，对明天的事情应该怎样对付，个个束手无策。倒是有几个立委发牢骚触怒了他，蒋介石拍桌打凳，破口大骂：

“直到今日你们还要不满政府，简直毫无人性！这天下是我们打下来的，马上得之，马上失之，你们不想待下去，可以远走高飞嘛，没有人强迫你留在这里！”

众人无声。

半晌，蒋介石又骂道：“娘希匹！大家不好好地干，我会变成共党战犯，你们也跑不了！你们以为共产党会让你们活下去吗?!”他把脸一沉：“好的办法就是，不能埋怨，反共到底！”

……

三句话离不开骂娘，整个会在骂娘声中结束。

以酒解愁。会后，蒋介石关门饮酒。

他眼睛血红，抓起白兰地瓶子便倒，仰着脖子干了半杯。

宋美龄在门外见状折回，不拟入室。

蒋介石又喝了半杯。

后来，他就索性不再用杯子了，抓起了瓶子朝天吹起了“喇叭”，咕噜噜一阵，像老牛饮水似的。继而，他走到收音机前，又是共党广播，也不用关机，只往地下一推，一阵乒乒乓乓、乓乓乒乒之后，他自己也倒在沙发上了。

侍卫官们仍不敢入内，宋美龄闻声赶至，见蒋无恙，才放下心来抱怨到：“委座，这又何必呢！”边说边把手一招，要侍卫“打扫战场”，蒋介石刚才“战胜”了对方的广播。

蒋介石声色俱厉道：“你不要管……”

宋美龄按住一肚子火，佯笑道：“你喝醉啦！”接着要他回房去，低声劝道，“别让他们看笑话了。”

蒋介石火儿更大，嗓门又哑又尖：“什么笑话！什么笑话！娘希匹，这是什么局势，还说风凉话！”

宋美龄一听有气，扭头就走道：“人家有要紧事，华盛顿有电报来，你还装疯卖傻撒赖！”

蒋介石一听酒醒了一大半。

宋美龄示意侍卫退出，把门关好，狠狠地说：“电报说情况对我们极为不利。”

“怎么不利法？”

“说美国进步党全国委员会在芝加哥举行第二次会议，通过决议要求停止援助南京政府。”

“不会的！”蒋介石摆了摆手，“我知道不会的。”

“你听我说完！”宋美龄蹬脚道，“别以为不会的不会的！电报说他们的援助是以美国纳税人的金钱支持南京，美国人民不能接受。”

蒋介石道：“对于美国，我断定他非援助我们不可！布立特看过我两次，司徒雷登决定不回美国，在任何情况下都要留在这里；巴大维飞东京同麦克阿瑟商量；共和党参议员马伦昨天见我以后又飞回上海，这些事情都说明了不会。”

宋美龄泼他一头冷水道：“你上午还在生气，美国人说你是战场败将，要你下野休息，出国躲避；现在你又满不在乎，凭什么又乐观起来？”

“乐观？”蒋介石指指收音机那个空位置，“我还能乐观？娘希匹，我推断美国人非要我下台不可！我明白他们在东找西找，希望找个人来顶我；李德邻这家伙这几天又抖起来啦！可是我不怕，由他们搞去吧！我就是不下台！我就是不走开！我决不把兵权交出来！看美国人能吃掉我……”

宋美龄道：“好好，你有办法，你有办法，可是眼下南京危急，非同小可，美国这样做的目的不是釜底抽薪吗？我们应该到美国活动一趟！”

“我，我们到美国？”蒋介石惨笑道，“夫人，你怎么也来一套妇人之言！我们这个时候去美国，脸上还有光彩吗？万一到了美国，他们却想尽方法，软硬齐下，不准我们回来，我又怎么办？你这种说法，——嘿！”

“嘿什么！我还不是为你好！”

“为我好？”蒋介石厉声说，“在早陈布雷也同我这样说过，这个不知死活的家伙！我一听就有气！如果这个主意是旁人出的，”蒋介石大喊，“我就对他不客气！”

宋美龄蹬脚道：“你对我不客气？好！来吧！看你怎样对我不客气！”说罢双手往腰间一叉，杏眼圆睁，柳眉倒竖。

蒋介石一怔、一瞧、一退，一句话也没说，抓住酒瓶斟酒再喝，酒没有了。

第二十章
哀兵必败

七十一

紧随侍卫官之后，秘书捧着大红卷宗在那里欲进又止，宋美龄忙叫："拿来！"秘书连忙呈上紧急公文，蒋介石也跟着紧张。原来驻美大使馆来电，说美国民主党议员布鲁姆曾向杜鲁门建议邀请蒋介石访美，会商南京善后问题。杜鲁门断定蒋不会赴美，于是希望派一个人去会谈，俾使美方对中国局势有比较鲜明的理解。美国并不打算取消反共政策，但目前既欲在华反共，却又苦于不得其法。

宋美龄说："看来我是去定了！上个月我曾去过信，希望同美国当局谈谈。"

蒋介石沉思良久，由于疲乏之极，酒性发作，竟在沙发上呼呼入睡。待他醒来，只见宋美龄正在指挥女秘书忙作一团，风风火火地收拾衣服、鞋子、化妆品，弄了一房间。

"你几时走！"

"明天。"

"都准备好了吗？"

"飞机是他们派的，可能赶不及就坐空中霸王去。"宋美龄道，"而且我已经同马歇尔通过一次电话。"

"他怎么说？"

"我告诉他，我的身份可能不大合适，你又离不开。我用什么名义到美国？美国怎样招待我？他说这样好了，一到美国就住他家，算是他的客人。"

"他还说什么？"

"他说我应该利用这一次出国，多走几个地方做演讲旅行，呼吁美国立即在军事上和经济上援助蒋某人，制止共产主义事态在大陆蔓延。”

蒋介石道：“那很好，美国人人像他那样热心反共，就好了。我这几天脑子很乱，想不出什么新东西来，不过有人给我建议，说应该把戡乱剿匪说成‘赤匪恐怖’，这样对国际的呼吁效力更大些，美援也会滚滚而来，你以为怎样？”

宋美龄一心一意飞美国，漫不经心地应道：“这些事情我已不报什么大的希望，你也得考虑考虑我们自己的事情……”

“自己的什么事情？”蒋介石一怔。

“比如财产转移问题。”宋美龄低声道。

蒋介石闻言凄然道：“我是党国第一人，局面再坏，也不能谈这个问题！没有党国就没有了我。”

宋美龄见一只只箱子相继装好，洗了个脸道：“你还有什么要同马歇尔他们说的？”

“我没什么说的。”蒋介石颓然道，“你前几天对美国广播做的紧急呼吁，说局势危急，希望他们积极援助，我要说的也不过这几句话。”

宋美龄凄然道：“上帝保佑！你说实话，南京守住守不住？能守多久？我们的问题同任何人不一样的是，”她失声而泣，“既失国，又失家啊！”

蒋介石默不作声。

宋美龄抽噎一阵，擤擤鼻涕道：“以我们名下的财产来说，别说供给我们在美国大吃大喝一辈子，连下辈子也够了。可是我们怎么好意思在那边住下去？当初我们结婚，他们就是希望你能在中国……”

蒋介石截断她的话道：“你别说了，我比你更急，我恨不得一死了之！他们对我的期望，我怎么不记得？无奈部下都是脓包，眼看共产党就打过来了，我恨啊！恨啊……”边说边捶胸顿足道：“你告诉马歇尔，告诉所有支持我们的朋友，说中国问题还不至于绝望，至少是现在。要他们拿出办法来！投入战斗……”

“我们的事，”蒋介石继续说，“由老孔和子文去处理好了，还用那些化名，财物存在美国银行，将来怎么用法，将来再说。”

“令俊又回上海去了，”宋美龄提到她心爱的孔二小姐，“她这次从香港来，买飞机票用了个假名，叫作陈振，她很快又得回香港。”

“这个，”蒋介石叹道，“你得跟他们说一声，千万不要过分招摇，飞来飞去地给我惹麻烦。”

“她已经用了假名！”宋美龄说。

“不管真名假名。”蒋介石愤然道，“孔二小姐谁不认识？英文《大陆报》在上海深更半夜敲敲打打地拆机器，难道人家不晓得？我是说就因为他们是你我亲戚，在这个时候跑得快，走得急，在一般人印象里，会有什么影响？”

宋美龄默然良久，抹泪道：“这个时候，我们的亲戚也倒大霉了啊！”

七十二

第二天，宋美龄匆匆上路，却碰上雾天，飞机停开。出师不利，宋美龄鼓着一肚子气怏怏而归。蒋介石脸色有如黄梅天，一会儿咧嘴一笑，一会儿又沉下面孔，使劲搓手道：“唉！今天的天气如果放晴，或者说没有风雨，就好了。”

“好什么！”宋美龄说，“都是些脓包，能见度差，飞机性能也差，”她跺脚，“他们本来说再调一机，可以试一试，无奈太原空投，徐州空投的飞机已不够用了，害得我只好白跑一趟！”她当着孙科的面叫道：“什么空军，丢炸弹连人都丢了下去，不是太丢人现眼了吗？唔！”

孙科诧问道：“怎么丢炸弹人也丢了下去呢？那不是千古奇闻吗？”

宋美龄因为当天不能飞往美国，一肚子气道：“我也不相信，问他们，他们说确有其事。运输机当轰炸机用，一到目的地上空，投弹手便打开舱门，双手推炸弹落地。有几次投弹手接近舱门，给风一刮，失去重心，自己也变成了肉弹。”

“脓包脓包！”蒋介石连喊，“给我丢脸！”

“后来有了改善，”宋美龄道：“空军部在机舱里增加绳索，到达目的地上空时，把人绑起，然后背对舱门，用双脚往后蹬着，直到炸弹落下为止，人就不至于一起下去了。”

……

孙科起身告辞。

“你看，”宋美龄指指孙科的背影道，“他出来组织内阁，成吗？”

蒋介石反问道：“谁也找不到，不请他出马，你看谁合适，你说吧！”

宋美龄撞了一鼻子灰，恨恨道：“我像你那样有办法，这一次也不必到美国去了！你以为我是玩儿去吗？”

蒋介石这鼻子灰撞得更痛，正要发作，一想不可，三思以后，只得向侍卫要酒，准备睡觉，看看明天的局势有何发展。

“我送不了你啦，”蒋介石第二天一早颓然说，“上午有个紧急军事会议，你知道。”

“万一，”宋美龄穿戴完毕，大小婢仆全部退出，关上房门道，“万一美国还要观望，徐州也有问题的话……”

蒋介石捶胸道：“告诉美国朋友，我姓蒋的还有好多地方。只要美国的国策反共，就少不了支持我蒋介石！你如果还要建议同共匪谈判，”他顿道，“你不想想，要我把这张老脸往哪儿搁！”

宋美龄默然，以复杂的感情瞅了他一眼，一低头便开门外出，直赴机场。

这次宋美龄秘密访美，安排后事，有史以来还是第一次。当她秘密归来，徐蚌会战（即淮海战役）已以共产党胜利、国民党失败而告终了。

第二十一章

败者为贼

淮海战役打得最激烈的时候，林彪率领的东北野战军挥师南下，对平津进行了大包围，不久天津陷落，傅作义几十万部队龟缩在北平城内，已成瓮中之鳖！督战的宋美龄带着蒋介石的亲笔信来见傅作义。傅作义笑说：“时至今日，一切全晚了……”

——题记

七十三

1949 年元月 10 日，大风雪。

风雪旋转着，搅得满天白粉。狂风呼啸着，在平展展的华东大地上荡来荡去，无止无休，像百万巨大的妖魔，疯狂肆虐，横冲直撞，蹂躏着大地上的一切生物。大地阴森恐怖，完全被冰雪淹没。

就在这天，淮海战场上的杜聿明部队全军覆没。

消息传来，蒋介石气得浑身发抖。完了，他的主力王牌部队完全覆没。他的将领，杜聿明被俘，黄维被俘，黄百韬被打死，邱清泉被打死，李弥只身逃脱，下落不明，孙元良化装逃到了武汉。损兵折将达 60 万人。

官邸会议上，所有的军政大员都鸦雀无声。淮海战役大败，震惊南京。

“你这个该死的杜聿明!”蒋介石咬牙切齿。

“平津怎么样啊!”这时蒋介石还对傅作义寄予一线希望，而这种希望又给接二连三的电报打得粉碎：

“报告总统：毛泽东的声明发表以后，平津地区出现可疑动向，傅作义的几个副官和中共地下党接触频繁……”

“报告总统，毛泽东的声明在老百姓心里反响很大。京沪地区出现骚动，学生罢课，工人罢工……”

蒋介石痛苦极了，因为逼他下台的人渐成气候。

陶希圣、谷正纲等人无论“反共”反得怎么热闹，但实在无法为老蒋解忧。CC 的气焰在蒋介石下台前忽地嚣张起来，死硬反共者也赞成老蒋“不能走”，可是美国的态度已逼老蒋不容再拖；而决定美国态度的主要因素是中共在各方面的成就，特别是南京已在共军的掌握之中，朝不保夕。蒋介石五内具焚，渴望傅作义能给他一针兴奋剂，明知渺茫而又热切盼之，明知不可拖而拖之。蒋介石已经无法入睡，且饮食都可有可无了。

傅作义的“兴奋剂”终于在几天以后从北平传来了。

“报告总统!”侍卫长报告道，“据军统局北平站秘密报告：‘平津局势不稳。经查实，傅已两次派人去共区洽谈。据内线密报，傅已打算交出北平……’”

“娘希匹!”蒋介石气得跳脚，“把徐永昌叫来！把郑介民叫来！他们两次飞平，都是吃白米干饭的?”

“报告总统!”徐永昌看了看郑介民道，“我和宜生深谈了好几个小时，他答应说不会中途撤火……”

“你上当了!”

“报告总统!”郑介民看了看徐永昌道，“我的口气很硬，无奈这老家伙……”

“都是饭桶一个!”

蒋介石指着两人的鼻子骂了半天。但骂声又有何用?徐、郑走后，蒋介石只好把夫人宋美龄叫了进来。宋美龄刚从美国扫兴回来还没有顾得上休息呢。

“你立刻去北平!”蒋介石吩咐道，“带着我的亲笔信找一下傅宜生。话要说得好听一点，要动之以情，晓之以理。最好把老家伙说动了心……”

“要知道我还没有休息呢?”宋美龄说。

“我只有你这张可打的牌了，你不去谁去呢?”蒋介石摊开了双手。

“不看僧面看佛面。我愿走一趟，成不成，试试再说吧。”显然宋美龄对局势也不像以前那样有信心了。

七十四

淮海战役打得最激烈的时候，林彪率领的东北野战军挥师南下，对平津进行了大包围，不久天津陷落，傅作义几十万部队龟缩在北平城内，已成瓮中之鳖！

傅作义清楚自己的实力，平津地区60万人马中，属于蒋的嫡系部队占了40多万，而自己的部队才20多万。面对着生死之际，他心中的天平倾向了共军。最近蒋介石也派了不少特务对他进行监视，使他十分恼火。

就在这时，宋美龄带着蒋介石的亲笔信飞到了北平，见到了傅作义，并把信件呈上：“宜生吾兄勋鉴：去岁迭奉惠书，弟因故未复，实深抱歉……西安双十二事变，上了共产党的当，第二次国共合作乃平生一大教训。今闻吾兄处境危艰，欲与共产党再次合作。特派夫人前来面陈。请亲自检查面陈之事项。专此敬候，勋安，弟蒋中正。”

但局势到了这步田地，傅作义还能说什么呢？他向夫人问了安，然后向夫人笑了笑说：“请向总统致意，时至今日，一切全晚了……”

“不晚不晚。”宋美龄道，“千军易得，一将难求。总统的意思是，希望总司令能顾全大局。我对华北局势还不像别人所说的那么悲观，危局还是可以扭转的，坚守华北是全局，退守东南是偏安。”

“请向总统致意，”傅作义道，“我半生戎马，生死早已置之度外，至于个人的荣辱，更不在意。国家大局高于一切。我是炎黄华胄，只要对国家民族有利，对人民有利，个人得失又何足道哉！请向总统致歉……”

话已至此，宋美龄能有什么办法？动之以情也好，晓之以理也罢，生米做成了熟饭，往往无济于事。当天下午，宋美龄只好在天坛临时机场搭机飞回南京去了。

宋美龄满脸戚色地对蒋介石说："华北形势不好。我怀疑宜生想扭转华北局势是假，暗度陈仓是真。"

"你跟他捅明了没有？"蒋介石急问。

"没有十分确切的证据，仅靠怀疑。捅出来，让他抓住话柄，冲你两句，反倒自己难看。"宋美龄回答道。

身穿长衫的蒋介石，背着双手踱了一会儿方步。又慢慢走近沙发坐下来道："我已派国防部次长去北平，凡师以上军官我都写了一封亲笔信，要他们秘密监视傅作义的行动。"

"好主意。"宋美龄赞扬一句又道，"傅作义对我们非常提防，我们能否把美太平洋舰队司令白吉尔将军请出来，白与傅个人关系很好，让他去劝傅作义南撤！"

"有心计！"蒋介石憔悴的脸上露出难看的笑容，"夫人，时间不等人。今晚你就去见白吉尔将军！"

就在他们说话的当儿，侍卫官送来了一份报告，关于和平解决北平问题的14点协议传到了南京。

夫妻二人相视良久，谁也没有说话。

完了，一切都完了。

蒋介石哭了。

宋美龄也哭了。

失去的永远也回不来了。

正在这个当儿，美国驻华大使司徒雷登驱车来到蒋介石的官邸，求见蒋介石。

蒋介石由于心烦，连连挥手向侍卫官道："不见！不见！"

"慢着！"宋美龄对转身要走的侍卫官道。

接着又以一个外交家的见识向丈夫进谏："你是总统，拒绝一国大使求见，我怕传出来，让人笑话的。”

“我恨透了这个美国佬！战争的失败，外交的失利，他也有一定责任！”蒋介石愤愤不平。

“这些我都知道。他在杜鲁门总统面前，没有说过你的一句好话，把中国战场的情况说成一团漆黑，把责任全推给你。这都是事实。”说到这里，宋美龄又把话锋一转道，“但是，你是总统，怎能和他一个大使一般见识。再说中国战场的接连失利，军内腐败之风的盛行，纪律松弛，人心不合，作为总座，难道你没一点责任和内疚吗?!”

宋美龄一番话像连珠炮似的说得老蒋哑口无言。

“人要有理智，越是困难的时候，越要清醒。古人言，三人行，必有我师。多听听上下、内外意见，好的不好的，甚至是刺耳的或者是敌意的，有什么不好?”

“那你是说要见了?”蒋介石一脸苦相。

“是，一定要见！”宋美龄话止，向侍卫官示意，“让他进来吧！”

宋美龄整理了一下衣服和发式，平静了一下自己的心房，在侍卫官走后片刻，也迎了过去。

“哈，我的大使先生，多日不见，你还是这样风度翩翩。”宋美龄上前打招呼道。

“夫人，你还是这么年轻，有风度！”司徒雷登道。

“仗越打越糟糕，委座心里很烦，这些日子吃饭不香，请你多加原谅。”宋美龄敲着边鼓。

“是啊，我不会多打扰他！”司徒雷登说到这里，又道，“我有话捎给他，可惜我来的不是时候！”

双方宾主落座后，侍卫送来了咖啡。

蒋介石虽然客气一番，但他的脸仍像猪肝一样，并没松弛下来。宋美龄竭力在中间调和着气氛。

第二十一章
败者为贼

“大使先生，请问这次来有何见教？”蒋介石在沙发上欠了欠身子。

司徒雷登道：“战场的局势，我不多说了，委座心里比我清楚。作为我们美利坚合众国，也尽了最大的责任，飞机、大炮，还有飞虎队。至少你们军内，恕我直言，兵不像兵，官不像官，腐化堕落，纪律松弛，有令不行，各自为政，委座还缺少些魄力！”

“照你这样说，我得下台喽！”蒋介石脸色大变。

“没错！这不是一个人的看法，包括你们的部属。”司徒雷登语气肯定，“仗已经打到这个样子，你还有什么话可说？”

宋美龄见丈夫火起，急忙插言道：“我说大使先生，依你们美国政府之见，谁能担当此任？”

“恕我直言，李宗仁将军。非他莫属！”司徒雷登毫不掩饰。

“李宗仁？”蒋介石吼道，“他算什么东西！他想夺权非一日之事。你们美国人也不是不清楚。仗没打好，我有责任，难道他没责任吗？在这个时候，你们撤帅，我有意见！”

“你有意见也好，没意见也好，我作为美国大使，总不能把官方意见给贪污了吧！”司徒雷登说到这里，站起身，整理一下自己的金丝领带，又道：“另告，今年4月，美国将终止对华援助！”说罢扬长而去，宋美龄将司徒雷登送出屋。

“夫人，留步！”司徒雷登挥挥手。

司徒雷登走了，司徒雷登愤慨地走了。

他发誓再也不登他的门。

宋美龄返回屋内，蒋介石已倒在沙发上。精神上的胜利并没有遏止他心中的痛苦。

“达令，你不该发这么大的火！”

“真是欺人太甚！”

“有话慢慢说嘛！”

“事到如今，他们不是逼我吗？”

“我看，出于个人利益，事情未必是坏事。”宋美龄把一杯水送到丈夫手里，坐到了丈夫身边。如果说丈夫的脾气是滚滚奔腾的江水，那么宋美龄的温柔和理智则是拦挡这江水的闸门。经过闸门，即便是山洪也会慢慢变成潺潺的山间小溪。

“怎么又成了好事啦？”蒋介石睁大了眼睛。

“你听我说，国内成了这个烂摊子，硬撑着，你能撑出什么结局来？这不是秃子头上趴虱子，明摆着的事嘛！李宗仁出山，能挽救战局，我们也欢迎吗，要么让共产党逞强，你就心甘了？再说下野有什么不好！你的第一次下野和第二次下野，并没有给你带来什么不好，相反是‘鹬蚌相争，渔翁得利’！这些你比我更清楚。”

宋美龄的一席话，说得丈夫连连点头：“说的也是这个理。”

一缕明丽的阳光驱散了蒋介石眼中的云雾。

“那好！就按夫人说的办！”

“我们也该休息一下啦！”宋美龄也由衷地笑了。

七十五

但绝望的蒋介石还不肯离开南京，又安排了余汉谋、方天、朱绍良等人的新职，以图做到“停、谈、走”。1949 年 1 月 19 日，蒋介石要行政院发表声明：“愿与中共无条件停战，并派代表开始和平商谈”，以“安定”人心。

眼看蒋介石迟迟不肯离开总统宝座，白崇禧、李宗仁心里火冒三丈。他们认为，非蒋下野不足以争取时间，缓和局势，于是他们采取了最后一“招”，将原拟南撤的嫡系部队改道东下，宣传首都空虚，调兵保卫。

第二十一章
败者为贼

蒋介石接到电报浑身像筛糠似的抖个不停，他气疯了。除了共军，蒋介石对桂系等部队根本没有摆在心里，但此时此地桂系来这一手，倒动了他的“脊柱”。

“走吧。”蒋介石一嘴假牙咬得咯咯作响，“你们有美国人撑腰，眼睛里就没有我了！”蒋介石还想观望一下，但坏消息接二连三，蒋介石感到非走不可了。

1 月 20 日，这是个风雪交加的日子，蒋介石处于内外交困的情况下，正式决定下台。

1 月 21 日，蒋介石强自振作，定于中午在官邸邀请军政巨头午餐，实际是告别会。

这顿饭吃得众人食而不知其味。与会大员各以不同的心情注意着蒋介石，看他作何表情。只见他双目浮肿，两颧凸出，脸色铁青，嘴角颤抖。先是读了段文告，苟非事先印发，没有一个人听得懂他在最后的午餐上说了些什么。

这最后一次午餐，就这样凄凄凉凉地散了。李宗仁、顾祝同、张治中、孙科、陈立夫、洪兰友等人一齐上前，人人似乎同蒋介石都有所商谈，但人人都说不出口来，蒋介石脚下虚弱，踉踉跄跄地直往大门走去，连头也不回，以免睹物伤情，触景伤心。代总统李宗仁偏不知趣，问还有什么事情要交代的？蒋介石厌恶地罔顾左右而言他地答道：“我这次到奉化扫墓，你多费心了。”说罢上车，绝尘而去，连手也不握，头也不点。

衣复恩驾驶的“美龄号”专机在明故宫机场待命，定于下午 4 时把蒋介石载离南京。但宋美龄临时改变主意，对蒋说：“不能在明故宫登机！我怕有人使坏，我们不能不防！”

蒋介石一听道：“夫人言之有理。那我们在哪里登机呢？”

宋美龄说：“为谨防万一，我看就改在大校场起飞算了。”

蒋介石听了只有点头的份儿。

到得官邸，浙江省主席陈仪奉召前来迎候，劝道："人，总得看开点，事情既然如此，也不必难过，徒然影响健康。"宋美龄是个心细的女人，嘀咕着临行时有人"为难"的问题，一个劲儿吵着快点走，快点离开这个危险的地方。

"改大校场起飞，不通知李宗仁他们吗？"陈仪问道。

蒋介石摇摇头。

"会不会……"

"不必了。"蒋介石厌恶地说，"如果一通知，那些新闻记者讨厌之极！那些文武大员，看了也叫我心烦！"

宋美龄劝道："今日之下，只有看开点儿。提得起，放得下。大丈夫能屈能伸，方是英雄胸怀。我看有陈主席前来迎接，我们还是在杭州多玩几日，然后再去溪口吧。"

"那好那好。"

蒋介石眼睛瞧着侍卫们搬出最后一批行李，心头似有烈火燃起，嘴上恨恨地说："我告诉你们，我的暂时引退，并不是说我已放弃总统地位，中国宪法并无关于总统辞职的规定。我把职权交给那个姓李的，是根据宪法第四十九条中'总统因故不能视事时，由副总统代行其职权'一段的规定！我根据这一条颁发文告，要那个姓李的代行职权！我的引退既不是辞职，也不是长久的退职，我仍继续担任国民党的总统！"说罢喘气。

陈仪心头叹气，不便再说什么，默默地随他出门、上车，再驶向大校场而去。宋美龄的车尾随其后。

那边李宗仁、张治中、顾祝同、孙科、陈立夫、洪兰友等人到了明故宫机场，还不知道蒋介石中途变卦。不料有机降落，下来的乃是程思远和邱昌渭，二人见李在场，知道是怎么回事了，忙把白崇禧等人的信件当面递交，李宗仁匆匆拆读道："目前危机严重，千钧一发，势非确定名位，集中权力，不足以厉行改革，挽回军事颓势，故李副总统此次主持中枢大政，应适用宪法第四十九条上半节之规定，继任总统职位。”

李宗仁大喜，念下去道：“扩大政府代表基础，组织举国一致的内阁。”至此忽闻人声喧嚷，李宗仁暗吃一惊。

左右报告蒋介石临时易地起飞，李宗仁立刻由吃惊而紧张起来，他为了赶不上送行而着急，又气又恼，快马加鞭，飞车向大校场驶去。

当李宗仁一行驱车赶到大校场时，只见“美龄号”专机已滑到了跑道尽头，昂头升起，掠过上空，一闪而过，蒋介石和宋美龄已经走了。留给李宗仁一行的是机尾上那盏若隐若现的红灯。国民党政府的领袖以事实证明：自己连同他的政府垮了！

机中蒋介石故作镇静，靠在他身边的宋美龄早已是泪人一般……

第二十二章

痛失大陆

周至柔把宋美龄的这杯香槟酒喝下肚去，心里却掂得出这次行动的分量。蒋介石密令他将国库所存的全部银元、黄金、美钞运往台湾。自 1948 年 8 月金圆券发行之后，民间所藏的金银美钞全被政府一网打尽。根据当时监察院财政委员会的秘密会议报告，库存全部黄金为 390 万盎司，外汇 7000 万美元和价值 7000 万元的白银，各项总计价值 5 亿美金左右。

——题记

七十六

苔痕上阶绿，草色入帘青。

1949 年 2 月的溪口，当北方还是冰天雪地的时候，这里已是大地返青，小草抽芽；报春的燕子往来逡巡，空中充满了它们的呢喃的繁音；新生的芳草，笑眯眯地软瘫在地上，像是在和低着头的蒲公英绵绵情话。

溪口郊外的田埂上走来了两位陌生人。他们不是别人，正是这里的主人。他们的身影倒映在稻田的水面里，相依相偎，情绵意长。一对黄鹂从他们脚下惊飞，落入前方不远的油菜花中，鸣叫不止。

“真美的诗意，待我把它画入我的写生本中。”宋美龄嫣然一笑，立刻取下身后的画夹，半蹲下来，目视前方，手在不停地画。

“我相信你画得一定比这大自然的风光更美。”蒋介石站在宋美龄身后，欣赏着她的写生。

溪口山清水秀，正是作画的好地方。早在 1912 年，宋美龄在美国威斯里安学院求学的时候，就喜欢作画。那时宋美龄主修英国文学，副修哲学。此外，其余的科目还有法文、音乐、绘画、天文学、历史、植物学和圣经。在她临毕业的那一年，学校为表彰她的良好操守和成绩，将学院内最高荣誉“杜兰学者”这一头衔颁给了她。每年暑假，她都要外出作画。她的画融进了中西画的特色，颇受行家的好评。后来作为名人字画，她画的《巡猎》、《小桥流水》还被美国博物馆收藏。晚年时宋美龄还在美国举办过一次个人画展，这是以后的事了。

宋美龄随蒋入溪口以来，她和丈夫的心态都不好，为转移这种心态，去掉烦恼，她便从事绘画。一天少至三幅，多至十幅八幅，她的卧室已经挂满了她的字画。南京的官员们来看他们时，作为礼品，她还要回赠给他们这些丹青墨宝。

人们赞扬她说，她画的淡墨牡丹，细致得像布鲁塞尔的花边。她那均匀的笔触能把那细细的花蕊和花蕊上汲蜜的蜜蜂，都惟妙惟肖地画出来，稍稍一出气，那蜜蜂就要飞掉似的。

“画得不好，请提意见。”每逢听到人们赞扬，宋美龄总是这样一句话。

宋美龄的每幅画中，都有蒋介石的诗意题词。看得出来，蒋介石也进入了宋美龄的诗情画意中。

他们的心态慢慢平衡了，生活也变得有节奏、有规律了。每天清晨闻鸡起舞，在这个风景秀丽、面溪背山、古香古色、封建味十足的庄院里，他们按照基督教义的要求，吟谈圣经，做弥撒、祈祷。上午视天气情况，或去郊外散步、绘画，或留在家里处理事务、接待客人。下午他们打打麻将或玩玩扑克，再是弹琴作乐。晚上他们则练练书法，或打打太极拳。一日三餐的饭菜也极为简单，以素为主，以中餐为主。宋美龄高兴了，偶尔也下厨炒上几个好菜，供大家品尝。

每过礼拜，他们皆驱车驶往溪口外的雪窦寺和妙高台观光凭吊，并漫步千丈岩、乳奶洞。举目凝望，呈现在眼前的像一幅规模惊人的山水画，那景一层比一层深，一叠比一叠奇，层层叠叠，不知有多深多奇。正如明吏部尚书乔宇描绘的那样：“丹峰翠壁相辉映，纵有王维画不如。”

无官一身轻。然而作为权欲熏心的蒋氏夫妇，他们能轻吗？再说这次下野，并非出自他们的本愿，他们无时无刻不在活动。他们知道南京李代总统的内阁有他的内线，各地政府也有他的心腹。他虽不在其位，然而他的话却是“圣旨”。蒋介石发誓，五年不问政治，全是假话。宋美龄也不甘心丈夫坐冷板凳，隔三差五，出个馊点子，也够李代总统收拾十天半个月的啦。

这天，宋美龄本想到郊外兜兜风、散散心，听到兰妮要来见她，况且宋美龄也觉得兰妮身上有文章可做，便自动放弃这次郊外活动。关上门窗，拉上窗帘，二人便谈起了心。她们谈了很久很久，且很投机。午餐时，宋美龄又陪她吃了饭，喝了点女士香槟。兰妮临走时，宋美龄又把自己从美国购来的化妆品送给了她，以示关心。对宋美龄提出的要求，兰妮当然百依百应。兰妮又像小孩子似的为表示自己的诚意，和宋美龄拉了勾儿。当两个像香肠般的手指拉在一起的时候，一笔肮脏的交易算是达成了。

说起兰妮，她是上海有名的交际花。在一次舞会上，她有幸结识了立法院院长孙科，从此便投入了他的怀抱。后来，她还叫两个女儿称孙哲生为父亲。抗战时期，兰妮一直留住上海，并且得到一笔相当可观的、不明来历的财产。日本投降后，这笔财产便被政府没收充公。当兰妮得知老情人又回到南京时，便拼命向他求救。孙科不忘旧情，便给上海的负责官员修了一封函。在函中，他把兰妮称为“敝眷”，这完全是正式夫人的称呼，成了轰动一时的笑谈。1948 年 4 月，孙科作为蒋先生的一匹黑马参加竞选，对手李宗仁的竞选顾问黄绍很有些文学天才，便将孙科与兰妮的风流艳事添枝加叶写成了一篇所谓的纪实文学，在报刊上发表，使两人好不尴尬。

因此宋美龄一提起此事，兰妮总憋不住地想骂娘：

“李宗仁也不是个正经人，这样的人怎能当总统呢！”

“代总统！”宋美龄更正道。接着又附在她的耳边说：“孙科现在当行政院长，也是一方势力，李宗仁却处处与他为难，你何不劝劝孙院长把官邸搬到广州去呢？把他吊起来，看他的戏唱！”

兰妮是个心细的人，说道：“这样合适吗？”

宋美龄见兰妮上钩，马上又道：“这还不容易，行政院是政务繁杂的地方，就说，在敌人的炮火轰鸣之下，我们没办法处理政务！”

第二十二章
痛失大陆

果然，兰妮去南京见了孙科，一阵枕头风把行政院从南京吹到了广州，李代总统第二天早晨起床视事，发现自己的最高行政机关不知去向。在孙科的带领下，接着不几日，立法院院长童冠贤接到国防部部长徐永昌的通知，说南京在三五天内将闻炮声，于是立法院自1949年2月1日起的例会也就无法在南京召开；粮食部的人马也撤到了华南一带；交通部只剩下三分之一的人在留守；外交部更绝，人员与文件都带走了，部里只剩下一架电话机；财政部人员全部离京，不知去向；新闻局人去楼空……南京总统府只剩下李宗仁和他的少量机关。

正在代总统李宗仁跳脚骂娘的时候，隐在溪口的老蒋正在通过高频电台与离京的立法院、粮食部、交通部、外交部、财政部联系，祝贺他们干得好。

蒋介石也得意洋洋地道："李宗仁扬言不做假皇帝，要做真皇帝，我要他连假皇帝也做不成！上不着天，下不着地！"

夫妇俩发出一阵哈哈的笑声……

这一边蒋介石夫妇狂笑，那一边李宗仁在发愁。

更使李宗仁苦恼的是，他上台才两个多星期，南京的国民政府就土崩瓦解了。除了李宗仁还留在南京，所有的政府大员、院部首脑、和谈代表全部没了踪影。大批国民党部队从江北撤到了江南布防。宁沪路、沪杭路、浙赣路沿线，塞满了南撤的残兵败将。上海、浦东、宝山、青浦挤满了汤恩伯的"精兵"，他们强占民房、构筑工事、修建碉堡群，准备为"保卫大上海"而决一死战。李宗仁指定的和谈代表张治中，在汉口、兰州、迪化满天飞，至今没有回来。而另一个和谈代表彭照贤遭中共拒绝后已经提出辞职，却又遭到行政院的扣留。李宗仁想稳定局面，希望和谈迅速开始，却始终不能如愿。最可恼的是孙科的行政院，竟然不和他打招呼，不辞而别，全体撤到广州。据说前几天一个外国记者在南京寻找孙科，找了30

个小时也没找到，原来孙科到奉化看望老蒋去了。而何应钦为讨好老蒋比孙科还要早一步呢！

七十七

溪口。

蒋介石乡下的这个家，在建筑设计和家具摆设方面是中西合璧、土洋结合。主楼后面是一排较矮的房舍，有仆人的住处、贮藏室和厨房，再后面是一个大菜园。靠近菜园是宋美龄居住的文昌阁。此时，蒋介石夫妇正与南京来的何应钦在阁里密谈。

何应钦乃是蒋介石的亲信将领。虽然在西安事变中，因他有野心，在轰炸不轰炸西安的问题上，与宋美龄有些分歧，但是时过烟消，蒋介石也就理解了他，没给他小鞋穿。因此何应钦更是百倍地感谢蒋介石的宽宏大度。此次，何应钦不吃代总统的山珍海味，却来这里报信，更令蒋氏夫妇感慨万分。

“房檐滴水，点点入旧窝，虽然我今天落难下野，敬之兄还没有忘记我们夫妇哩！”蒋介石叹道。

“旧情旧交，李宗仁想搞离间计。打我的牌去反您，这不是天下笑谈嘛！”何应钦吸了口宋美龄给他点燃的骆驼牌香烟道。

“识时务者为俊杰。敬之兄够朋友！”宋美龄也自叹道。

接着，何应钦把他在南京时李宗仁的句句言辞一五一十地说给蒋氏夫妇听了，蒋氏夫妇感激万分，把何应钦请为座上客，好饭好菜、名烟名茶，款待一番。

席间正热闹处，南京那边来了电话。总机室报告是李宗仁的电话。蒋介石闻讯摆手表示不接。宋美龄以为不可，于是她起身，代蒋介石接了电话：“是代总统吗？很对不起，老蒋有点不舒服，他还没起床哩。”

“听出来了，是夫人。真对不起了。”李宗仁道，“我本来不想打电话讨扰他，无奈事情太大，非请示尊大人不可……”

“代总统有何见教，我一定转告。”

“那谢谢了。”李宗仁道，“我本来准备去溪口，因为忙……我想请示的，乃是行政院的搬迁问题。夫人知道，国民政府在南京不在广州。现在孙院长忽然自作主张把行政院搬到了广州，实在叫人太难堪了。我们目前同中共和谈，争分夺秒，中共电台广播，说我李某人在南京，孙科去了广州，他们要谈，也不知道对手是谁啊？夫人啊，你看这种身首异处的情形能继续下去吗？”

宋美龄忍住笑，一本正经地道：“是是，我一定转告老蒋，一定转告。”

“现在，”李宗仁道，“我只请示一点：行政院非迁回南京不可！孙院长之走，事前根本没有得到我的同意。”李宗仁愤愤地说：“孙院长是当朝一品，是中山先生的后人，我实在不便说什么，但望蒋先生从大局着想，帮说一句话，请孙科回首都来，共维时艰，我就感激不尽了。”

“好说，好说，”宋美龄说到这里又问，“还有什么事吗？”

“听说敬之到溪口了，在不在你们那里？”

何应钦连向宋美龄摆手，示意说他不在。宋美龄心领神会道：

“敬之没来，你是听谁说的？”

“没去那就算了。”

宋美龄刚放下电话，铃声又响。

“你是谁？”

“我是孙科，找总统接电话，我现在广州。”

“好好，他正等着你的电话哩！”蒋介石也不推让地走上前去，拿起了听筒。

“李宗仁下令要行政院搬回南京。说是你的意思。”

“你怎么回答？”蒋介石有点迫不及待。

“给我拒绝了，我顶了他！”

“顶得好，顶得好！”蒋介石连声赞叹，“你还要按照原定的计划去做。有什么事我来收底！”

……

送走了何应钦，已是星斗满天。

面对着共军的隆隆炮火，对于败局，蒋介石虽然还嘴硬，但心里已经没有多少底数了。宋美龄再次提出来后事要早做安排，蒋介石也表了态：一切拜托你了。

“要我安排，明天我就到厦门。”

七十八

厦门的空军俱乐部位于鹭岛海边椰林深处，高大挺拔的椰林，挂着累累果实，伸展着那宽大的叶片，把空军俱乐部遮挡得严严实实。

正好周至柔没出门，宋美龄驱车一到，便见到了老朋友。两人自然是叙旧、寒暄一番。宋美龄的工作方法是在吃喝玩乐中谈工作。按照她自己的话来说：“吃就是工作，玩就是工作。”因此她的工作方法格外灵活多样，格外富有情调。因此她的工作总像她那热情奔放的性格一样——一帆风顺。

如果说宋美龄与众不同，其特殊点就在这里。

“至柔，”宋美龄反客为主，夹起一块辣鱼，道，“吃辣当家。蒋先生这次交给你的可不是一般任务，整个国家与身家性命都托付给将军你了呀！”

第二十二章
痛失大陆

周至柔把辣鱼块放在口里，大口嚼着，品味着，然后道："吃了夫人夹的鱼，又喝了夫人敬的酒，此事岂有不尽力之由。来，再干一杯！"

又一次碰杯声。

周至柔把这杯香槟酒喝下肚去，心里却掂得出这次行动的分量。蒋介石密令他将国库所存的全部银元、黄金、美钞运往台湾。自1948年8月金圆券发行之后，民间所藏的金银美钞全被政府一网打尽。根据当时监察院财政委员会的秘密会议报告，库存全部黄金为390万盎司，外汇7000万美元和价值7000万元的白银，各项总计价值5亿美金左右。

"夫人，放心吧，交给我万无一失！"周至柔说完，端起酒杯一仰脖又是一饮而尽，他的眼睛微微发红，他要拼出去了。

"一言为定！"宋美龄也喝了下去，"干好了，老蒋还有一笔存款交给你！"

就在宋美龄与周至柔碰杯达成协议的时候，毛邦初不期而遇，因毛是蒋的至亲，宋美龄灵机一动，将1000万元的美金支票交给毛邦初，以私人名字存入美国银行。

当宋美龄秘密离开厦门的时候，周至柔也于当天秘密地飞往上海，从上海那里行事。因为民国的家产都在上海。

此后，蒋家王朝的黄金、白银、美元正像暗流一样汩汩流向台北。将近2500件价值连城的绘画、瓷器、玉器和青铜器从各地运到了上海，尔后转运台湾。

与中共历时20天的和谈，终于宣告完全破裂。

北平通过广播转达了毛泽东、朱德关于向全国进军的命令。

南京紧张。

溪口也紧张。

溪口电台和长途电话在彻夜不停地工作。人影憧憧，紧张忙乱。

1949年4月20日的最后几个小时，这个小镇之夜是如此的不平静。漆黑的夜幕，给蒋介石的心灵涂上了一道浓浓的暗影。在和谈破裂的最后时刻，他表现出异乎寻常的“镇静”和“从容”，他忽然不骂人，不打人，对侍卫也“亲热”起来了，他忘记了喝白兰地，忘记了睡觉。他正在为安排后事而忙碌着。

“告诉汤恩伯，让他给我好好打！坚决顶住！”

“告诉白崇禧，和谈破裂，华中地区全靠他了。”

“告诉宋希濂，西南半壁河山就靠他来支持了。”

“重庆关押的杨虎城不能落入共产党的手中。”

“南京的撤退工作由荆有麟负责。”

……

蒋介石交代完了后事，心里反而平静了。一个不祥的念头，突地涌了出来：党国难道真的就此完了吗？我蒋介石也真的完了吗？他忽然感到浑身发冷……

夜幕笼罩了大地，四周是那样的漆黑、寂静。远处，不时传来几声隐隐约约的吆喝：“站住！干什么的？”“换岗的！”给这寂静的夜空，增添了一些紧张的气氛。

“委座休息吧。留得青山在，不愁没柴烧。”宋美龄走过来劝道。

“不，我不能休息。”蒋介石像一个输红了眼的赌棍，道，“李宗仁说我是一个平民，好呀，我要让他瞧瞧这个平民的厉害。侍卫官，准备飞机！”

“你要到哪儿去？”

“广州！”蒋介石两眼喷火。

宋美龄拦住他：“这太危险了，你不能去！”她冷静地分析说：“你的嫡系部队都在东南和西南两侧，华南又在桂系的股掌之中，粤军将领几次起兵反对你，尤其是那个倒戈将军张发奎，我很不放心……”

蒋介石换上全副戎装说:“不入虎穴，焉得虎子?”

“那我和你一起去，要死也死在一块吧!”

此时，蒋介石的心情很沉重。他在盘算：那些几十年来一点一滴修造起来的“蒋母王太夫人墓”，那些墓碑、那些名胜，恐怕共产党一进溪口，便会点滴不留了……如果说南京的得失是蒋介石政权的象征，那么溪口的“兴衰”可说是蒋介石个人“命运”的象征，蒋介石对溪口的依恋之情远胜南京……

宋美龄心细，此时她最能理解丈夫的心情，便道:“溪口是个好地方，这里有我们开的菜园，有我们修造的别墅，有我们修造的道路，即使我们走了，这里的人民是不会忘记我们的!”

“别时容易逢时难。夫人，给我一支烟吧。”一生从不抽烟的人这时也抽起了第一支烟。烟雾在他消瘦的脸庞上缭绕，他的眼睛有点潮湿，他的心在流泪。

“夫人，我到溪口也不知多少次了，这一次的情形却大大不同。我总感到，这是我最后一次离开溪口，这辈子恐怕再没有机会回来了。也许是我老了的缘故，我更留恋它。”蒋介石说罢掩面，不断啜泣。

“委座，我也有同感。”宋美龄用手帕揩了揩眼眶中的泪水，又说,“这样吧，既然是最后一次，叫上经国，我们一起给太夫人祭扫一次墓吧。”

“也好，也好。”蒋介石挥泪道。

七十九

天空满是乌云，半圆的月亮时隐时现。周围非常寂静，只有青蛙偶尔呱哇呱哇地叫几声。在溪口郊外的山谷里，一只鸟在怪声地叫着，很像是一个孩子在哭。此时，早睡的人家已沉浸在酣睡的梦中，一辆美式吉普车载着三位神秘的人物，悄悄地驶出了溪口的南门，向郊外的一个荒丘驶去。

荒丘位于大架山的一旁，林密草肥，丘旁有一条山涧溪流。头枕青山，背靠溪流，乃是龙凤呈祥之地。在荒丘顶端、密林深处有一宛如馒头状的土丘，墓前竖一石碑。墓中躺着一位被日本飞机炸死的长者……

美式吉普车停在林边道旁，三个人三个黑影，他们像幽灵一样，沿着长着密草的林中小道，来到了这座竖有石碑的墓前。他们不是别人，正是中共通缉的名列先头的三位中国战犯——蒋介石、宋美龄、蒋经国。

他们在墓前脱帽默哀了五分钟，然后回到车中，驱车而去。

当夜，在杭州机场，三人乘坐“美龄号”专机，在四架美制F—18型战斗机的护航下，直抵广州白云机场。

羊城的雾，雾的羊城。

由于白云机场地面有一层浓烈的白雾，给飞机降落带来困难。飞机两次盘旋落地时，弹了两下，又很快拉了起来，最后有惊无险，安全落地。机上的蒋介石夫妇惊出了一身冷汗。特别是夫人宋美龄敏感地觉察到，此时来羊城凶多吉少。

广州是革命的发祥地，黄埔军校又是蒋介石的荣光。

在羊城，蒋介石稍作休息，便准时参加了中央常务委员会会议。

会上，他侃侃而谈国父孙中山在广州起义的经过，又讲黄埔军校他当校长时的逸闻趣事，掰手数来谁是军校的学生？言下之意，他是孙中山先生的当然继承人，偌大的中国除他莫属。最后才扯到国难当头，喊几句冠冕堂皇的大话：

“中正虽然下野，但壮心不已。为戡乱救国，为继承国父遗志，中正愿与诸位共赴国难，共迎光明！为此，我提议成立中央非常委员会，以应付紧急事务！请诸位讨论通过。”

“我说几句。”李宗仁坐不住了，见他指手画脚，俨然以国民党总裁自居，不把代总统放在眼里，很令李宗仁反感。

“战场上，我们屡战屡败，关键是政出多门、一国三公！谁都说话，但谁也说了不算！比如我这个代总统吧！我手里有多少实权？天知道。”

蒋介石扑哧一声笑了：“德公，你理解错了。你的代总统还是代总统嘛！成立中央非常委员会，主要是处理应急事务，免得你再费精力，也是解脱你的事务，这有什么不好！实际是一码事的，这是从民族利益和大局出发。不这样，就不足以戡乱救国！大家说是吗？”

会上有人应和。

李宗仁闹个满脸通红，不再说什么。而蒋介石又是一大套理论发出，名曰解释，实则把矛头对准李宗仁。散会时，蒋介石问李宗仁还有什么意见要说？李宗仁摇摇头。

这一夜李宗仁失眠了，自言自语道：“再这样下去，不亡国才怪呢！”

夫人郭德洁问：“是不是又和老蒋闹翻了？”

李宗仁心情不好，没说话。

“常言说，和为贵。蒋介石夫妇远道来，明天我做几个菜，请请他们，把话说到明处，不就好了。值得这样吃不香、睡不安的？”

第二天一早，李宗仁的部下张发奎，也来诉昨天会上的苦：

“蒋介石也太霸道了！他不仁我们也不义，不行，我来收拾他！”

“不和他一般见识！”李宗仁劝后，又道，“今天中午，我请客！你来作陪吧！”

蒋介石接到李宗仁请客的电话后，便与夫人宋美龄商量。

“达令，可能是鸿门宴吧？”宋美龄道，“我有预感，从下飞机我们就不顺利，再者这两天羊城雾又大。我真担心……”

“有请不去非礼也，夫人不必担心！再说我已经答应人家了。”蒋介石哈哈一笑，“你要担心，就事先留个心眼吧！”

蒋介石夫妇准时到场，李宗仁夫妇热情地迎接了他们。

“听说大姐手艺好，我要向大姐你学两手哩！”宋美龄道。

“哪里哪里！你是客人，你得入席！”郭德洁女士道。

“那是他们男人的事，我们女人不掺和！”宋美龄笑着，推着郭德洁女士进了厨房，“拜个师傅，收个徒弟，你还不干？”

宋美龄细心地询问每道菜，都放什么佐料？怎么炒制？有些她还要亲口尝一尝，她不像是在学厨师，倒像是个监工。

客厅里传来了碰杯声。宋美龄循声向窗外望去，机警地发现院子里有人影在走动。仔细审视，一队全副武装的士兵蹑手蹑脚地包围了客厅。宋美龄顿时惊出了一身冷汗。

“郭大姐，”宋美龄镇静自若地说，“这不是李总统的卫队吧？怎么一个个都是陌生面孔呢？”

正在灶上的郭德洁循声望去，顿时大惊失色：“这不是老头子的卫队，好像是张发奎的。他们怎么进来的？”

“快叫李总统出来一下。”宋美龄道。

不一会儿，李宗仁走出客厅，问是怎么回事？

“张发奎的卫队开进了院子！”

“这个张发奎，怎么搞的？”李宗仁说完又进了屋，叫出张发奎。

“快让你的卫队撤出院子！”李宗仁命令道。

“总统，你不能这样！有蒋介石在，我们还有好吗？！”张发奎带哭腔道。

“你懂吗？这是在我的家！你真是聪明一时，糊涂一世！快给我撤！”

“是！总统！”张发奎不自愿地道。

眼见张发奎的兵撤了，宋美龄才松了口气。她感到自己预言准确，暗暗向主祈祷……

羊城脱险，蒋介石再次感谢夫人道：“如果西安事变是夫人救我一命的话，那么这次羊城脱险是第二次了。愿仁慈的主保佑我们夫妇一生平安！”

随着共产党军队的猛烈进攻，南京、上海、武汉等大中城市先后失守，在蒋氏夫妇的眼里，广州至重庆一带便是他们隐身的绿洲了。

为部署西南防务，召见主要将领询问情况，面授机宜，蒋氏夫妇没敢在广州多停留，转天又乘机向山城重庆飞去。

八十

白云翩翩。

银白色的“美龄号”专机穿云破雾在蓝天之中。

坐在前排的侍卫长正在聚精会神看一张新版的《纽约时报》。该报是宋美龄特意订阅的，每半月从大洋彼岸寄来一捆。这些日子，宋美龄太忙了，连看报的习惯也没了，只留在侍卫官中传阅，并要求侍卫官发现好的新闻要立刻报告她。她要亲阅，一睹为快。

“啊，夫人的新闻！”侍卫长惊叫道。他像发现了新大陆一样。

“什么新闻？”有人问。

顿时，机舱里的沉闷被打破。宋美龄也款款站起了身。蒋介石也把目光投向那位惊叫的侍卫官。报纸传到了宋美龄手里，宋美龄目睹了一下标题，止不住心跳。又把报纸传到蒋介石手中，让他分享她此时的高兴。

原来这是一则来自美国艺术家协会的新闻。美国艺术家协会 16

日公布：蒋夫人宋美龄当选为“全世界十大美人”之一，并名列榜首。“蒋夫人之鼻列为世界最美”。据美国艺术家协会秘书长柯纳宣称：“此项选举系由会员投票，内有美国著名艺术家多人。鼻以愈不凹愈美。蒋夫人之鼻内部与面部其他各点完全协调，故能入选。其他入选的是：杜鲁门总统的公主玛格丽特的耳朵最美；英国玛格丽特公主的眼睛最美；温莎公爵夫人的额头最美；影星列达·布赫芙的嘴唇最美；影星伊素丽丝的大腿和影星莲达丹妮的小腿最美……”

蒋介石看后笑了。作为自己的妻子，以自己的美被评为“世界十大美人”，当初的慧眼识玉，怎不令他高兴。试问，哪一位丈夫不喜欢自己的妻子更美？他有天下最美的女人作为自己的妻子，他也有信心征服这个天下。半个月来，他那阴沉的脸，终于露出了难得的笑容。

“夫人的鼻子最美，我还没有发现呢，让我仔细观赏一下！”蒋介石放下手中的报纸，把脸转向了夫人。

“别逗了，他们都在羞我！”宋美龄竟掩饰不住内心的喜悦。

侍卫官们纷纷大笑了起来。

整个机舱活跃起来，并带有喜庆味儿。

“到了重庆，夫人请客！”有人提议。

“我赞成！”蒋介石首先响应，其他人也一呼百应。

“好！好！届时我请你们吃美式牛排！”宋美龄欣然允诺。

蒋介石来渝一周，召集多人交谈后，于1949年8月30日上午在重庆城内储奇门的西南军政长官公署召开了高级军事会议。出席这次会议的，除蒋介石、宋美龄、张群外，还有刘文铭、邓锡侯、孙震、王陵基、谷正纲、钱大钧、胡宗南、宋希濂、罗广文、何绍周、蒋经国、俞济时、邱渊、程开春、刘宗宽、沈策等人。

西南军政长官公署的会议厅是一所长方形的大房间，金丝绒的窗帘隔去了尘暑，打蜡的嵌木地板能映出人影。天花板上的八台大

第二十二章
痛失大陆

吊扇激起的阵阵凉风，吹拂着会议桌上熨烫过的白色台布，镀金的壁灯开了一半，散发着乳白色的柔光。

佩戴着一排排勋标和上将、中将、少将军衔的军人，以及身着深色中山装的高级文官们，或坐或立，或吸烟品茶，议论着前方的战局，大都忧心忡忡。但他们对蒋介石的到来仍然寄予着一线的希望，期待在他身上出现一个奇迹，起码可以让他们偏安一隅，维持旧有的生活秩序。

随着一声“蒋总裁到”，蒋介石、宋美龄和张群来到会议厅内。与会者立即各就各位，并全体起立，刚才还闹哄哄的会议厅顿时肃静下来。

“坐，大家请坐！”蒋介石有礼有节地招呼说，“非常时期，就不必讲这么多礼节了。”

63 岁的蒋介石经过几天的休息，气色比刚下飞机那天好得多了，肤色红润，腰板笔挺。室外已是摄氏 37 度的高温，他却照样穿一件黄呢中山服，连领口的风纪扣也扣得严严实实的。

“各位，”张群开口说道，“在此国事艰难时刻，总裁不顾年事已高，再次肩起党国重任，亲临重庆运筹帷幄，以实现戡乱救国大业，实在可钦可佩。我们相信，在总裁的英明指挥下，历史还会重演，共军将遭到与当年日军同样的命运。大西南必将成为坚强的、牢不可破的反共堡垒！”

张群定过调子以后，西南军政长官公署第二处处长徐远举、第三处副处长孙伯先、胡宗南部的副参谋长沈策先后在会上发了言。

与过去一样，会议置于蒋介石的绝对控制之下进行。在蒋介石看来，统帅部就是由他这个统帅来部署一切，就像一个乐团，只有他这位指挥才是拍板的定音者。此刻，他不动声色地倾听着部下纷纭的议论，心里早就拨开了算盘。

其时，西南地区残存的国民党军队，包括地方团队在内，一共还有近百万人。但是，能够拉出来打一打的，只不过胡宗南集团的三十多万中央军、宋希濂指挥的第十四兵团和罗广文指挥的第十五兵团。

如何协调这些部队的作战，使他们听令于他这个统帅，这才是蒋介石眼下举棋难定的最大问题。特别使他头痛的是，西南部队的指挥官不仅互不通气、拥兵自重，还时常互相攻讦。

过去为了便于控制数百万部队，蒋介石一贯采取多种手段，制造矛盾和利用矛盾，以此实行双线以至多线的方式进行分化、笼络，从而驾驭各路人马。他时而利用嫡系监视地方军阀，时而利用地方军阀对嫡系施加压力，就是在中央军内部，他也人为地制造了很多派系。蒋介石通过这种手段，曾经十分成功地在海陆空三军中确立了自己不可动摇的权威。殊不知到了解放战争的末期，蒋介石才发现内部的倾轧成为他难以诊治的一个致命伤。现在他苦心思虑的，是如何扭转这木已成舟的败局。

年初蒋介石辞去总统职务，让李宗仁上台，其动机也是为了调动非嫡系部队的积极性。阎锡山在共军打到太原时，在城破前夕才起飞到南京，前不久还当上了国防部长。数月前桂系白崇禧多次拉拢宋希濂倒蒋，宋希濂暗中报告了蒋介石，蒋介石也只是嗯了几声没有深究。时至今日，他蒋介石手里的牌太少了啊！他怎能不焦虑！

听完沈策的讲话，蒋介石不慌不忙地开了腔："各位，我是很乐观的，目前局势从整体来看已经稳定，情况即将好转。"至于是怎样的稳定和好转，他没有举出具体的事例，他只是说："过去有些人投降共军，现在这些人都知道上了当，我相信今后不会再有变节投降的事了。"

"适才徐、孙两位处长和沈参谋长的讲话，使我感到我们已接触到实质性的话题。"蒋介石说，"我们的确应该再一次明确一下职权范围。我已经强调过，在通常情况下各绥靖公署该管些什么事，但是你们为什么不能在重要问题上协调一致呢？我放手让你们来干，你们应该互相体谅才是嘛。”

张群插嘴说：“我们都希望总裁长期驻跸四川。”

蒋介石似乎没有听见张群的话，接着说：“今春以来，国军迭遭失利，政局动荡不安，究其原因，主要是我党众多负责干部没能继承国父遗教，以实行三民主义为己任。为此，我已决定在台湾创办一所革命实践学院，由我亲自主持校政。让我们主管军政的人员，包括在座的各位在内，轮流前往受训。这个学院能否办好，关系到我党的生死存亡，因此我要经常住在台湾，而不能长期留在四川。至于西南方面，只要大家同心协力，团结一致，艰苦卓绝地撑持一个时期，我想不会有很长的时间，国际形势就一定会有变化，到那时，我们就可以与台湾方面的力量配合起来进行反攻……”

上午11点半，会议闭幕，既没有议案也未讨论。军事方面的部署，蒋介石是一向不同任何人商量的。这个高级军事会议，也就如此这般地收场。人们从会场出来，内心十分失望。

蒋介石这次到重庆住了28天，大小会议开了不下15个。但好些人都感到对蒋介石从来没有像今天这样失望过。

山城的夜色由于山高而来得特别早。歌乐山林园官邸由于树高林密更显得黯淡、阴森。由于蒋介石怕风怕光，每个窗户都拉上了窗帘。屋内，蒋介石在习惯性地踱步；宋美龄伏在台灯下正苦读丈夫给她推荐的《曾文正公全集》……

蒋介石突然止住脚步，对宋美龄道：“夫人，人心已散，陪都难保。你说说，关押的杨虎城该怎么处理？”

宋美龄做一个抹脖子的手势：“干掉他！”

蒋介石当即拨通了保密局的密码电话。

不一刻，保密局局长、军统特务头子毛人凤应召来到林园官邸。

蒋介石铁青着脸，也不招呼他坐下。毛人凤只好捧着自己的军帽垂手侍立。蒋介石对一般部署比较宽容，而对军统人员却一向十分严厉。

“毛局长，”蒋介石把手头的战报往桌上一扔说，“为了保存反共实力，我们可能要忍痛做出放弃重庆的打算。”

“是不是前方又有些吃紧？总裁！”矮壮结实、保养得白白胖胖的毛人凤，好像一只嗅觉灵敏的猎犬，明知故问。

“哟，你们这些军统人员都具有敏感怀疑的天性，”蒋介石装作满不在乎又有些嘲讽的口气说，“不，不是那么回事，你不要杞人忧天，只不过凡事都应做到防患于未然。”

接着，蒋介石脸色一沉，问道：“杨虎城将军还好吗？”

“很健康。”毛人凤一怔，两眼滴溜溜地在揣测着总裁舌头底下的真意。

蒋介石顺手抓起桌上的铜版纸拍了一下：“八年抗战，三年内战，我是心力交瘁，你们倒把姓杨的养得心宽体胖啊！”

毛人凤心领神会地说道：“总裁，养得再胖也终究逃不脱一个杀呀！”

“去吧，要斩草除根！这一切都要绝对保密。”蒋介石颓然地倒在沙发上，“共产党而今酿成大患，就是因为当初我们没有斩草除根啊！”

前方的惨败，更增添了蒋介石的仇恨心理。杨虎城及其子女、宋绮云夫妇及一男孩，均于 1949 年 9 月上旬被蒋介石下令枪杀。江竹筠、陈然等 42 名共产党人，也于 10 月底被公开或秘密处决。

历史还有记忆：在歌乐山茂密的杂树林间，早起的鸟儿开始啾鸣。

“哒哒哒！”

“哒哒哒哒哒！”

一阵爆豆般的枪声，猛烈打破了山林的宁静，惊得鸟群扑楞楞地飞上高空。盘山公路的卡车满载着行刑队，分赴各个集中营，震惊中外的重庆中美合作所“一一·二七”大屠杀，在保密局长毛人凤的一手导演下开始了。

全副武装的军统特务行刑队，先后集中到渣滓洞看守所、白公馆看守所、新世界看守所，有机枪、卡宾枪乃至火焰喷射器，一天之内共屠杀手无寸铁的中共党员、进步民主人士300余人，连老人和孩子亦不能幸免于难。行凶之后，特务们还用汽油纵火焚烧了监狱，妄图毁尸灭迹。烈士们就义时呼出的雄壮口号声直冲云霄，回响在歌乐山头，与不尽的松涛声合为一体，长留人间。

蒋介石决定9月22日从山城重庆退往台湾。计划在昆明稍停，再给卢汉打气，坚其反共意志。计划已定，他们已在积极地做撤退准备工作。宋美龄对计划提出异议说：“我有预感，昆明万万不能停留。如果总裁不顾一切地去了，可能有不可收拾的局面。”

“昆明有危险，我也有同感，去是已经定了的，况且又通知了对方。具体我们怎么避开危险，夫人有何见教？”蒋介石道。

宋美龄略一沉思道：“不如我先去，找到卢汉，放一烟幕弹，然后再来真的，你说如何？”

“好主意！”蒋介石一拍大腿道。

9月21日，也即是蒋介石起程到昆明前一天，宋美龄先行到了昆明，见了卢汉道：“总裁另有要事，恐怕来不了了！”

“不来了？”卢汉一怔，转而信以为真。

9月22日，宋美龄又对卢汉说：“重庆方面来了电报，总裁已经起飞，10点就到昆明。”

“夫人，你不是说不来了吗？”

“嗯，是临时决定的。”

“那么，我派兵到机场，为总裁的安全警戒。”

“不必了！”宋美龄立即予以阻止，“最安全的方法，就是除你我二人之外，再不让别人知道这个消息。”

说着，宋美龄就把卢汉拉上汽车，同去机场。宋美龄略施小计，出其不意，不让对方有调兵遣将、对蒋介石下手的机会。

二人赶到机场，蒋介石的座机已准时着陆。蒋介石走下飞机，劈头即问：“卢主席，闹得你好紧张，怕是连午饭也没准备吧？”

“太紧张了。”

“好！好！我们一同到你家吃顿便饭吧，顺便也看看孩子和夫人。”

卢汉点头答应。

蒋介石在卢宅用了饭，约见“滇省重要将领，会商保护西南大局”。会议刚完，一直担任警卫的宋美龄就指使经国到会场告诉蒋介石说：“刚才接到广州的消息，那边天气可能发生变化，请父亲立即起程。”

蒋介石当然会意儿子的用心，站起身向窗外佯视天空，将计就计地说：“好了，我们去吧！”逐一和大家挥手告别。

从卢汉于1949年12月9日宣布云南起义这一消息看，蒋介石的昆明之行，危险成分是极大的，如卢汉早觉悟两个月，“西安事变”的故事，即会在昆明重演，蒋氏夫妇的后半生历史，将因此而改写。

9月22日晚，蒋介石夫妇飞抵广州，即闻绥远省主席董其武率部8万余人起义。三天后，新疆省警备司令陶峙岳和省政府主席鲍尔汉通电宣布脱离国民党反动阵营。蒋介石夫妇“至为痛心”。

翌日下午2时，蒋介石夫妇又在广州白云机场匆匆登机升空，向台湾飞去。“俯视眼底大陆河山，心中怆然”。一个小时之后，蒋介石再从飞机上往下望去，眼底已是茫茫东海，大陆已经看不见了。

就在他们起飞后的半个小时，广州白云机场已被解放军攻占。在蒋介石夫妇回台湾一周后的10月1日，北京30万人在天安门广场隆重举行庄严的典礼，正式宣告中华人民共和国成立，定都北平，并改北平为北京。新的国旗——五星红旗，由共和国的缔造者毛泽东主席在天安门亲手升起，在空中飘扬……

这一天，蒋介石和宋美龄无不潸然泪下。他们痛心，他们疾首，然而这都无济于事。

历史是无情的，然而又是有情的。

他们失去的不光是一个国家，而是一个时代的人民。

泪水在眼眶里打旋。失败的教训，会使聪明者悟出真谛，走出深渊；同时也会使愚蠢者在深渊中越陷越深，反而不可自拔。

第二十三章
台岛轶事

国民党逃到台湾的第一个春节，蒋介石卧床不起，这是最惨痛的一个春节。经宋美龄精心一安排，过得竟比在大陆的二十几个春节还要痛快！蒋介石不再强作笑脸了，他的笑容从心底中流出。

——题记

八十一

春节，是中国古老传统的民间喜庆节日。

1950 年的春节，这是蒋氏夫妇背井离乡、不情愿来到台湾岛后的第一个春节。

按照旧风俗，年三十要张灯结彩，贴对联放鞭炮，年三十午餐宴要吃团圆饺子，除夕之夜要阖家守岁。新年之晨要早起，辞旧迎新，拜年祝福，恭喜发财。

这一年的春节，由于形势所限，蒋氏夫妇心情不好，蒋家既没有吃团圆饭，也没有贴对联放鞭炮，除夕之夜也没有守岁，极为清静。

翌日凌晨，整个台北居民辞旧迎春的鞭炮声像炒豆子一样，“噼噼啪啪”响起时，宋美龄怎么也睡不着了。她心想：节日不光是大人的节日，更重要的是孩子的节日。大人的心情不好，会影响到孩子的。不能有愧于孩子，孩子应该幸福，应该欢乐，我们过去的奋斗难道不正是为了孩子吗？于是她决定做丈夫的工作，应该把泪水咽在心里，强作笑脸，和孩子共度佳节，不能把压抑传染给孩子。

弥漫的鞭炮声使蒋介石也似睡非睡，况且也睡不着啊。回想和宋美龄在上海大华饭店结婚这么多年，还从来没有这么糟心过。他不但没有成为中国的华盛顿，反而成为了偏安一隅的南唐后主，甚至连南唐后主还不如，因为他毕竟还有半个中国，而自己却只有一个小岛、一个仅有 3 万平方公里的小岛！他思绪万千，不能自已。

“醒醒，醒醒，今天是春节。”宋美龄推了推丈夫的肩头。然后，她把自己的想法，化成一阵温柔动听的枕头风，吹进了蒋介石的耳中。蒋介石也是人，也有人的情感。夫人心细情浓，他理解了夫人的用意，答应夫人早起床，以补偿除夕之夜做得过分之处。

宋美龄先于丈夫起了床，然后她满面春风地叫醒了蔡妈、侍卫人员。继而又来到了官邸后院经国、纬国居室，殊不知她的几个孙子和孙女更早地起来了。他们中的两人手中正拿着昨天买来的鞭炮，不敢点燃，怕惊动了爷爷、奶奶。此时，他们见奶奶来了，便慌乱地把鞭炮藏了起来。小黑眼珠滴溜溜地转着，显得惊慌不安。因为爸爸妈妈昨夜已向他们进行了严厉的训话，今年过年是不能燃炮的，爷爷奶奶的心情不好。

女人，毕竟是女人。宋美龄见了，眼泪差点流出来。

“孩子们，你们有炮为什么不放？爷爷奶奶是愿意听响的！快放吧！让咱家的炮声变成台北市最响的炮声，让人们都能听见！”宋美龄笑容满面地道。

“爷爷奶奶叫点炮喽！”孩子们高兴起来，大吼起来，接着那“噼噼啪啪”的炮声，不时地夹着几个冲天雷、二踢脚在官邸空中爆响，把蒋家的沉闷空气打破。

宋美龄又见了纬国，告诉他：“亚伯已经起床了，今天早晨我们要吃团圆饭，一切都安排了，你们起床后，快给亚伯拜年去吧！也告诉经国。”“好！”纬国先是一怔，然后顺口答应了。

宋美龄回到前院，后院的炮声也蔓延到前院，侍卫人员也燃起了炮。整个官邸大院笼罩在喜气洋洋的鞭炮声中。

5 点 15 分，蒋介石正式起了床，穿戴洗漱完毕。今天的穿戴，他一改往日戎装束身。只见他穿了件青灰色的长衫，脚穿素净的丝织白袜，一双合脚的黑色宽口布鞋。这是溪口地区太爷子一种盛行的打扮，少了点严肃，多了点慈祥。他的胡须新刮了一遍，头顶是秃的，可那脑壳和脸都很红润，油光光地发亮。显得干净利索，慈眉善目，俨然一位好老头，毕竟他也是 63 岁的人了。

穿衣打扮，各有所爱。宋美龄却是另一种装束，她不像蒋介石那样有点土，而是有点洋。她的洋洋在中式旗袍裙的花型上。这种深浅不一、花型不成规律的细布料，只有在美国的得州达拉斯城女人的身上才能看到。她是喝过洋墨水的，因此她的穿戴款式，正如她那开阔的视野，不受空间、时代约束一样，自己认为怎样美就怎样打扮。

应该说，她的打扮很入时漂亮，比她现有53岁的年龄还要年轻十岁。

5点半，天还是灰的。宋美龄和蒋介石做完祈祷，已在正屋方桌两旁，按照男左女右的太师椅上就位了，等候儿子、儿媳和孙孙来拜年添寿。

院中起初先传来经国的那位黄头发的俄罗斯妻子的咯咯笑声，后来还夹杂着众人的说话声和孩子们的放炮声……儿子儿媳、孙子孙女一大帮全来了。经国和纬国带领夫人和孩子走在前面，向正屋走去。

像溪口的风俗一样，下辈给长辈人拜年添寿，欢欢乐乐，喜气洋洋。全家人分别给爷爷、奶奶磕了头。爷爷、奶奶又分别给了他们压岁钱，哄得孩子们高兴得直蹦高。

喜庆笼罩着蒋家的官邸。

蒋家的子孙们，又在喜庆的气氛中吃了团圆饭。

为了使爷爷、奶奶更高兴，懂事的儿媳们，这个夹菜、那个敬酒，就连最小的孙孙也敢和爷爷、奶奶碰杯哩！

被蒋介石认为最惨痛的这一年春节，经宋美龄一安排，他们竟过得在大陆的二十几年的春节还要痛快！

蒋介石不再强作笑脸了，他的笑容从心底中流出。最高的享受，莫过于人间的天伦之乐，尤其是上了年纪的老人。

“爷爷奶奶何不领我们到日月潭去玩玩！”孙子孙女们提出，爷爷奶奶岂能让他们扫兴。

第二十三章
台岛轶事

“好!”宋美龄道,“爷爷奶奶今天什么也不干啦,陪你们去玩,去荡舟!”

新春之日,蒋氏夫妇陪同儿孙荡舟在日月潭,借垂钓聊以解愁。老人孤舟,随波逐流。儿孙们望着两须斑白(蒋虽不蓄发,但也能辨出黑白)的老人,不禁悲从中来。

这时,蒋介石握着的鱼竿猛一颤,鱼线紧绷,连忙收竿,一条约五斤重的大鱼,无可奈何地挣扎着跃出了水面。

儿孙们大喜!

划船的人献媚地说:“总统(下层的侍从一直称蒋为总统,这些人不大考究党国要人官称上的经常变化,并认准了一条,往大称呼没毛病),这样的大鱼,几十年来我是第一次见到。”

“是吗!”蒋介石微微露出笑容。蒋氏夫妇一生迷信,新春之日得大鱼,岂不正应“年年有余”的好兆头,1950 年当会是“否极泰来”、时来运转的。

他们盼望着……可是命运之神好像在捉弄着他们。

新年伊始,台湾上空便笼罩着很浓的沮丧空气。美国公开抛弃台湾,撤走侨民,波及世界每个角落,蒋介石虽命令台湾报刊,不许走漏半点消息,但没有不透风的墙,人们从各种迹象上也会感觉到。当时,几乎没有人认为蒋介石在台湾能维持一年以上。不少跟随蒋介石的高官富豪,早已开始溜之大吉。

宋子文没有陪妹夫在大陆“坚持到最后”。中共把他列为重点战犯,国民党内的敌人又有理有据地说他侵吞大笔公款,要求他至少交出他的全部财产中的一半。于是,宋子文于 1949 年 1 月 24 日便辞去了广东省主席职务,带着他的妻子张乐怡,先去香港,5 月 16 日到巴黎“治病”。1949 年 6 月 10 日,宋子文带着外交护照踏上美国的国土。

孔祥熙早被宋子文联合 CC 派挤下了财政部长的位置,从 1948

年起，就和宋霭龄在纽约里弗代尔的自家别墅里过流亡生活，继续在美国经营他的银行业。

陈果夫、陈立夫这两人，虽然随蒋来到台湾，果夫患病退出政界，其弟陈立夫精力颇为旺盛，到台湾后仍欲操纵 CC 派掌握党权，但蒋介石要他把党权交给儿子蒋经国，矛盾初见端倪。离开台湾只是时间问题。

蒋、宋、孔、陈四大家族，这个统治中国 20 多年的官僚买办集团，到了“台湾时代”，只剩下“老蒋”一家，别无分店了。这是蒋介石的希望。他使尽手段，“清理门户、辅助太子登基”。“顺我者昌，逆我者亡”。蒋介石一逃上海岛，便实施比其在大陆时更为独裁的孤家寡人的政策。

1950 年 3 月 1 日，蒋介石不顾在美国养病的“代总统”李宗仁的极力反对，正式宣布他在台湾恢复“中华民国总统”职务。

蒋介石的意志就是“法”，蒋介石说，他的“总统”复职，是由于“国民大会代表的建议”，加上各方面的“恳切”要求。

蒋介石重新登基，蒋夫人迅速成立“中华妇女反共抗俄联合会”（简称“妇联会”），妇联会“缝征衣”、“慰征属”的故事，在台北各报纷纷以特写专栏方式出笼。蒋经国辅佐蒋介石，军队、政工、特务一把抓，蒋纬国仍从事留德所学的专业，任装甲兵旅长。经国的夫人蒋方良、纬国的首任夫人石静宜，皆纳入宋美龄的“妇联”工作的圈子。

说实在的，大陆的失守在蒋氏夫妇中激起了不同的浪花。蒋介石没有悔过自新，相反他的独裁欲越来越重了，而宋美龄则不然，她的权力欲越来越不强烈了，甚至变得淡薄。因此在对待重大事情的看法上，二人的距离越来越远，甚至有点分道扬镳。

夫妻之间应该是和谐的，有些问题却使他们一天也和谐不了。尽管他们都做了些让步。

使他们夫妻二人争执最为激烈的问题，是关于经国和纬国的培养使用问题。经国与宋美龄的母子关系一直不好，这是众人皆知的。按宋美龄的话说，“我来蒋家20余年，他连一句妈也没叫过，处处以‘大义灭亲’的眼光去对待我，叫众人耻笑，叫我这个做母亲的难堪”。而蒋介石却处处宠着经国，宋美龄对此非常不满，因此偏偏爱着尊敬她的纬国。

蒋介石不顾夫人的反对，一意孤行要铲除异己，竭力辅佐经国上台，特别是随着蒋介石年岁的增长，这种愿望愈加迫切。

1954年5月，蒋介石的第一届“总统”任期将届满，照国民党的宪法规定，台湾当局应于4月份选出第二届“总统”。于是，蒋介石下令召集“国民代表大会”。这年3月，台北中山堂张灯结彩，当年南京“国大”选举总统的闹剧，搬到台北重演。蒋介石一定要当大总统，民主的招牌一定要挂，可是，“代表民意”的“国大代表”远凑不够法定人数，怎么办？只好代劳大法官们照指示修改“选举法”，依“法”不足的“国大代表”由内政部下令递补即可。于是很多人摇身一变，凭命令被“选”为“国大代表”，并且规定是终身制，台湾人称“万年国代”、“终身国代选举终身总统”，休息六年后再“辛苦”代表们出来投一次蒋介石为总统的票。

台湾第二届“国大”正召开时，孔祥熙竟异想天开地想参加竞选“副总统”，特派曾任台湾省主席的魏道明从美国回到台湾窥察行情。蒋经国和陈诚看穿了魏道明的来意后，立即命令报纸发表文章，大骂豪门，并影射魏道明是豪门走狗。孔祥熙自知当“副总统”无望，命魏道明即停止活动回美。可是魏道明却走不脱了。从蒋经国和陈诚方面传出风声，似乎要与魏道明清算其任台省主席时营私舞弊的旧账。最后魏道明效法吴国桢，走了宋美龄的门路，好不容易才离开台湾返美。

蒋介石决不允许昔日孙（科）、李（宗仁）的往事重演。蒋介石说:“问问何应钦愿不愿竞选副总统?”国民党元老、四星上将何应钦,自知在历史上曾有过两次(1927年伙同桂系逼蒋第一次下野;“西安事变”期间,拟取蒋自代)“对不起”总裁的事,连忙作揖婉谢,从此更专心参加“道德重整会”,做“道德专家”去了。

蒋介石提出让经国接任“副总统”,却遭到了夫人的激烈反对:“经国毕竟年轻,人言可畏啊!”

蒋介石想了想夫人的话也对,便直问夫人说:“你也可以推荐一个?”宋美龄说:“我推荐怕是你不用。”“说说看。”宋美龄便顺水推舟地说出了陈诚的名字。蒋介石想了想,陈诚比经国大12岁,这个人听话,让他干一届,为经国铺铺路也不是不可。于是他一拍脑瓜就同意了,这倒使宋美龄十分意外。宋美龄为什么推荐陈诚?因为陈诚的妻子,是宋美龄的干女儿,陈诚的婚姻是由蒋夫人撮合的。

陈诚出任“副总统”,陈的台湾省主席位子出缺,蒋介石任命吴国桢递补。恰恰就是这个吴国桢,后来引发了一场蒋经国、宋美龄、蒋介石的家庭矛盾风波,当时也叫“轰动中外的吴国桢事件”。由于吴案更使蒋经国与宋美龄间原本晦暗的斗争白热化了。

蒋介石就任台湾国民党的第二届“总统”之后,将蒋经国调任台湾当局国防部总政治部,新职为国防会议副秘书长。国防会议这个机构实际成了制度化的“太上特务机构”,蒋经国更上一层楼,成为名副其实的秘密警察首脑。

蒋经国一辈子从政,担任无数次副职,这只是蒋介石的一套老练的政治权术的表现。正副手只是名义,权力才是实质。蒋介石说,蒋经国做副手是磨炼,其实蒋经国工作的单位,正副手总是颠倒过来。

这时“太子系”的势力已经开始形成,为太子“亲密战友”的人,都安排到了重要位置,陈诚空出的台湾“行政院长”职位,由俞鸿钧接替,另一位“太子系”的主将唐纵,担任了中央党部秘书长的职务，这是当年陈立夫的位置。

1955年1月18日，大陆解放军向一江山岛发起进攻，攻势凌厉，同仇敌忾，激战53小时后，全岛解放。

“一江山”惨败，台湾全岛一片沮丧气氛。就在这种气氛中，以宋美龄为支柱的“华美协进会”，借用空军总部大礼堂，举行岛上有史以来的首次服装表演会，“介绍流行美利坚的H线条洋装”。因为华美协会的来头大，是晚应邀赴会的有美国驻台湾大使蓝钦等各国使节及夫人，净是得罪不起的贵宾。不料想，太子系的军人之友社总干事江海东带头，率领一批军官在马路上拦阻赴会贵宾的汽车，对在“丧地失土”的悲痛时刻出现这种“虚华的社会现象”，表示抗议。

蒋介石听完盛怒的宋美龄的诉说后，下令将江海东锒铛下狱。江海东在狱中备受优待，三个月后就恢复了自由。在太子与夫人之间，蒋介石尽是和稀泥。

八十二

宋美龄虽然没有在台湾担任什么正式职务，却仍和年事已高的蒋介石尽可能地保持密切的联系。在蒋介石接见美国官员时，仍由宋美龄担任翻译。蒋介石咕咕哝哝讲几句话，接着宋美龄要讲上五分钟；然后蒋介石又咕咕哝哝讲几句，接着宋美龄又做长篇发言。这时给人们的印象是，蒋介石只是个“模特儿”，大权掌握在夫人手里。

实际上，宋美龄的权威比在大陆时差多了，只是当出现“政治高压空气”压迫台湾的时候，蒋才求助于夫人赶紧到美国去活动。

1954年，朝鲜半岛战事结束后，中华人民共和国的国际地位迅速上升，英、法、意等国，相继与台湾当局断交，承认中华人民共和国为中国唯一的合法政府。在此基础上，以苏联为首的东方社会主义国家则大声呼吁，要恢复中华人民共和国在联合国中的合法席位。苏联等国家的连连呼吁，使很多处在中间立场上的国家也回到现实中来，承认中华人民共和国的合法席位。就连美国前总统罗斯福夫人埃莉诺（时任联合国的美国代表及联合国人权委员会主席）也赞成恢复中华人民共和国的席位。

消息传到台湾。

“娘希匹！”蒋介石气得骂娘。在蒋介石眼里，此事非同一般，这不是要开除他“球籍”还是什么？他简直不能忍耐这种奇耻大辱。“埃莉诺，我们有什么对不起你的，你要这样置我们于死地！”他知道宋美龄与埃莉诺的特殊关系，于是他连忙打电话给到基隆劳军的宋美龄，要她连夜赶回，然后赴美去说服那个发了疯的埃莉诺。

国难当头，往往也成了蒋氏夫妇团结的凝聚力。宋美龄从基隆赶回的第二天，征尘未抖，便登上了赴美的专机。宋美龄在登机前，紧握丈夫的手说：“请相信我，我会说服我的好朋友埃莉诺，我也会说服艾森豪威尔总统的，静候我的佳音。”

“夫人有你这句话垫底，我没有什么要说的啦！祝你凯旋！”蒋介石把信任的目光投向妻子。夫人不但是他肉体生命的卫士，也是他政治生命的寄托。

飞机升上了蓝天，把宋美龄从大洋此岸送到大洋的彼岸。

在客机的圆形舷窗中，首先出现的是高耸入云的华盛顿纪念碑，它像一柄白色的长剑直插云霄。波托马克河畔停泊着好多艘漂亮的汽船，岸边行驶的汽车，看上去像是一只只小甲虫。接着浮现的是方格棋盘般的大街，具有多种民族文化交融的建筑群令人目不暇接，国会大厦、林肯纪念堂和最高法院也一一在眼前闪现。

在联合国办公楼的会客厅里，宋美龄会见了 67 岁的埃莉诺，她是已故的美利坚合众国的第三十二任总统、民主党领袖罗斯福的夫人。埃莉诺虽是一位高龄老人，仍保持着女性体态和服饰美。带有斗篷领式的黑色风衣，露出欧洲古典式的衣裙。胸口带多扣眼结带和装饰花边裙摆，具有迷人的风韵。

“啊，蒋夫人来了，您好！”埃莉诺首先伸出手来，高兴地道。

宋美龄觉得有些刺耳，以前她们总是以“总统夫人”互称，现在却称自己为“蒋夫人”，难道她不承认我是总统夫人了！隔膜、客套一下子拉长了人际、国籍的距离，她们无法像老朋友似的畅谈了。宋美龄此时多么怀念从前她们姐妹间的直抒胸臆。

埃莉诺的秘书小姐，穿着金黄色的衣裙，宽垫肩，系装饰细腰带，整体线条柔滑流畅，体现女性的俏丽、浪漫的风度，此时端来了调好的马提尼酒，放在两位夫人中间的茶几上。

酒的气味使宋美龄产生了许多感慨：“老了，总统夫人也添白发了，我们彼此都老了。看来你很忙吧？”宋美龄呷了一口酒说。

“是啊，我们老了，可是越老越闲不住了！”埃莉诺说到这里，又把联合国一个有关人权会议的邀请函递到宋美龄手里，“这不，后天我还得去联合国参加这个会，讨论人权问题。”

“看来，你的社会活动也很多！”宋美龄接过那封函，稍稍看了一眼，便放到了案头。

“人权问题，核心问题是如何尊重人的生存权利问题。各国政府对此认识不尽一致，都有不同的标准，因此处理问题也各不一样。比如对待群众自由结社和游行问题，各国的法律也不一样。相对来说，美国是自由民主的。怎样来处理？我看还是法制为好。通过讨论，达成共识，让它法定下来。”埃莉诺侃侃而谈。

“这个问题很重要，我们中华民国也对这个问题很感兴趣。可是……”宋美龄叹口气。

“是不是你们也想参加？”埃莉诺马上插言。

“可是，我们没有接到那个邀请。”宋美龄话里有话。

“驱除你们中华民国联合国地位，作为我个人是举双手不赞成的。可是双手比不上千手啊！”埃莉诺说到这里看上去有难言之苦，“目下，大陆外交攻势凶猛。不少国家相继承认它为中国合法政府，并驱除中华民国的联合国席位，这无疑也给美国政府出了道难题。再说大陆和台湾，无论是人口还是地盘都是巴掌和指头的问题。虽然制度不同，但都有个自身利益选择问题。”

说到这里，宋美龄再呷口酒的时候，那酒已变了味道：昔日的朋友也说起了套话。她不想再坐下去，也不想再张口让朋友帮忙了。

她决定去找现任总统艾森豪威尔。她一向是征服男性世界的能手。

在白宫的圆形会议桌上，艾森豪威尔会见了宋美龄。在这位大人物面前，宋美龄丝毫没有拘束，她先向总统汇报了她会见罗斯福夫人的感受，她像吞了一只绿头苍蝇那样使她恶心……

“那是夫人一家之言，你不必介意。”艾森豪威尔总统劝慰道，“赤色大陆能否进入联合国大家庭，最终的结果还不是我们美国人说了算？”

作为总统，艾森豪威尔没把话说破，实际上还是他一个人说了算。这点宋美龄已心领其意。她也知道联合国共 60 多个会员国，美国能控制的就达 40 多个。这是世人皆知的。

“谢谢总统阁下。”此时宋美龄已像吃了定心丸。

后来，果然像艾森豪威尔说的那样，联合国大会在美国的操纵下，以多数票拒绝了许多国家的正确建议。中华人民共和国恢复联合国席位的努力再度搁浅。

宋美龄晚年的外交活动成功，再度提高了她在台湾军、政界的影响力。

第二十三章
台岛轶事

八十三

20世纪70年代，台湾上空阴云四起，凝雾不散。

这时期的宋美龄深居简出，一直住在北郊寓邸里。她不像蒋介石那样研究儒家哲学和程朱理学，而是用心画她的中国花鸟画。应该说她的画已经有了些造诣，抑或有了些名气。

1970年1月，宋美龄做了胆结石手术后，又被确诊为乳腺癌，做了第一次乳房切除手术，不久又匆匆做了第二次手术。这时她已74岁高龄。这年的10月，加拿大承认中华人民共和国，和台湾当局断交。1971年10月25日，第26届联合国大会以压倒多数通过决议，恢复中华人民共和国在联合国的一切合法权利，并立即把蒋介石集团的代表从联合国及其所属的一切机构中驱逐出去。

1972年2月21日，美国总统尼克松访华，会见了毛泽东，与周恩来共同发表的《中美联合公报》里，提及中美“关系正常化”和“中华人民共和国政府是中国的唯一合法政府”。9月25日至29日，日本总理大臣田中角荣应邀访问中华人民共和国。29日，中日两国政府联合声明在北京签字，实现了中日邦交正常化。数月间，二十几个国家与中华人民共和国建立外交关系，而每个建交的国家都承认“中华人民共和国政府是中国的唯一合法政府”。于是，蒋介石的“中华民国”驻外大使，纷纷下旗归台。台北“外交部”被人讽刺为“绝交部”。

蒋介石的困窘、惶恐，以及气愤，可想而知。在这种情况下，蒋介石仍不能面对现实，拿不出确实可行的应付办法，只是对“国民”空发一纸公告：“古人常言，天下之事，在乎人为……只要大家能够庄重自强，处变不惊，慎谋能断，坚持国家及国民独立不挠之精神，那就没有经不起的考验。”这种空洞的说教式的政治口号，立即被人引为笑柄。

蒋介石这时采取的唯一实际行动，就是在 1972 年 5 月，第五届“国大”他又“当选”为“总统”后，即给“立法院”送去一个咨文说：“‘行政院长’严家淦，恳请辞职，已勉循所请，予以照准。兹拟以蒋经国继任‘行政院院长’……提请贵院同意，以便任命。此咨，‘立法院’。‘总统’蒋中正。”

蒋经国组阁，“总统”是自己的父亲，“副总统”可视为可有可无。一个蒋经国统治台湾的时代开始了。

1972 年 3 月后，蒋介石做过前列腺手术，后转为慢性前列腺炎的宿疾，健康从此一蹶不振，也有说是国际关系上所出现的一系列颓势，如当头一棒，将这个 86 岁的老人一下子打倒了。这也不全是牵强附会，谁能说没有这个因素？

生、老、病、死，实乃人生的规律。无论多么煊赫的人，都逃不脱这个自然规律。历史进入 20 世纪 70 年代，蒋氏夫妇都进入了人生的最后一站——冬天。

冬天是寒冷的。

冬天是无情的。

1970 年底，74 岁高龄的宋美龄赴美做了第二次乳腺癌手术，身体恢复后，便搬进了曼哈顿以东 35 英里的长岛拉丁敦别墅中。这里环境优美，漫长、迷人的峡谷，装饰着四时各异的色彩，谷地里贯穿着一条淡蓝色的小溪。几个侄儿轮流来陪姨妈散步……

天有不测风云，人有旦夕祸福。转年，宋美龄接到来自台北的加急电报：“蒋中正病重速回。”望着满天飘落的雪花，宋美龄潸然泪下。虽然晚年她和丈夫因病分居，但夫妻一场的感情却使她牵肠挂肚。虽然电报上没说“病危”，但这“病重”与“病危”在她的眼中并没有区别。时间不容她犹豫，当天她便草草收拾一下，登上了回台北的中美号班机。

蒋介石弥留之际，宋美龄随侍在侧。她向大夫详细地询问了丈夫的全部病情，一起研究治疗方案。

接着，蒋介石在睡眠中发生心肌缺氧症，经急救转危为安，但肺炎未愈，不时发烧……

“大夫，你认为他的病情怎么样？”宋美龄着急地问。

“夫人，请您不要着急。总统的自身抵抗力起码能坚持半年无问题。”大夫宽慰宋美龄道。

“真的？如果是这样，我太谢谢你了。”

年老事多。然而就在这个节骨眼儿上，美国纽约长老会医院又传来大姐宋霭龄病危的消息。宋美龄简直是自顾不暇了。在台北她匆匆做了些安排，星夜乘专机飞往美国。

85 岁高龄的大姐正在弥留阶段，四个儿女都聚集在她的身边，她仍不愿合眼，双眼失神地望着白色的天花板，嘴巴一张一翕，却发不出声来。

全家人心里都知道：妈妈这最后一口气不能咽的原因，是在等待小姨的到来。

宋美龄终于赶来了：“大姐，我来了，我是小妹！”

“妈妈，小姨真的来了！你快瞧瞧！”儿女们也尽力帮助小姨呼喊。

“大姐，你有什么话要说就说吧！”宋美龄紧紧握住大姐的手，生怕她离去。

宋霭龄扩散的瞳孔里终于映出了小妹的面容，她也抓住了宋美龄的手，感觉到了亲人的温暖。她有了一种超脱尘世的感觉，也产生了一种奇特的轻松感。

宋美龄看到大姐手在空中一阵抓挠，嘴角出现一丝微笑，安详地闭上了眼睛。

一盏长明灯熄灭了。宋美龄没有哭，她没有过分地悲伤。大姐似乎不是永别了，而是和自己相约到另外的一个地方去了，只不过大姐先走了一步，她不久也会去的，到那时她们又可以见面了。

宋美龄参加完大姐的追悼会后，又从美国乘机匆匆返回了台北，那里还有一位和她要分手的丈夫。

宋美龄回到台北，尽夫人之道，侍候了蒋介石两年。1975 年 4 月 5 日晚 11 点 50 分，蒋介石在草山官邸寿终正寝了。享年 89 岁。

蒋介石在第一次被医生紧急抢救过来时，宋美龄知道丈夫难留人世了，要侍卫通知总统府党政军要员严家淦、倪文亚等赶到草山官邸。宋美龄伏下身去，对丈夫道："老头子，有什么交代的你就说吧，大家都来了。"

蒋介石翕动着干裂的嘴唇，口授了遗嘱：

"余——自束发以来，即追随总理革命，无时不以耶稣基督与总理信徒自居……"他从三民主义的实践，讲到光复大陆国土，一口气讲了三百余字，心不如口，脸色越来越苍白，呼吸越来越急迫，最后闭目离去……

"天啊——"宋美龄声泪俱下。

"亚伯！亚伯！"蒋经国呼喊着。

……

一声呼喊一掬泪，连声呼喊泪淋淋。他们喊哑了喉咙，可是蒋介石再也听不到他们的喊声了，永远永远地闭上了眼睛。

在宋美龄的主持下，举行了在蒋介石遗嘱上的签字仪式。在遗嘱上签字的有宋美龄、严家淦、蒋经国、倪文亚、杨亮功、余俊贤等。

蒋介石死后两小时，台湾当局新闻局发布的死亡公报，称蒋介石的死亡为"崩殂"，这是不折不扣地把蒋介石当作了封建帝王，又命令从 4 月 6 日起历时一个月为"中华民国"的"国葬期"，全

“国”下半旗致哀。蒋介石的遗体停放在台北市“国父”（孙中山）纪念馆五天，供人瞻吊。

美国总统福特对蒋介石的去世反应冷淡，只派个农业部长去台北吊丧。后经台湾当局再三要求，始改派副总统洛克菲勒。在参加葬礼的外国来宾中，较为显赫者要首推韩国的总理金钟泌了。日本的两位前首相佐藤荣作和岸信介去台北吊丧，为避免中华人民共和国方面抗议，连自民党代表的名义都不用，仅称友人代表。葬礼的场面十分冷清。

宋美龄和蒋经国决定暂厝蒋介石之“灵柩于慈湖，以待来日光复大陆，再奉安于南京紫金山”，以达成蒋介石的真正“心愿”。

慈湖，是蒋介石1961年间在距离台北市60公里处的大溪镇福安里村为自己选择的一块茔地。这里的风景酷似他故乡浙江省奉化县溪口镇，便在这里建了一座中国四合院式的行宫，起名慈湖，他生前常来此小住。

1975年4月28日，台湾国民党全体中央委员举行会议，修改党章，规定国民党最高领导人的称呼改用主席。党总裁的名义，永远保留给蒋介石，他人不得延用，如同“总理”的名义永远保留给孙中山一样。至此，国民党最高领导人的称呼三易其名。会议还推举蒋经国担任国民党主席。

蒋介石去世后，79岁高龄的宋美龄也很明智，再待下去可能要妨碍孩子们（指经国等）的手脚，推说她要回美治病疗养，便去了美国。

一年之后，她为了追念蒋公逝世一周年，重返台北。宋美龄是于1976年4月2日下午2时15分，搭乘“中美号”专机回到台北的。当时“行政院长”蒋经国夫妇到机场迎接，宋美龄身穿黑色旗袍，神情肃穆。在蒋经国搀扶下，宋美龄步下飞机扶梯，严家淦夫妇以及倪文亚、谷正纲、张群等党政要员都到机场迎接。追思礼过后不久，宋美龄倏而悲从中来，有人去楼空之感，又再度束装赴美，自此长居美国。

1978年经国先生就任第六任“总统”前，十分期待蒋夫人能返台参加他的就职大典，并祭悼蒋公，但当时宋美龄因身体不适未能成行。此前，她曾从纽约致电蒋经国“院长”，叙述半世纪以来与先总统蒋公相依为命的情感与追思。

这段电文的内容是：

经国览：

3月27日、29日来电均悉。父亲去世三年之期将届，在此三年中，余每倏而悲从中来，上年返回士林，陈设依旧，令我有紧紧人去楼空之感，以往惯常之言音足声皆冥冥俨然，不禁唏嘘。余与父亲除数次负任去美，其他时日相伴近半百年岁，尤以诸多问题，有细有巨均不惮有商有量，使彼此精神上有所寄托，二人相勉，所得安慰非可形诸笔墨。自忖余对我之生父，相处总共仅短短九年余，因我八岁即离家来美求学。返国后年余彼即弃养；与余母亲相与总共只十七年，即与父亲结缡，可谓自龀龄启蒙，最亲近最长久伴侣，兼相依为命者，乃父亲耳。此种扣心萦怀情性，只有如汝与方媳结合四十余年者，可能体会之。余幼承庭训，均授以对大悲伤、大灾祸以坚强镇静为鹄的，余虽不能谓事事做到，但时以之自律自勉。忝在母子之份，又汝29日电深为关切，能体会余三年之情绪，乃罄心言之。母，4月1日。

宋美龄在美十余年，曾发表几篇颇具历史意义的文告性宣言。1965年10月底在纽约公开发表一篇《与鲍罗廷谈话的回忆》。此后1982年8月中旬，为了回应廖承志于7月4日致函蒋经国进行论战，也函致廖承志，以春秋大义规劝廖承志做总统信徒，幡然醒悟。另外，她又于1984年2月致函前中共领导人周恩来的遗孀邓颖超，劝其信服三民主义，以免成为祸延中华民族的罪人。这些文告函件实质上并不具任何说服效应，但却表明了宋美龄誓死与大陆共产党势不两立的立场、观点。

此外，1981年1月，宋美龄的二姐宋庆龄在北京病危之时，她得到这个消息后扶着光滑的桌沿抖擞地站了起来，慢慢抬起双手压了压太阳穴。写字台的玻璃板下，压着一张三姊妹在美国威斯里安女子学院学习时的合影。大姐宋霭龄坐在中间，两只手搭在一起，神态怡然地凝视着远方。那时她只20来岁，正在寻找自己的路。二姐宋庆龄坐在右边，一只手搭在大姐的身上，一只手搭在小妹的身上，文静的眼睛睁得又大又圆，水灵灵的；宋美龄调皮地斜倚在大姐身上，丰腴洁白的脸上一双眼睛神采飞扬。三姊妹那样亲昵，那样纯真，那时她们谁也不会想到后来会天各一方：一位在中国大陆，一位在远离海岸的小岛上，第三位则在美国。也许，上帝在她们出生时就为她们安排了这样的命运！

一切都已成了明日黄花，而今大姐先她而去，二姐又要和她分手。现在她有心在二姐还弥留人世之际，去北京和二姐见上一面，可是当她提笔给北京政府去信时，却拒绝了北京政府的邀请。平心而论，这何尝不是政治意识冲突下牺牲了亲情的人间悲剧呢！信写完了，她也哭成了泪人一般。

第二十四章

迟暮岁月

宋美龄眼睛潮湿起来："你父亲在世时，反复嘱咐我，叶落归根是他的本意，葬回大陆是他的愿望。如今我们活人不能实现其志，显得无能啊！"蒋纬国也激动起来："先父一生深谋远虑，自从他踏上台湾这个小岛起，就预料到此岛只是暂且栖身之舟。事到如今，我们不得不认真考虑此事了……"

——题记

八十四

宋美龄晚年居住在美国纽约长岛一幢别墅中。这幢古老的住宅占地15顷，距纽约大约一小时半的车程，房子原是孔祥熙的，现为孔令侃所有，作为蒋夫人的客邸。

宋美龄返美后，生活极其恬淡。平常她侍弄花草、运动，每周固定地做礼拜，并接见岛内客人或约陪美国政界人士。由于蒋夫人沉疴未愈，加上皮肤病症依然缠身，因此，仍然有专科医生经常前往长岛为她做定期诊疗。

宋美龄有多位侍从秘书，大部分由台湾方面派出，其中有不少是蒋纬国的亲信。这些侍从除了为她安排生活、衣着、车乘之外，就是替她整理文牍之类，像宋美龄每年在辅仁大学毕业典礼中发表的致词，全由秘书做主送回台湾。另外一些往来函件，也均由秘书处理。

宋美龄多年来在美活动都不是公开性质，但不少与她熟识的人，在美国仍经常可以见到“夫人”。像台湾的妇女领袖、遗族子女，每年在她过生日时，全美的国军遗族子女都会从世界各处赶到长岛为她祝寿。每次要折腾两三小时的时间，但宋美龄还是欢迎他们尽兴，这是难得的天伦之乐。

根据访问宋美龄的来客说，蒋夫人对蒋公的思念，多年未减，愈久弥坚，家中到处是蒋公的照片，且宋美龄奉祭蒋公的鲜花长年保持清鲜。又称，宋美龄对衣着色泽的选择，多年来未变，从衣着中可以得见她依旧有当年高贵典雅的气质。

1988年1月，蒋经国在台湾去世。作为母亲（虽非生母），宋美龄不顾90岁高龄，又回到了台岛。她坐着轮椅从侧门进入灵堂，如在台湾电视上所见，这位备受国民党元老尊崇，仍有一定影响力的前“第一夫人”，看来哀戚满脸。母亲送儿子，也确是情何以堪！

老夫人虽坐轮椅，仍然关切世事。宋美龄回到台湾后，官邸有关运作自然格外忙碌，但蒋夫人毕竟年事已高，她说过“我将再起”！但行动已不能与过去同日而语，因而一般事务少有过问。宋美龄是一个虔诚的基督徒，据说一星期中在官邸小型教堂祈祷或阅读《圣经》占了两小时，周联华牧师每天不间断地主持教堂圣事，并分别以中、英文讲解教义，而每遇周三和周日，蒋纬国以及“孝”字辈的家人们，都会齐集在官邸教堂做礼拜并聆听讲道，而每周两次与家人聚会，也是宋美龄最开心的时刻。

蒋经国死后的 1 月 27 日，国民党中常会经过事前的激烈斗争，通过由李登辉代理国民党主席。蒋夫人年届九十但对于此次急于推举代理国民党主席之举有不同意见。她虽年迈，却也不糊涂，她充分看出李焕的动机，看出省内外和台前幕后各种复杂的因素。急促的手段说明了背后的目的。急急推出李登辉当国民党主席，是借李登辉阻挡俞国华、沈昌焕、王惕吾当选，是要夺保守派、夫人派的权。李登辉在台前，李焕在幕后，因此头脑仍然清醒的蒋老夫人，立即在 1988 年 1 月 26 日晚上，急急致送一封信给李焕，表达出对于此时选举国民党代主席时机不当，理当压后，应该在国民党“十三大”时决定才比较合适。

但是李焕等人经过紧急会商，决定依计进行。1 月 27 日的国民党中常会，由与李焕关系密切的余纪忠（国民党中常委兼《中国时报》老板）主持，由于事先布置周密，俞国华在会上被人奚落，大势已去。李登辉于是顺利荣登党主席宝座。

蒋夫人返台这段时期，曾由医药学院一位中医针灸教授进行治疗，成效甚佳。宋美龄原本说要再度返回美国，直到 1989 年 4 月，将近两年，她的心愿才得以实现。

1993年，蒋夫人已经96岁高龄了，这次去美国，还能不能回来？自然是一个引人注目的谜。

此后不久，蒋孝勇举家迁往加拿大。蒋孝勇和夫人方智怡事前曾赴士林官邸向宋美龄请安并禀明移居加拿大的意愿，这位蒋家最有权威的长者宋美龄向他们说了一句耐人寻味的话："这样也好，回家比较方便。"

宋美龄的"回家"二字指的是什么意思？台湾当局一些敏感的政治家表示："这不禁令人想起，蒋家的老家原来是在浙江奉化。"

八十五

1993年这一年，中国的改革开放在总设计师邓小平的统领下，正向纵深迈进。以江泽民为首的新的党中央作为中共第三代领导人，继往开来。这年初，庐山人大胆提出拍卖当年国民党在庐山的别墅群，其中包括美庐等七处。

消息一上报，令国人大哗。

一石激起千层浪。

一传十，十传百。消息传到美利坚合众国，传到宋氏家族的耳中，进而传到蒋夫人的耳中。96岁高龄的宋美龄，却睡不好觉了。两眼缝像有个小松针支着，眼望着天花板，怎么也难以成眠。

人生如梦。

爱回忆往事，已成了宋美龄晚年的一大毛病。

一生与政治联姻的宋美龄，本来晚年她曾发誓不再过问政治。可是政治像个幽灵，驱而不散。丈夫在世时，曾不时鼓吹要"光复"大陆，直到1975年4月5日晚11时，丈夫因心脏病复发，在台北"士林"官邸逝世。

第二十四章
迟暮岁月

1978年5月20日，经国成为台湾的“总统”。他没负父志，几年下来使台湾经济上了个台阶，与欧洲同步，形势喜人。可是好景不长，经国又撒手黄泉路。白发人哭黑发人。这怎不令老夫人无限伤感呢？接着搞“台独”的李登辉上台，标志着蒋家王朝的覆灭。老夫人心头暗暗流泪，更多的泪是流给丈夫生前“反攻大陆”没能实现的遗言。

宋美龄参加完经国的葬礼回到美国长岛，曾消沉很长一段时间。宋仲虎，这位宋子安的长子和妻子曹氏断不了到姑姑的卧室劝说老夫人：要心宽，过去的就过去了，我们的戏唱完了，无病是福……这才使宋美龄度过一个又一个的困难期。

此间，宋美龄再不会关注台湾的命运了。而台湾的高层人物，虽也多次访美看望老夫人，仅是礼仪之道了。

作为大政治家，宋美龄不仅反思历史，也反思自己。经历的事情太多了，亲情、政治已使她淡化，她不但活下来，而且奇迹般的好。96岁高龄的她，在外表上看像50岁的阔老太，风姿不减当年。

她精通老子“清静无为”的圣言。在“有为”和“无为”中保持自己的心态平静。

晚年作画，是她的一种追求。

曾几何时，老夫人的画是被人称道一时的。并不因她是第一夫人而称道，而是那画是极有造诣的。丈夫在世时，也常常伫立在她的身边，忘情地看她作画。按丈夫的话说，那是一种享受。她笔下的花鸟极有神韵，呵一声，像能飞走似的。

宋美龄作画的营养是从母亲倪氏的艺术细胞里汲取的。当年三姊妹各有特色：大姐唱歌，二姐弹琴，宋美龄作画在孩提时就是独树一帜的。后来，由于种种政治活动和交际，宋美龄终止了作画，直到52岁时才拣起来。由临摹、写生到写意，很快那种儿童时代的艺术细胞飞速扩张起来，似乎得了某种仙风道骨，传神入画。如同打麻将一样，画画对宋美龄来说是一种消遣。不久，她的那套系列山水画，在她看来还不成功时，竟被民国邮政总局偷偷印上邮票发行海外。虽是扬名，可是她并不高兴。她认为那还不是她最成功的作品。

若干年后，殊不知那套邮票成了珍品。其中一张在台湾叫价竟达 5 万美元。这连宋美龄都感到吃惊。

说起那张邮票，极为普通。大概是借了名人光吧！那张邮票上的山水，画面是台湾秋韵。阳明山的远影几乎没有用墨。云彩，远林，近树花果，都是工笔勾绘，细腻生动，疏密有致，活灵活现。这幅台湾秋韵的原作就挂在老夫人的卧室里，她很欣赏那块圣土。自从丈夫下世后，这幅画，还有她的新作，比如南京紫金山的秋韵，也常常进入她的梦乡。今天，她又做了个梦，那不是紫金山秋韵，而是庐山秋韵。那里更有她可回忆的乐趣……直到天亮，隔窗看到黄叶纷纷从树上落下，她才进入现实——哦，这是美国之秋。她索性又挥起笔来……

当姑娘时，宋美龄就留学美国十年。这里有她两处居所。

长岛又名欢乐岛，是她住得最久最为喜欢的地方。这里风景秀丽，四季如春。她喜欢这里的梅花，像这里冬天的雪；她喜欢这里的雨，像教堂中的圣水；她喜欢这里的雷，像教堂中沉闷的钟声。这里安静、空旷、浩渺，容易使人生出遐想，引起画兴。

她的另一处居所在曼哈顿中央公园附近。这里她不常住，但有人给她看着家。如果一年分成四季，只有冬天，这个空间才属于她。在宋美龄眼里，似乎曼哈顿的冬天比长岛的柔和。

现在是秋天，老夫人仍在长岛居住，一大早便开始作她的秋色赋……望着隔窗的秋色，她在着墨运筹钩沉着那笔下的真正的秋天。触景生情。那飘落的树叶，似乎有了灵性，更使她哀叹起人生的短暂来。

第二十四章
迟暮岁月

门被推开了。

侍从轻脚轻手地端来西式早点。

“夫人，用餐吧。”

老夫人转过身来，望了望桌上的早点，没有答话，仍在作她的画。画来画去，美国的秋又像是庐山的秋。她不是用艺术作画，而是用她的感觉，用她的阅历。像与不像，似像非像，正如过去的历史，给人朦胧美。

老夫人用过早点，宋仲虎夫妇便来看望姑姑来了。

“姑姑，您好。”

“哦，是虎儿。”

殊不知宋仲虎，也是儿孙满堂的人了。

“怎么，没带孩子来？”

“他们都出去了。”宋仲虎之妻曹氏回答。

“姑姑，我带来一张华文报纸，是纬国昨天寄来的。”

“有什么消息？”老夫人望着仲虎。

“大陆要拍卖庐山美龄宫等。”

“哦，有此事？”

“这报纸上写得很清楚。”

“你快读读。”

“好。”宋仲虎一字一句地读了下来，老夫人听得认真，像小学生听课一样。

宋仲虎读毕，老夫人沉默良久才说：

“我昨天失眠做梦，老是庐山的景。今早作画，美国的秋，也画成庐山秋了。你说怪不怪？”

“那是主给您老托梦了。”宋仲虎嘿嘿一笑。

“我一生信主敬主，主会保佑的。”

但是主会保佑什么，宋美龄没说出来，只能留给宋仲虎夫妇品味、沉思。

宋仲虎停了停，又道：

“姑姑，这是个机会啊！姑父当年失去的，我们何不买过来？”

“买过来，我何不想啊！”宋美龄躺在安乐椅上闭眼，沉吟良久，又道：

“买过来就是我们的吗？”

是啊，买过来就是我们的吗？

屋内又是一阵沉默。

“不扯这些啦。”老夫人收起话头又问，“纬国来信没说别的？”

“他很想来这里看您，这需要下周定。说起来纬国大哥也老大不小了。如果我没记错，大概77岁了吧？”

宋美龄点点头：“再大也是孩子嘛！你告诉他，让他下周来，我等他。”

“好，姑姑。”

八十六

深秋的美利坚合众国，不同于台北的是树叶没有变得深红。

宋美龄作画是极其认真的，视为生命的一部分。当她真正完成这幅“美国秋韵”时，蒋纬国先生奉命已从台北飞到了她的身边。

应该说蒋纬国是宋美龄在台湾的一条眼线。自从蒋经国下世后，李登辉堂而皇之地给了他个“总统府资政”的头衔。在封建社会称“太上皇”，实际手里没有多少实权。

这些年来，纬国忙上忙下，也深感蒋家王朝日薄西山了。他不想干，李登辉又不让，只好混下去。听到老夫人的召唤时，他正躺在医院输液，哎，还不是那老毛病？血液黏度高，中风先兆。每年秋季，都敲一次警钟。圣母有话，何能不去？在他和经国之间，夫人还是对他有特殊感情的，这是人人皆知的。纬国也从来不忌讳。

纬国是今早 8 点下的飞机。下了班机，坐着宋仲虎的接车直驶长岛——宋美龄居所。

宋美龄刚做完祈祷，坐在安乐椅上闭目养神，蒋纬国就风尘仆仆地走进来。

“亚母，你好。”蒋纬国这样称道。蒋经国是从来不这样称谓的，也许母子的关系就这样微妙。

“纬儿，你可来了，我以为你不会来了！”宋美龄抬头就问，竟问得这般奇怪。纬国知道亚母的脾气，也随和地说道：“本来，我早就想来，你不招呼我就来。可是……”

“可是什么？”

“总统要开会，我的身体还不大好。”

“总统要开会我不管。你有什么病？”

“心脑供血不足。”

“和我一样，你们年轻人要注意保养啊！”

说到这里，蒋纬国摸摸头上的白发和宋仲虎相视一下都笑了。

这时，侍从送来了茶水，纬国呷了一口，是地道的西湖龙井，大陆货，很合口味。

“我想听听台湾方面的情况，还有些事和你商量商量。”宋美龄开门见山。

“唉——”蒋纬国叹了口气，“我找您也是为这事。现在民进党那几个刺头儿越闹越不像话了，一言难尽啊！”

“是不是闹“台独”的事？”

“没错。”蒋纬国理了理思绪道，“最近，他们又游行又演说，把先父在台湾各处的铜像集中起来，砸烂熔化，论斤出卖。这还不算，他们还有一条宣传，排挤他族，遣返非台湾籍老兵和其他外省民众。”

“能行得通吗?”

“当然有反对者。”

“李登辉最近有何表演?”

“他说:民之愿,我之望;民之声,我之求。”

“嘿,说得好听!”此时,宋美龄也显得无奈,“我想再过若干年,他们不把你父亲暴尸街头才怪呢!”

“照这样下去,肯定会有这一天。”蒋纬国道。

“照这样说,慈湖就可以卖门票当观赏园了。”

“我也害怕。说真的,自从先兄经国下世后,李登辉上台,我就感到日子不好过。去年台北举行双十庆典时,李总统口喊继承先父和先兄之志,实际已经大打折扣了。他是讲给人听的,实际做的并不是那么回事!”

“凡事预则立,不预则废。你父亲的事,你考虑没有?”

“当然考虑了,但还不成熟。”

“这西湖龙井的味道怎么样?”

“还好。”蒋纬国答道。

“和它一样,我们的根在大陆。”宋美龄道,“你父亲在世时,反复嘱咐我们,叶落归根是他的本意,葬回大陆是他的愿望。如今我们活人不能实现其志,显得无能啊!”宋美龄眼睛潮湿起来。

“亚母,这点我懂。不是母亲的无能,而是儿子的无能!”蒋纬国说到这里也激动起来,“先父一生深谋远虑,自从他踏上台湾这个小岛起,就预料到此岛只是暂且栖身之舟。事到如今,我们不得不认真考虑此事了。不光先父,还有你,再往下说,还有我们蒋家后辈。我们都是老大不小的人了。”

话到此,除了直率,只有苍凉。

宋仲虎这时站起身要走。老夫人发话了:“你也不是外人,也可发表个意见嘛!”

“我看，历史的旧账已翻过去了。还是《三国演义》中那句话说得好：天下大势，分久必合，合久必分。人何必吊死在一棵树上呢?!”

“你的话倒有意思!”纬国首先赞同。

“你那边大陆上还有一条线。那里情况怎么样?”

宋美龄问的那条线实际是指仲虎夫人的妹妹——大陆曹素荣女士。这是他们在大陆唯一的一家亲属。

宋仲虎答道:“去年，我夫人暗回大陆，由她妹妹陪同，玩得很开心，并且还到了溪口。”

“去庐山了吗?”

“去了。”

“纬儿，听说庐山别墅要拍卖，你是怎么看?”

“是啊。广告词上说：蒋介石失去的，毛泽东得到的，全都卖给你!”蒋纬国说,“我就是敢要也没这个胆!”

“你没那个胆，我可有那个胆!”宋美龄笑了。

“那共产党是看中了你的钱袋?”

“钱算什么?说破了还不是纸。要是共产党真有雅量，让我在大陆购一处土地，海南老家也可，溪口也行，南京更好。不论大小，我要让每一位国民党将领死后有归宿，不做流浪鬼，我有这个信心!”

其实，老夫人说的全是心里话。

此时，老夫人头脑异常清醒，她不仅为丈夫寻后路，叶落归根，也为蒋家、宋家的后辈，包括她和纬国。正如她自己说的，人不能叶落归根，魂也要飘回去的。外面的风景再好也不比家。那是他们离开大陆前的一幕，他们多么留恋大陆啊！她和丈夫一起漫游雪窦山，陪他们去的还有风水先生。在风水先生的指点下，夫妇携手伫立在朝阳的山坡上，选中了一处风水宝地，前有修竹，后有山泉，准备作为未来的蒋氏墓地。人赤条条地来到世上，又赤条条地回去，还不是为了一块好地方。

蒋纬国望着亚母，似乎更明白老夫人的本意。他眼睛一亮，觉得亚母年轻起来：亚母很会保养，如今，虽是96岁高龄，依旧是一头乌黑的秀发，遮住了她没有皱纹的白皙的清瘦的脸庞，显得异常仁慈、端庄。纬国欲说什么，亚母忽然将深深埋在美式安乐椅上的身子动了动，说道："真是人生如梦，转眼就是百年。当年，我和你父亲在雪窦山峰寻找墓地时，他那天可笑的形象至今还在我的眼前闪动。临走时，有一枝松枝挂住了他的衣服，他一笑道，连这里的松树都喜欢我啊！那说话的神情我还能想象得出来。后来事情传出来，笑话我们五十出头就看坟墓，未必太早、太苍凉了。"

"临时救急，现掘井现挖坑不就晚了？"纬国颇有同感道，"我有一个艺术家的朋友，说来也怪，他家的墙壁上，挂满了骷髅什么的，每当他高兴了，生气了，爱了，恨了，回到家里，看看那满墙的骷髅，心立时静如秋水，往沙发上一躺，扳着手指头平静地告诉自己：又少了一天。"

"挺有意思！"老夫人眨眨眼，摇晃了一下脑袋，"超脱好啊！即便像我这样的年纪，活一辈子还不是万万多天而已。难怪我们还来不及反思，就要匆匆忙忙为死做准备。"

"人活七十古来稀。我们的日子都数得着了，您老96，仲虎71，我77，还能不能再活十年，我看都是个未知数。即便再活十年，又该如何呢？"

"纬国兄，别说这些了，说些高兴的事吧。"宋仲虎插言道。

"见了亚母，一高兴什么话都说出来了。"

"纬儿，今天是我们谈话最长的一次，我有些疲倦。我问你，什么时候返回台北？"

第二十四章
迟暮岁月

“如果没别的事，我顺便在这里看看病，老担心自己会得脑血栓，一夜之间身体不能动弹了，那种活比死都害怕……时间还定不下来。”

“纬儿，你怎么也有这种奇怪的想法?”

“我也有预感啊!”

“好。咱们休息吧。想病有病，不想病病无啊。”

老夫人在侍从的帮助下，上床休息去了。

蒋纬国和宋仲虎又攀谈了一会儿，也各自休息了。

这次会谈，实际上达成了某种默契。此前也有这种默契。

在蒋老夫人的默许下，海外的蒋家已开始向大陆放一些试探性的气球。先是蒋经国的庶出二公子章孝慈到桂林祭扫生母章亚若的墓地，受到大陆方面的热情接待。章孝慈那篇祭母的祷文，堪称一篇精制的散文，使人听后无不落泪。后来孝慈由于激动，犯急病在北京住院，两岸红十字会携手合作，将孝慈送往台湾荣民总院治疗，大陆方面还派员前往探视，同胞之情可圈可点。1994 年，大陆还拍下了《蒋经国和章亚若》电视连续剧。但孝慈被送到台北，已成植物人了。

后是蒋经国的大儿媳徐乃锦女士，通过秘密渠道回大陆观光，主要是安排蒋家子孙回浙江奉化祭扫蒋介石生母王太夫人陵墓之事，更重要的任务，乃是探询蒋氏父子的灵柩迁葬故里之事。

再是蒋纬国回台北后，接到大陆亲属曹素荣、李劲祥“计利应计天下利，求名当求万世名”的亲笔信，欣然命笔，写下了“和平统一，振兴中华”八个大字，赠给其亲属。他一再向其亲属透风：只要有机会，我一定回大陆。直到 1995 年元旦，江泽民总书记又提出了台湾问题的“八条”指示，人称“江八条”，给海峡两岸的和平统一带来了光明。

蒋老夫人密切关注着这种局势。作为大政治家，她要拥有一生的辉煌，更感到时间的紧迫。不久，孔二小姐不幸辞逝，作为“养母”，白发人哭黑发人，又一次使宋美龄陷入痛境。从台北奔丧后，她隐隐约约地感到上帝留给自己的时间不多了。可她要驾驭形势也难啊！

老夫人正在着急期间，又有一个人从台北心急火燎地飞到了美国。

此人叫郝柏村，是国民党非主流派领袖人物。

郝柏村也是日子不好过，特来美国找夫人诉苦的。

说来也窝火。这些年，郝柏村在台湾当局权力屠宰场上连连挨宰，先是军职被革，继而“行政院长”一职又被李登辉巧妙地弄掉，现在的处境，还不如蒋纬国。

为打赢这场最后的“圣战”，郝柏村左思右想，决定飞往美国，向蒋家树上最后一枝老干宋美龄求救，希望这位精神领袖发出行动与精神结合的最后召唤，给予援助。

宋美龄听了后，摇摇头说：“韩非子有这样的话：上古竞于道德，中世逐于智谋，当今争于气力。他讲的这个气力，就是我们今天所说的权力。不在其位，难谋其政啊！然而，你我现在所没有的，恰恰是权力！懂吗？”

郝柏村恍然大悟，叹道：“现在李登辉正在权力的顶峰上，我们看来是鸡蛋碰石头，必败无疑了。”

“只能如此。”宋美龄忽然仰起脸，直视着郝柏村，“你就准备这样，退却？”

“退却，我倒不甘心！”郝柏村在松软的苏绣地毯上踱了几步，老太太低沉而执着的声音，虽带有未卜先知的意味，却也在鞭打着他坐以待毙的无援情绪。是啊，自蒋公去世之后，老太太既不为政治而活，也不为信仰而活，似乎她活下去的唯一目的，就是为了求证：一个越来越老的老太太，仍具有作为一个人而不是一个偶像的价值。

郝柏村也是聪明之人，经过一番思索，他的心似乎与老夫人的心获得了某种默契，很有信心地说道：“夫人放心，我不会等待，也不会退却。我会按照自己的意愿去做，不成功便成仁！”

人毕竟老了。宋美龄疲倦地做了个表示同意的手势，那种似乎过时的优雅，使“中华民国”的前“行政院长”有些伤感。他向老夫人行了个生硬得几乎疏远的军礼，便急忙告辞了。他一边往外走一边后悔，老太太并非人们精神层次上的最后神祇，她仍然是她自己。

郝柏村回到台北之后，亲自披挂上阵，大有日本武士道精神，把国民党十四届全会作为最后的生存保卫战，一反老辈非主流派采用的宫廷阴柔权术，深入校园，走访侨界，以唤起特定族群的危机感、使命感，做最后的拼搏。可是终以势单力薄、实力不足而失败。宋美龄听到这个消息，连连叹息不止。

八十七

花开花落，1995 年春季的一天。

宋美龄收到了大陆亲属曹素荣打来的长途电话：大陆中华民族影视中心要拍摄老夫人的 20 集电视连续剧《美龄春秋》(编剧为本书作者)，外孙女李坚小姐要饰演夫人形象。问夫人有何见解？宋美龄忙说感谢，容我考虑考虑。大陆要拍她的电视剧，说明大陆人民还没有忘记她。这是她感谢的理由之一。另外，她又担心大陆能公正地评价她吗？于是变成了容我考虑考虑的口气。

宋仲虎懂得姑妈的心理，等老夫人放下电话后，便走上前去，直言快语地说道：“人家拍你的片子是抬举你。你担心不公正，人家还没拍，你咋知道不公正？再说不公正外孙女能出演吗？我看真正不公正的还是台湾方面。”

“外孙女李坚要饰演我，你认识她吗？”

“她在美国攻读医学博士，前天还到家里来，长得很俊，很像你的样子。”

“再来，一定要引我见见这个外孙女。”宋美龄动心了。

不久，老夫人又接到美国国会邀请函，在纪念世界反法西斯战争胜利50周年之际，特邀她到国会演讲。

面对这封邀请函，作为当年反法西斯战争的见证人，老夫人着实一阵激动。

历史没有忘记她。

人民没有忘记她。

这是一种荣耀，她欣然接受了邀请。

1995年7月26日，那是个阳光灿烂的日子。

国会山庄以它特有的豪华，迎接了宋美龄。

多尔参议员，西蒙参议员，还有上百名记者，早早地汇到了这里，聆听历史的回声。他们一个个西装革履，风度翩翩。

宋美龄，这位当年反法西斯的英雄，经过一番刻意打扮，风度翩翩，倒像50多岁的样子。她身穿黑色旗袍，勾画着她匀称丰腴的体型和线条美；一条肉色的丝筒袜，体现着她的肤色美；脚下的一双精制的美式黑色放着亮光的高跟鞋，又显出她的贵夫人的优雅；一头黑色的波浪卷发，衬托着她那清瘦白皙的脸庞；尤其她那黑色缀着宝石的大披肩，给人以风度的点缀。有谁相信，她竟是位近百岁的老人呢？

上午9点，宋美龄在其侍从和宋家亲属的陪同下来到国会山庄。当她一出现在大厅门前的时候，似乎提醒人们一个历史时刻到来了。肩扛手提摄影器材的记者们蜂拥上去，争相拍摄。

第二十四章
迟暮岁月

宋美龄目扫一周，挥挥手，甩下侍从的搀扶，自己一人走向主席台的座位。

也许是高兴，她脚步轻盈。随着人们一阵掌声，她记起当年她也是这样走向国会演讲坛的。

宋美龄来到自己的座位，在掌声中再次向众议员挥挥手，做了一个抛吻的动作，然后落座。

她把黑色的缀着宝石的披肩，从肩上取下来，顺手折叠了一下，移动一个位置，盖在自己双腿膝盖处。这一切动作完成后，她面对观众微笑，风姿绰约，不减当年。

掌声中，人们再次对这位历史老人的到来表示由衷的敬意。

当年，在这里，她通过自己的精彩演讲，赢得了国会的支持；今天，她又在这里，再叙昨天的友谊。

主持人开场白过后，宋美龄开始她的演讲了……她没有站起来，而是坐着，人们充分理解她。此时会场还有几个百岁老人呢？

她用流利的英文演讲。

她的演讲，不像当年战火中带有激情，倒像一位仁慈的老太太在讲述一个久远的故事。

她的演讲，精彩动人，像一篇优美流畅的散文。

多尔参议员，西蒙参议员，女士们，先生们：

首先，我感到幸福的是，你们还记得我这位来自你们战时盟国的一位中国老朋友。

1943年2月18日，应美国国会邀请，我曾在美国参众两院发表演讲。那时我说过，我在儿童时代便来到美国，在这里读完大学，度过了我的青年时代，所以我把美国当作第二故乡。今天再来到这里感到非常高兴。（掌声）

让我们来共同回顾从1937年到1945年的岁月。1937

年7月7日，日本发动了对中国的全面侵略战争。在日本侵略的头四年半的时间里，中国是在没有外援的情况下独自抗战的。直到日本军队在1941年12月7日偷袭珍珠港之后，美国第七十七届国会才向日本宣战，从此中美两国才结为同盟国。由于我们两国的共同努力，为在1945年赢得第二次世界大战的最后胜利奠定了坚固的基础。(掌声)

今天，在我们共同纪念第二次世界大战胜利五十周年的伟大历史时刻，我不能不回忆那次战争的悲剧以及那充满血与泪的年代；同时，我也没有忘记中美两国人民并肩战斗所表现出来的英勇气概。我愿借此机会，衷心感谢美国人民对中国在精神和物质上的支持。(掌声)

最后，让我祝愿各位健康、快乐和幸福！

上帝保佑你们！

宋美龄的演讲足足持续了十分钟，这对一位98岁高龄的老人是多么不易啊！十分钟的演讲，有三次被掌声打断。最长的掌声达三分钟之久。

当来自大陆的亲属——李坚小姐，把鲜花献给奶奶时，她再次拥抱了李坚小姐。

“听说，你要出演我的形象，谢谢你。”

李坚小姐也为奶奶的认同而高兴：“奶奶，我要让你美的形象永留人间。”

“好，宋家的姑娘有志气。”

……

历史不会忘记。

请记住，1995年7月26日，这是迟暮岁月中的宋美龄最为快乐的日子！历史与辉煌同存。

尾　章

百岁美龄

第一夫人
宋美龄

1997年3月20日，宋美龄，一位世纪老人迎来了她的百岁华诞。

弹指一挥间，岁月白了头。百年光阴在宇宙间犹如白驹过隙，但对于人生来讲，她有几多感怀，几多彻悟，几多欣喜……

历史注定这个20世纪的初期不平常。

地处中国近代产业繁荣中心的上海港，忽然热闹起来。港口挂着星条旗的美国远洋邮轮不甘寂寞地拉响沉闷的汽笛，似在催促远行者踏上旅途。

汽笛再次拉响，它以激荡的长啸宣告一段历史的艰难启程。邮轮迎着霞光，乘风破浪，很快驶入公海区。十岁的宋美龄和姐姐宋庆龄依窗而坐，望着远逝的故土，心有依依之情。

她们清楚父辈的希冀——远涉重洋，接受西方文明教育，以图拯救衰落的中国。

宋美龄在美国一待就是十年，按她的话讲：除了我的脸蛋属于东方，其他的都西方化了。

后来历史出现了戏剧性的变化和嘲弄，她做了国民党右翼势力代表蒋介石的夫人，而二姐宋庆龄成了孙中山的夫人、共产党毛泽东的追随者。于是，中国现代史变成了两位世纪强人的争斗史。政治把她们姊妹分开，政治又永远割不断这种亲情。苦恼和煎熬相伴了她的一生。

宋美龄自1970年以看病为名客居美国后，这中间她曾遭受到一次次丧亲的打击。

——1971年4月，大哥宋子文在一次友人宴会上因一块鱼骨梗喉，突然晕倒，命归黄泉。

——1973 年 10 月，大姐宋霭龄又闭上了双眼。

——1981 年 5 月，当二姐宋庆龄逝世的唁电，越过大洋，发往宋美龄寓所时，84 岁高龄的宋美龄已痛不欲生——政治是无情的，但作为一个人孰能无情？

遗憾的是，6 月 1 日，台北电报局对北京长途电信局发来的“加急业务公电”，表示“拒绝接受”。

更令宋美龄不可置信的是，步入九旬高龄之后的她，不得不面对着对于一个老人来说最为残忍的“白发人送黑发人”的噩梦。

——1988 年 1 月，继长子蒋经国逝世，终年 79 岁。接到噩耗，宋美龄悲痛得说不出话来，立刻驱车前往官邸探视，此后四天不思饮食。举行追悼仪式时，她坐着轮椅从侧门进入灵堂，哀戚满面。母亲送儿子，怎能不令人心碎！

祸不单行。蒋经国逝世后仅一年，1989 年 4 月，长孙蒋孝文病殁于台北，终年 55 岁。对于刚经历丧子之痛的宋美龄无疑是雪上加霜。

接着，次孙蒋孝武于 1991 年 7 月因急性心脏衰竭而英年早逝，年仅 46 岁。

1996 年 2 月，多年未能认祖归宗的蒋经国之子章孝慈中风卧床。一年后因肺部感染逝于台北“荣总”医院，终年 55 岁。

1992 年夏，宋美龄的外甥孔令侃亦辞世。

1996 年底，蒋经国的儿子蒋孝勇病故于台北。白发人送黑发人，宋美龄的悲痛更是无以复加了。

这一切，为独居美国的宋美龄的晚年笼罩了一层层阴影，也罩上了一层层惆怅。

百岁华诞前，蒋、宋、孔氏家族的儿孙们，还有当年宋美龄精心培育的“遗族学校”的子弟们，借祝寿团圆之机，同夫人商议，一定要好好庆贺庆贺，办得体面、热闹。

谈到祝寿规模时，宋仲虎道："人生难得百岁。要搞，就要热闹点，亲朋政要齐聚纽约，我算了算，少说也有千人。"

宋美龄说："搞祝寿我不反对，规模不能太大，太大了，你们吃不消，我更吃不消了。台湾当局那方面就不要多请了。规模控制在60人左右为好。"

"按老夫人的意见办，只要夫人满意，我们也一百个满意。"宋仲虎立时改了口。

殊不知，老夫人控制规模还有另一层意思，1997年香港回归中国，1999年澳门也要回归中国，台湾问题不能不使她心烦。作为台湾国民党第三代领导人的李登辉也靠不住。

晚年的宋美龄，她把自己的一切都交给主了。平时除了读报、看电视外，空闲的时间多半选择自己爱好的书籍阅读，她主要喜欢历史、传记之类的作品。此外，多半是练习书法和绘画。一切顺其自然。1985年，《海外侨报》载文报道她在美生活时称，据宋美龄的一位"随从秘书"说，宋"生活有规律，饮食和睡眠以及运动都适当节制，但因患乳腺癌，两乳皆已实施切除术"。她经常阅读、写字，且勤于画画，身体很好。

除了身边的十余个侍从人员和护士，宋美龄在长岛的寓所显得宁静。访客除了偶尔一来的台湾客人，主要是宋美龄旧时的美国友人，经常相处的是她在威斯里安女子学院的同学艾玛·米尔丝女士，她是宋的常客，经常陪老同学聊天，回忆旧时的学校生活以疏解老友的寂寥。每年，最热闹的时候就是她的生日。这一天，生活在全美各地的国民党军队遗族子女都赶到长岛，每次祝寿起码要折腾两三个小时。人老了爱热闹，宋美龄总是让他们尽情欢乐，尽兴而归。这对于没生过孩子的宋美龄来说是一种莫大的安慰。

亲属中经常来看她的是外甥孔令俊、孔令杰和居于旧金山的蒋孝章一家，有几个曾孙辈有时也偶尔和她住在一起。此外，蒋纬国也曾若干次代表蒋经国捎信问安。

以九旬高龄寄寓他乡，浓郁的乡思乡愁之情更是宋美龄难以抑制的。因此，她对于台岛局势甚为关心，除时常以电话形式与岛内保持联系外，每有台湾访客赴美，她必请求接见，既求了解岛内状况，也为消减乡愁。

一向深居简出的宋美龄，99 岁大寿后，她还欣然接受了纽约大都会艺术馆的邀请，出席从台湾送来的 450 件中华文物珍宝的预展仪式。当宋美龄由护理人员搀扶着出现在大都会艺术馆大厅时，聚集在那里的记者和人群发出了快乐的惊呼声。老夫人虽然行动已不太灵便，但精神依然饱满，全然不失往日的风采。她兴致盎然地参观了从台湾运来的参展文物，有时还从轮椅中站起来，走近些看。

周围聚集了很多记者和参观者，但都十分礼貌地给她让路。宋美龄的神态自若。大都会艺术馆馆长菲力普·蒙特贝罗邀请她共进午餐，她也愉悦地接受了。蒙特贝罗对宋美龄 99 岁高龄所表现出来的风度惊叹不已，说："她是个贵夫人，一个镇定自若、宁静祥和的人。"

1997 年 3 月 20 日，宋美龄在期待和祈祷中终于在纽约长岛寓所中迎来了她的百岁华诞。

早在半个月前，侍从们已把周围的环境打扫得干干净净；宋美龄的新作诗画已悬挂在迎客厅；岛内花园，修饰一新，常青树已被花工修剪；高高的喷泉流光溢彩，迎春花争奇斗艳；和平鸽在草坪上安然起落；听鹂亭百鸟朝凤……步履不便的宋美龄老人，在侍从的护理下，坐着轮椅，到外指点一遍，直到她满意为止。

百岁大寿，一切都是按照老人的“控制规模，不搞声张，外松内紧”的原则进行的。为了不影响老人的休息，仪式放在上午 9～10 点两个小时内结束。

3 月 20 日，这一天一大早，老人在侍从护理下早早起了床。她破例穿戴一新。一身着装，均为黑色，包括她那还有披巾的旗袍裙。虽说百岁，还是贵夫人打扮，使人感到庄重、高贵、威严。

做祈祷是宋美龄老人一生的习惯，说来是从父亲宋查理那里继承下来的。宋查理作为西方基督教东方传人、中国民族工业创始人、中国民主革命先驱、孙中山的财政部长，把自己的一切也传给了自己的子女，包括他的处世和人生哲学。

宋美龄带着她的仆人祈祷着，这在仆人眼中已司空见惯。

世纪的风霜无法掩盖她的美丽；岁月的沧桑无法消去她的辉煌和神秘。

9 点钟，各路来宾陆续而至。站在门口迎宾的小姐一个个彬彬有礼。被收下礼物的客人一个个登堂入室，向老夫人祝寿贺喜。此时的宋美龄，先是坐在轮椅上一个个地握手，表示长辈对后辈的关怀；等客人来多了，来不及握手，老人随时打一个飞吻，报一个微笑，表示心领神会。在客人眼中，老人乌发依旧明亮，丝毫不乱地梳向脑后，盘成东方女性特有的发髻；她的面庞清秀白皙，在柳眉朱唇的衬托中，俏鼻高耸，流露出贵夫人的高雅和慈祥。特别是面对来客中的小客人，更透出她这位隔辈人的爱怜。与他们合影，分给他们糖块或小礼物。于是蒋、宋、孔氏家族的 36 位曾孙们，便反客为主，成了这场祝寿仪式中的主角。

宋美龄喜爱孩子，孩子敬爱奶奶。让欢乐留给孩子，让希望留给未来。宋美龄高兴了，高兴中的宋美龄还与孩子一起唱起了歌。

镁光灯在闪烁，客厅热闹非凡。直到厨师们跑来，向夫人汇报饭菜已备齐妥，在孩子们的簇拥下，宋美龄才进了家宴厅。

家宴以中国风味为主，也有少量西餐。在喜庆的气氛中，客人们依次入座。

“大家安静，请老夫人讲话。”主持寿宴的宋仲虎道。

全场静了下来，宋美龄举起酒杯道："我没啥可讲的，薄酒一杯，千言尽在酒中，望亲人吃好喝好，心宽体胖。"

老太太的讲话把家宴推向了高潮。频频的碰杯声、祝寿声、欢笑声交织在一起。这一天——1997 年 3 月 20 日，作为宋氏王朝的代言人的宋美龄，度过了她的百岁寿诞。

时隔六年后的 2003 年 10 月 23 日深夜，一颗流星在冥冥长空中，划了个休止符，坠落天际。宋美龄作为中国近现代史上一位知名女士，在纽约长岛家中于睡眠中静静地停止了呼吸，终于走完了她跨越三个世纪的人生路。享年 106 岁。人们怀念她，悄悄地走进她的寻思教堂，在朗朗的祈祷声中，面对着她那鲜花、松柏簇拥的遗像，笑容依然，青春依然，美丽依然。缅怀跨越三个世纪的传奇人生，令所有寻思者感叹！

她的灵魂升入了天堂，她的传奇人生留在了人间。